T0246605

CARLOS CANALES y MIGUEL DEL REY

Guerreros de cristo

De los Hermanos Hospitalarios a los Caballeros de la Cruz de Malta

ᕀ

ALMUZARA

Editorial Almuzara • Colección Historia

Director editorial: Antonio E. Cuesta López
Editora: Ángeles López
Diseño y maquetación: Joaquín Treviño
www.editorialalmuzara.com
pedidos@almuzaralibros.com - info@almuzaralibros.com

Imprime: Black Print

ISBN: 978-84-11310-40-6
Depósito Legal: CO-643-2022
Hecho e impreso en España - *Made and printed in Spain*

Redoutable ennemi de l'orgueil du Croissant,
Gloire du nom chrétien, Ordre auguste et puissant,
J'ai puisé dans ton sein le beau feu qui m'anime,
Et j' ose jusqu' à toi porter un vol sublime;
Approuve mon audace, autorise mon choix:
Je chante le disciple et l'appui de la Croix,
Un héros qui, voyant Rhodes au joug condamnée,
Et fuyant loin des bords d'une île infortunée,
Sur les rives de Malthe attacha le premier
Les sacrés étendards de son ordre guerrier.
Par un destin cruel sa confiance éprouvée
Trouva la récompense aux vertus réservée:
Dans un nouvel asile il rassembla les siens;
Il y bâtit des murs, le rempart des Chrétiens,
L'inévitable écueil où se doit de Byzance
Briser dans tous les temps sa jalouse puissance:
Et pour prix immortel de ses nobles tràvaux,
Il fut père, il fut Chef d'un peuple de Héros.

Enemigo temible del orgullo de la Media Luna,
Gloria del nombre cristiano, augusta y poderosa Orden,
Saqué de tu seno el hermoso fuego que me anima,
Y me atrevo a alzarte un canto sublime;
Aprueba mi audacia, autoriza mi elección:
Canto al discípulo y al apoyo de la Cruz,
Un héroe que, al ver Rodas bajo el yugo condenado,
Y huyendo lejos de las costas de una isla desdichada,
En las costas de Malta ató el primero
Los estandartes sagrados de su orden guerrera.
Por un destino cruel su confianza puesta a prueba
Encontró la recompensa de virtudes reservadas:
En un nuevo asilo reunió a los suyos;
Edificó allí muros, baluarte de los cristianos,
La trampa inevitable se debió a Bizancio
Para romper en todo momento su celoso poder:
Y como premio inmortal de sus nobles labores,
fue padre, fue jefe de un pueblo de Héroes.

Malthe ou L'Isle-Adam, dernier grand maître de Rhodes
et premier grand maître de Malthe.
Canto primero, 1-2.

Privat de Fontanilles, prior de la Orden en Toulouse. 1749.

Índice

Introducción

En Roma, en un lugar de fácil acceso a diez o quince minutos caminando desde la estación de metro de Circo Massimo, hay una puerta diferente, especial, ante la que se forman a diario largas filas de turistas. No se permite entrar, pero su cerradura esconde uno de los mayores tesoros de la ciudad. Con un guiño ofrece un premio muy singular: un panorama en el que se diluyen el poder terrenal y el poder celestial, a un golpe de vista. Enmarcados por una avenida de laurales se pueden ver tres países al mismo tiempo: el Vaticano, con la basílica de San Pedro y su cúpula; Italia, que es donde se encuentra el recinto; y, por último, el territorio de la Soberana y Militar Orden Hospitalaria de San Juan de Jerusalén de Rodas y de Malta, una de las más antiguas instituciones cristianas del mundo, conocida por sus nobles y aristocráticos orígenes, sus hospitales y sus obras caritativas, oficialmente considerado otro país. Se trata de un lugar espectacular y al mismo tiempo enigmático: ¿qué secretos se esconden al otro lado del muro?

El Buco della Serratura pertenece al cuartel general de la Orden en el Aventino, una de las siete colinas de la Ciudad Eterna. Un lugar apartado y tranquilo. Fascinante y bello. Pero, al mismo tiempo, una posición estratégica sobre el río Tíber con más de diez siglos de historia.

Antes de que la Orden se fundara en Jerusalén, existió allí en el siglo x un monasterio fortificado benedictino. Más adelante, pasó a ser de los caballeros de la Orden de los Templarios, tanto es así que en los espléndidos jardines que hay ahora aún se ve el pozo de mármol de 1244 con el que subían el agua desde el río. Tras la disolución de los templarios en 1312, el lugar pasó a ser propiedad de los caballeros de Rodas, que en 1522 cambiarían su nombre para tomar el de caballeros de la Orden de Malta.

Su bandera, encarnada, con la cruz octagonal blanca, flamea desde entonces en la torre de la Villa Magistral, el elegante edificio que se levanta al lado de la iglesia de Santa María en Aventino. Durante mucho tiempo ese pequeño templo se mantuvo en el olvido; el papa Pío V lo sacó de la oscuridad en la segunda mitad del siglo xvi, al donarlo al priorato romano de la Orden, que hasta entonces había tenido su sede en el Foro de Augusto.

Por entonces la Villa Magistral, construida directamente sobre las ruinas del monasterio, se dividió en dos partes y se reorganizó, lo que permitió concebir la famosa perspectiva sobre la cúpula de San Pedro a través del ojo de la cerradura del portón principal. Se le ocurrió al cardenal Benedetto Pamphili, gran prior de la Orden a fines del siglo xvii, que hizo plantar altos cipreses con la intención de orientar la mirada a la terraza y a la cúpula de Miguel Ángel, presente en la lejanía. Una vista que llevó a Giovanni Battista Piranesi (afamado artista del siglo xviii, conocido sobre todo por sus grabados, y elegido responsable de una nueva restauración integral de todo el complejo —incluso de los jardines—) a proyectar la actual «avenida de los Laureles».

En 1764 la fase inicial de las obras consistió en una excavación en la actual Piazza dei Cavalieri, que sacó a la luz los restos del Vicus Armilustri romano, desde el que los *salii*, sacerdotes consagrados a Marte y Quirino, accedían al sagrado recinto del Armilustrum. Allí, el 19 de octubre de cada año, se purificaban las armas de los ejércitos de Roma que habían participado en las actividades bélicas[1]. El descubrimiento llevó a Piranesi a pensar en la plaza como un recinto cerrado en el que la referencia a las armas y a la tradición romana encontraba su justa fusión con la tradición guerrera de los caballeros. Para realzar esa idea mezcló en los elementos decorativos de las estelas su iconografía naval y militar y el repertorio alegórico etrusco y romano. Luego decoró la iglesia con ornamentos referentes a la historia y tradiciones de la Orden y reformó de manera radical los jardines. Mandó arrancar los antiguos cipreses, sembró plantas de laurel y unió sus copas para crear un arco que formara un efecto «telescopio»: San Pedro apareció así enorme, en un ejemplo de falsa perspectiva. El 13 de octubre de 1766, la iglesia fue entregada

---

1   Para los antiguos romanos el tiempo que podía dedicarse a la guerra iba de marzo a octubre, cubriendo así el periodo en el que era posible realizar suministros.

al papa Clemente XIII y a su sobrino, el cardenal Giovanni Battista Rezzonico, prior de la Orden en Roma. Entusiasmados con el resultado de todo el conjunto, otorgaron a Piranesi la «espuela de oro». Además, cuando murió en 1778, el cardenal Rezzonico ordenó exhumar su cuerpo y trasladarlo a la iglesia en agradecimiento. Un monumento al artista se erige en una hornacina lateral, que acoge también sus cenizas.

La Piazza dei Cavalieri esconde otra leyenda fascinante muy poco conocida: la que cuenta que el monte Aventino no es en realidad más que un inmenso barco simbólico, sagrado para los caballeros templarios, que llegado el momento navegará hacia Tierra Santa. Piranesi, que siempre había sido admirador de la Orden del Temple, conocía bien ese mito, y en su labor de reestructuración del cerro insertó toda una serie de referencias, estructuras y simbolismos para recordarlo más o menos abiertamente.

Según la tradición, el barco está idealmente anclado en el puerto fluvial de Ripa, en el Tíber, amarrado en el muelle formado por los restos del Ponte Rotto —el primer puente de la época romana construido con mampostería—. La parte sur de la colina, que se encuentra a orillas del Tíber con forma de «V», sería la proa de ese velero. En el simbolismo piranesiano, por tanto, toda la plaza, rodeada de murallas, constituye el castillo del buque, mientras que los obeliscos alternados con las losas de mármol simbolizan los mástiles y las velas. El portal de la Villa Magistral sería así la entrada a la torre del homenaje, y la famosa avenida arbolada en forma de galería el puente cubierto. Los intrincados jardines laberínticos del costado representan las cuerdas y el aparejo del barco, mientras que el mirador del parque, desde el que se puede admirar el panorama de toda Roma, es la cofa del palo mayor.

El siglo XXI ha convertido toda esa poesía en algo mucho más prosaico. La Villa Magistral, que goza del derecho de extraterritorialidad, alberga en la actualidad tanto a la sede del Gran Priorato de Roma como a la embajada de la Orden ante la República de Italia. En su primer piso se encuentra la suntuosa Sala del Capitolio, que ostenta un maravilloso cielorraso de casetones adornado por una fabulosa araña de cristal de Murano, tiene una vista impresionante sobre Roma desde sus ventanas y acoge en sus paredes los retratos de setenta y ocho grandes maestres, entre ellos, el fundador de la Orden, el beato Gerardo. Es ahí donde el gran maestre recibe a los jefes de Estado y los representantes de Gobierno, así como a los embajadores acreditados, que cada año en enero se reúnen para la audiencia al cuerpo diplomático. También, donde se reúne cada cinco años el Capítulo General, presidido por su gran maestre, que tiene por misión elegir a los miembros del Consejo Soberano —gobierno de la Orden—, del Consejo de Gobierno y del Tribunal de Cuentas. El gran comendador es el responsable de asuntos religiosos y espirituales; el gran canciller, el jefe del Ejecutivo y ministro de Asuntos Exteriores; el gran hospitalario, el ministro de Sanidad y de Cooperación Internacional, y el recibidor del Común Tesoro, el ministro de Presupuesto. En el Capítulo que se celebró el 1 y 2 de mayo de 2019, que eligió al Soberano Consejo con la intención de adaptar su marco normativo a las exigencias del siglo XXI, se nombraron por primera vez a tres damas como representantes.

La antigua Orden de San Juan de Jerusalén es, sin duda, una de las instituciones más significativas de la Iglesia católica, pero además lo es, de forma indiscutible, de la cultura y la civilización de Occidente. Su influencia ha sido destacable en la historia durante siglos, y en la actualidad es, probablemente, el más importante vínculo que queda del mundo actual con las cruzadas, que generaron grandes cambios en Europa.

Fundada en Palestina para servir a «nuestros señores los enfermos», por hombres que habían hecho votos de pobreza, castidad y obediencia, pronto se convirtió en una orden monástica dedicada además a la guerra contra los enemigos «de la Cruz». Junto con sus rivales templarios, y los caballeros teutónicos, constituyó una de las grandes órdenes de monjes guerreros nacidas en Tierra Santa.

Sus freires combatieron con denuedo en aquellas regiones durante doscientos años, y cuando cayeron sus últimas posiciones, siguieron luchando en Rodas y Malta contra el islam durante siglos. Una barrera infranqueable ante los turcos y los corsarios de Berbería que se mantuvo hasta bien entrado el siglo XVII.

Con una trayectoria histórica tan amplia, la Orden ha tenido diversos nombres fruto de su agitado y apasionante devenir en el tiempo, hasta llamarse formalmente Soberana Orden Militar y Hospitalaria de San Juan de Jerusalén, de Rodas y de Malta. Como poco, ha registrado dieciséis cambios en sus denominaciones y emblemas, desde Fratres Hospitalis San Joannis del Xenodochium Hierosolymitanum —en 1113—, Militia Rodiensis Hospitalis San Ioannis —en 1310, tras su instalación en Rodas—, Ordine di San Giovanni di Gerusalemme —en 1802, tras la pérdida de Malta—, hasta la última, de 1927: Sovrano Militare Ordine di Malta.

Ciertas abreviaciones se utilizan a menudo por razones jurídicas, diplomáticas o de comunicación, como por ejemplo Soberana Orden Militar de Malta, Soberana Orden de Malta o, simplemente, Orden de Malta. En el siglo XII sus miembros eran conocidos como «caballeros hospitalarios», o simplemente «hospitalarios», pero también como «caballeros de San Juan». Ellos mismos se autodenominaban, especialmente desde su instalación en Rodas, como La Religión, por su carácter de cofradía cristiana, y en latín Giovannitio Gerosolimitani, por su santo patrón, su carácter de hermandad religiosa y por Jerusalén, lugar en el que se fundó la Orden. Tras su asentamiento en Rodas fue habitual la denominación de «caballeros de Rodas» y, tras la cesión de Malta a la Orden, por Carlos I de España, pasaron a ser los «caballeros de Malta», su nombre más popular y conocido.

Desde 1301 otra de sus características fue la organización interna en *langues* o «lenguas», que desde 1492 fueron ocho: Provenza, Auvernia, Francia, Italia, Aragón, Inglaterra, Alemania y Castilla[2]. Las lenguas coincidían con las ocho puntas de la hoy conocida como Cruz de Malta, cuyo uso se remonta a 1319, y con las «ocho beatitudes»[3], y recogían casi a la perfección —siempre hay que tener en cuenta que con la estructura de su época— el núcleo de lo que llamaríamos hoy la civilización occidental, entonces conocida simplemente como «la cristiandad».

Tras la caída en 1798 en manos de Napoleón de Malta, su sede principal, la Orden perdió su carácter guerrero y combatiente, su poder y gran parte de sus riquezas, pero no por ello dejó de existir. Desde entonces se dedicó con ahínco y esfuerzo a defender la fe y a trabajar al servicio de los pobres y los necesitados. Una actividad que se concreta en la actualidad a través del trabajo voluntario de sus damas y caballeros, organizados en modernas y eficaces entidades asistenciales, sanitarias y sociales.

La Villa de los Caballeros no es pues la única sede institucional que la Orden posee en Roma. En el corazón del centro histórico, en la Via dei Condotti, la calle más cara de la capital, cerca de la Plaza de

---

2   Aragón incluía a los caballeros de los reinos de Mallorca, Valencia y Navarra. Inglaterra a escoceses e irlandeses. Alemania a polacos, checos, húngaros y escandinavos. Castilla a portugueses y leoneses.

3   1.ª: poseer el contento espiritual. 2.ª: vivir sin malicia. 3.ª: llorar los pecados. 4.ª: humillarse al ser ultrajado. 5.ª: amar la justicia. 6.ª: ser misericordiosos. 7.ª: ser sinceros y limpios de corazón. 8ª: sufrir con paciencia las persecuciones.

España, está el Palacio Magistral, residencia oficial del gran maestre y sede del gobierno de la Orden desde que se viera obligado a abandonar su isla y establecerse en Roma en 1834. Los caballeros lo recibieron en 1629 de su representante en la ciudad, frey Antonio Bosio, académico considerado como el fundador de la arqueología cristiana. La primera función del palacio fue servir como sede del embajador de la Orden ante los Estados Pontificios.

Principal motor de una institución global, desde esta plataforma central, también con derecho de extraterritorialidad, se supervisan todas las acciones diplomáticas, religiosas, humanitarias y administrativas de la Orden, reconocida hoy en día como sujeto de derecho internacional, pero en la práctica un Estado sin territorio.

Dos de sus banderas ondean en la entrada principal, compitiendo con los escaparates de Hermès. Una es la de San Juan, la estatal, con fondo de color rojo y cruz latina blanca[4], la otra, la de las obras hospitalarias de la Orden, también con fondo rojo, pero con la Cruz de Malta. Siempre ondea en los grandes prioratos y subprioratos de la Orden, en sus asociaciones nacionales y en sus misiones diplomáticas, así como en sus hospitales, centros médico y ambulatorios. Cuando el gran maestre se encuentra en su residencia se iza también su bandera personal, que varía de la anterior en que la cruz octogonal esta coronada y rodeada por un collar. En el palacio se recibe a jefes de Estado, embajadores y altos cargos de las organizaciones de la Orden en el mundo. También es donde se reúnen sus órganos de gobierno, y el lugar en el que cada mañana se celebra una misa en la capilla dedicada al patrón de la Orden, san Juan Bautista.

La Biblioteca Magistral y los archivos, situados en el palacio, son el punto de referencia cultural sobre la Orden. Todavía se mantiene la tradición de crear un hospital allá donde esté su sede, por lo que en la planta baja opera un ambulatorio. También se encuentran en el edifico los Departamentos de Interior, Asuntos Exteriores, Hospitalario, Hacienda y Comunicaciones. Junto a ellos está la Casa de la Moneda Magistral y la Oficina de Correos. Desde esta se puede enviar correspondencia con los sellos de la Orden a cualquiera de los cincuenta y siete países con los que tiene firmados acuerdos postales.

---

4   De la bandera de la Orden derivan también las armerías de los duques de Saboya, en memoria de haber socorrido a Rodas contra el ataque de los turcos que la sitiaban. Se empezaron a usar en tiempos de Tomás I de Saboya (1177-1233), luego pasó a formar parte de la bandera del reino de Italia.

No es fácil unirse a una Orden que, en teoría, no tiene ningún fin económico o político y se financia con generosas donaciones privadas y públicas, además de con las tasas que pagan sus miembros —cada embajador, por ejemplo, mantiene la sede que le corresponde con su fortuna personal—. De entre los miles de peticiones que recibe anualmente, es el propio estamento quien elige a sus miembros, que deben cumplir con dos requisitos: ser católicos practicantes y estar de algún modo relacionados con la Orden.

Tradicionalmente, sus miembros pertenecían a la aristocracia —príncipes y miembros de la alta nobleza—; pero en la actualidad se hace hincapié en otro tipo de nobleza, la de espíritu y comportamiento. Se supone que todo católico dispuesto a dedicarse a la ayuda de los demás —enfermos, discapacitados, pobres— puede ser miembro después de unos años de prueba, durante los cuales tendrá que dar muestras de su implicación y trabajo en los proyectos locales o internacionales de la Orden. Sin embargo, los estatutos especifican de forma clara que «solo se es admitido por invitación, entre personas de moralidad intachable y práctica católica». Hay censados trece mil quinientos miembros, ochenta mil voluntarios y cuarenta y dos mil dependientes, entre los que se cuentan infinidad de médicos, enfermeras y embajadores en ciento diez Estados repartidos por el mundo.

Los miembros de la Orden de Malta, que se afilian país por país, a través de los prioratos y asociaciones nacionales, según su Constitución —hay repartidos por todo el mundo seis grandes prioratos, seis subprioratos y cuarenta y ocho asociaciones—, se dividen en tres clases; todos deben mostrar un comportamiento ejemplar, conforme a los preceptos y las enseñanzas de la Iglesia católica, y entregarse a las actividades de asistencia.

A la primera clase pertenecen los caballeros de justicia, o profesos, y los capellanes conventuales profesos, que han profesado los votos de pobreza, castidad y obediencia, y aspiran a la perfección evangélica. Son religiosos según las normas del derecho canónico, pero no están obligados a la vida en comunidad.

Los miembros pertenecientes a la segunda clase se comprometen a vivir según los principios cristianos y los principios inspiradores de la Orden, en virtud de la promesa de obediencia. Se subdividen en tres categorías:

- Caballeros y damas de honor y devoción en obediencia.

- Caballeros y damas de gracia y devoción en obediencia.
- Caballeros y damas de gracia magistral en obediencia.

La tercera clase está constituida por miembros laicos que no profesan votos religiosos, ni la promesa de obediencia, pero que viven según los principios de la Iglesia y de la Orden. Se subdividen en seis categorías:

- Caballeros y damas de honor y devoción.
- Capellanes conventuales *ad honorem*.
- Caballeros y damas de gracia y devoción.
- Capellanes magistrales.
- Caballeros y damas de gracia magistral.
- Donados y donadas de devoción.

Solo los caballeros de primera clase que descienden de una familia de cuatro cuartos de la nobleza —dos generaciones de nobleza ininterrumpida por parte del padre y de la madre— son elegibles como gran maestre, superior religioso y soberano de la Orden.

En la actualidad, el gran maestre supervisa su gobierno con la ayuda de un organismo llamado Consejo Soberano, cuyos miembros son elegidos por periodos de cinco años por el Capítulo General. Los miembros del Consejo Soberano incluyen al gran canciller, que supervisa las ciento treinta y tres misiones diplomáticas de la Orden, y al gran hospitalario, responsable de las iniciativas humanitarias de la Orden.

El Gran Magisterio puede destituir a los miembros de todos los altos cargos de la asociación, pero solo el gran maestre puede iniciar medidas disciplinarias contra el presidente laico de una asociación.

Las mujeres, que no pueden ser «grandes maestras», representan el 30 % de los miembros de la Orden. Los caballeros y damas que permanecen en activo se mantienen siempre fieles a los principios inspiradores de su creador, resumidos en su lema «*Tuitio Fidei et Obsequium Pauperum*» (Testimonio y defensa de la fe y asistencia a los enfermos y los necesitados). Lema que no hay duda de que la Orden ha plasmado en la realidad, tras sus muchas vicisitudes, con proyectos humanitarios, actividades médicas, sociales y asistenciales en más de ciento veinte países.

Veamos cómo se ha llegado a eso.

Madrid, La Valeta, 2022.

Caprichos del destino

«El Hospital de San Juan el Limosnero nació para proporcionar
a los peregrinos un lugar donde pudieran descansar, comer y
recuperarse del esfuerzo del viaje. Con el paso del tiempo, la misión
de la Orden se amplió para incluir la protección de peregrinos
durante su viaje tierra adentro, desde la costa hasta Jerusalén.
Según sus estatutos, los miembros podían tomar las armas para
defender los hospitales de la Orden y de la Ciudad Santa».

David Nicolle
Los caballeros de la Cruz de Malta

APUNTES DE TEOLOGÍA

En el siglo IV, aproximadamente cien años antes de las invasiones bárba-
ras, el emperador romano Constantino I, tras vencer a su rival Majencio
en la batalla de Puente Milvio, el 28 de octubre de 312, dictó una serie de
disposiciones que ponían fin a las persecuciones que padecían los cristianos. El emperador, bautizado en su lecho de muerte, legalizó así la
secta de origen oriental que estaba ya muy extendida y ordenó que fuesen restituidos los bienes confiscados a sus integrantes. Más tarde, acabó
por decretar la libertad religiosa, y con ello «la Paz de la Iglesia», e hizo
del cristianismo poco menos que la religión del imperio[5].

---

5   El año 324, Constantino fundó Constantinopla, antigua Bizancio y actual ciudad turca
    de Estambul. Fue la nueva capital del Imperio romano convertido al cristianismo.
    Denominada «la segunda Roma», sus habitantes continuaron llamándose romanos
    hasta 1453, cuando fue conquistada por las tropas otomanas de Mehmet II.

Su instauración oficial lo convirtió en un fenómeno de masas, y, como siempre pasa, eso llevó a un relajamiento de costumbres. La opción de los fieles más exigentes fue alejarse del mundo habitado para buscar el aislamiento en una vida de pobreza y plegaria, como según se contaba había hecho en el año 271 Antonio el Grande, primer monje documentado. Unos, los eremitas, decidieron vivir solos en el desierto y renunciar a todas las satisfacciones del cuerpo; otros optaron por formar una colectividad. Florecieron los monasterios[6] surgidos en torno a la celda de un anacoreta en los que un grupo de creyentes, en su mayoría legos, se reunían atraídos por su ejemplo de santidad para una vida en común dedicada al sacrificio, la oración y los trabajos manuales, sin que los rigiesen unas leyes o reglas fijas. El primer monasterio fue el de Pacomio, fundado el año 323 en Egipto. Su modelo se propagó hacia Siria y Palestina, hasta que llegó a Occidente. A Italia lo llevó san Ambrosio (340-397), obispo de Milán; a la Galia, san Martín de Tours (315-397); y a Hispania llegó con san Victoriano y los sucesores de san Millán.

Aparecieron también iglesias y sacerdotes a lo largo de todas las posesiones romanas. Las iglesias de cada provincia, al cuidado de los correspondientes obispos, dependían a su vez del obispo de Roma, el papa, tal y como se le denominó una vez que, tras el Concilio de Nicea, celebrado el año 325, se oficializara como *primus interpares* al patriarca de Roma. Quedó así por encima de los patriarcas de Jerusalén, Constantinopla, Antioquía y Alejandría, primacía que sería reivindicada en 341 por el papa Julio I en el Concilio de Roma, y acabaría por ser impuesta por el papa Dámaso I al instaurar la ciudad como Sede Apostólica.

A nadie le había preocupado hasta entonces la Vera Cruz en que había recibido martirio y muerte Jesucristo, pero el año 326, Elena, madre de Constantino, viajó a Jerusalén y, según cuentan las crónicas, llegó el Gólgota y desenterró el madero en el que había sido crucificado. Para conservarlo, Constantino envió a la ciudad a sus mejores arquitectos con la intención de que construyeran un lugar acorde con su importancia: la iglesia del Santo Sepulcro[7]. A partir de

---

6   Del griego *monasterion*, derivado del verbo *monazein*, «vivir en solitario».

7   La primera basílica de San Pedro de Roma también fue construida por iniciativa de Constantino I. Se erigió en el mismo lugar donde la tradición emplazaba el martirio de san Pedro y san Pablo. El edificio, terminado en el año 334, tenía cinco naves separadas por columnas de mármol.

ese momento, miles de peregrinos de todo el mundo afluyeron a la Ciudad Santa para adorar la «sagrada cruz».

El cristianismo primitivo condenaba toda violencia, pues, consecuencia del pecado original, la guerra, siempre ilícita, era una calamidad. Sin embargo, a partir de mediados del siglo IV, con un imperio ya cristiano, esa doctrina comenzó a dar muestras de mayor flexibilidad. Mucho más cambiaron las cosas con la llegada de los bárbaros en el siglo V, cuando tras la desaparición del poder de Roma, la Iglesia emergió como la única estructura con poder real. Gran parte de los invasores quedaron impresionados por su actitud, y al asentarse en los territorios conquistados, se convirtieron a la nueva religión, lo que la convirtió en un núcleo de cohesión. El cristianismo iba a tener que adaptarse. Y lo hizo.

La Iglesia comenzó a predicar que la violencia y la guerra podían ser buenas, si se utilizaban para proteger al pueblo y la obra de Dios del ataque de sus enemigos. San Agustín, cuyo pensamiento marcó el desarrollo de la filosofía medieval, fue el primero en esbozar una teoría de la guerra justa en *De civitate Dei contra paganos (La ciudad de Dios contra los paganos)*, obra realizada durante su vejez y a lo largo de quince años —entre 412 y 426—:

> Se llaman justas las guerras que vengan las injusticias —explicó—, cuando un pueblo o un Estado, al que hay que hacer la guerra, se ha descuidado en el castigo de los crímenes de los suyos o en la restitución de lo que ha sido arrebatado por medio de las injusticias.

Y continuaba en sus escritos: «El soldado que mata al enemigo, como el juez que condena o el verdugo que ejecuta a un criminal, no creo que peque, ya que, al actuar así, obedecen a la ley». También fue él quien definió a los monjes —los habitantes de los monasterios— como *miles Christi* (soldados de Cristo), «ya que luchan en silencio, no para matar a los hombres, sino para derrotar a los príncipes, potestades y espíritus de maldad, esto es, al diablo y sus ángeles».

Para concluir con las ideas de san Agustín, hagamos referencia a su carta 305:

> Debemos querer la paz y no hacer la guerra salvo por necesidad —decía—, ya que no se busca la paz para hacer la guerra, sino que se hace la guerra para obtener la paz. Sed pues pacíficos, incluso en el combate, a fin de que, gracias a la victoria, conduzcáis a los que combatís a la dicha de la paz.

La guerra justa no se limitaba así a una acción punitiva, se proponía también reparar la injusticia; la idea era buena, pero si se enfocaba con el suficiente cuidado, permitía disculpar muchas actitudes.

Al iniciarse el segundo lustro del siglo v, bajo el pontificado de León I, comenzó a hilvanarse de forma patente el poder de la Iglesia, sentándose las bases de la autoridad de la Santa Sede y la separación de los poderes espiritual y temporal. Pero fue en el siglo vi, con el papa san Gregorio I el Magno, cuando se asentó de manera definitiva, al imponer su autoridad a la nobleza de Roma e iniciar la explotación económica de las tierras de Italia central, que más adelante constituirían el patrimonio de San Pedro. En el aspecto religioso, san Gregorio reformó la liturgia, favoreció el desarrollo de la vida monástica y organizó la vida eclesiástica con las normas que todavía perduran: celibato, uso de hábito religioso y parroquia como célula vital de la comunidad cristiana. Pero, sobre todo, estableció la forma de nombrar párrocos, obispos y arzobispos, lo que dejó al papa convertido definitivamente en cabeza visible de toda la Iglesia.

Para la vida monástica fue determinante el año 529, cuando san Benito de Nursia, un patricio italiano que había quedado tan escandalizado por la corrupción de las costumbres romanas que se hizo eremita, fundó en el sur de Italia, en el emplazamiento de un antiguo templo de Apolo, el célebre monasterio de Montecasino, que dio origen a la Orden Benedictina. Su famosa Regla[8] inspiraría la vida de casi todos los monasterios de Occidente hasta nuestros días. Según esta, cada monasterio o abadía debía formar una comunidad autónoma, en lo económico y en lo espiritual, sometida únicamente al poder de su abad —del arameo *abba*, «padre»—, con directa dependencia de Roma. La comunidad de monjes debía seguir una estricta disciplina con una serie de normas que obligaban a la vida monástica perpetua; la base de esta era la celebración del oficio en el coro siete veces al día, que debía realizarse en comunidad. El tiempo libre solo podía dedicarse al trabajo: agrícola, artesanal, copista o intelectual. Con esta nueva orientación de *ora et lavora*, el monje renunciaba al mundo porque de esa manera se unía a la pasión de Cristo y quedaba sometido a un rígido horario de oración, comidas y penitencias varias.

---

8   Las reglas monásticas principales eran las de san Agustín, san Benito y san Basilio. Las dos primeras para el monacato occidental; la tercera para el oriental.

Fue a partir de estos cambios cuando se formó una nueva imagen de la Iglesia en la mente de los campesinos, que los integró definitivamente en el seno de la cristiandad y les aportó un sentido de pertenencia a la sociedad feudal. La reforma benedictina acabaría imponiéndose con la ayuda de Gregorio I, antiguo discípulo de san Benito, que fue el primer monje en acceder al papado el año 590.

Con la obra de evangelización de san Benito los legados y las donaciones enriquecieron las abadías de Occidente; su prosperidad fue tal que despertó la codicia, y la Iglesia se vio obligada a transigir con el poder civil. Otra consecuencia fue la corrupción: las ambiciones de muchos abades, verdaderos señores feudales, no conocieron límite. Ignorando los votos de pobreza y castidad, no vacilaron en vivir abiertamente con opulencia y en concubinato. La decadencia provocó una inestabilidad política y moral en la que se vieron envueltos tanto los papas como la Iglesia.

San Benito, al hablar de la necesidad de crear una escuela al servicio de Dios, ya planteó la lucha espiritual del monje en clave y lenguaje militar. Con un cariz muy combativo, tomó prestado del ejército romano su vocabulario y sus ritos de profesión, además de concebir el dormitorio monástico como un dormitorio de tropa y el claustro como una sala de guardia. Es innegable que la mayoría de los monjes procedían de las familias que conformaban la aristocracia militar, por lo que rápidamente impusieron sus modos y maneras en los claustros como un disciplinado ejército —*militia Christi*, «milicia de Cristo»—, que permitiera afirmar el poder hegemónico de la Iglesia sobre sus enemigos. El lenguaje de lo militar se impuso en los textos y en los sermones salidos de los claustros, y se reflejó también en sus iglesias mediante imágenes cuya santidad no era incompatible con el uso de las armas. De ese modo se cristianizó la imagen del guerrero noble y se propició una profunda señorialización de los monasterios.

El paso siguiente ya fue más sencillo: extender a los laicos la reforma moral y ofrecerles un modelo de santidad. Nació así el caballero de Cristo[9]. Para Gregorio VII, que alcanzó el pontificado en 1073, la *militia Christi* debía cambiar el campo espiritual por el de batalla, y convertirse en una compañía de caballeros dispuesta al combate contra los adversarios de la cristiandad. El papa prometió la remisión de los

---

9   Caballería se llamaba antiguamente a la compañía de hombres nobles dedicados a defender las tierras comunales con las armas.

pecados a todo aquel, fuera lo que fuera lo que hubiera hecho, que defendiera por la fuerza el patrimonio de San Pedro y se pusiera al servicio de los fines políticos de la Santa Sede. Un verdadero escándalo que permitía el asesinato justificado, e incluso lo sacralizaba.

Liberar a la Iglesia del dominio de los laicos fue la meta última de Gregorio VII, lo que significó asegurar el poder material de la Iglesia y su papel dirigente en el mundo. Enfrentado con Enrique IV, emperador de Occidente[10], por los conflictos sobre quién podía investir obispos, el papa aplicó por primera vez su estrategia cuando, además de con la excomunión, amenazó a Felipe I de Francia con utilizar contra él a la caballería de la pequeña nobleza.

Hasta 1085, año en que falleció el sumo pontífice, la reforma gregoriana puso en marcha un ambicioso programa de cristianización de la sociedad, con el objetivo de posicionar al papado como líder y juez del cristianismo occidental, exigiendo que el poder temporal se subordinase al espiritual, de igual forma que el cuerpo lo hacía al alma. Esa nueva forma de interpretar la religiosidad originó una de las características más determinantes para el mundo monacal: su independencia. Hemos visto que los principales monasterios tenían la potestad de que sus miembros pudiesen elegir libremente a sus propios abades, pues al depender directamente del papa, quedaban exentos de la obediencia a sus jurisdicciones episcopales. Con esta renovada espiritualidad, los monasterios fueron tomando conciencia del trascendente papel que la Iglesia les reservaba: la salvación de los hombres a través de la plegaria; una salvación amenazada por la violencia imperante en la sociedad medieval de la época.

---

10   El denominado Sacro Imperio Romano. Los tres nietos de Carlomagno, e hijos de Ludovico Pío, Carlos el Calvo, de Francia; Luis el Germánico, de Alemania; y Lotario, que por ser el mayor recibió el título de emperador, y se le otorgó Italia, se dividieron el imperio en el 843. La rama carolingia de Alemania tuvo poco relieve, pues el país se hallaba dividido en varios ducados; sin embargo, de uno de ellos, Sajonia, surgió en el siglo x una nueva dinastía con el duque Enrique I. El artífice del Imperio otónida fue su hijo Otón I. Creó el Sacro Imperio Romano Germánico, en 962, basado en la alianza entre el papa y el emperador. Otón III, nieto de Otón I, pasó la mayor parte de su vida en Italia. Mientras, en Alemania, a falta de una autoridad suprema, empezaron a adquirir gran preponderancia los señores, tanto laicos como eclesiásticos. El emperador era elegido por unos príncipes electores y así aumentó aún más su superioridad sobre los grandes señores. La dignidad imperial pasó, después de Otón III, a la casa de Baviera, y luego a la de Franconia. Como era de esperar, la lucha de poder acabó por enfrentar en el siglo xi al papa y al emperador.

En lo referente a la guerra, en el siglo VII san Isidoro de Sevilla añadió a la definición agustiniana una precisión capital: «Es justa la guerra que se hace, después de advertirlo, para recuperar bienes o para rechazar a los enemigos». ¿Qué había ocurrido? Mientras en Occidente se repartía el poder, en Oriente, en el 614, el ejército de Cosroes, rey de Persia, asaltó Jerusalén y se apoderó de la Vera Cruz. Heraclio I, emperador bizantino, se encargó de rescatarla: derrotó a Cosroes y trasladó la sagrada reliquia a Constantinopla. El año 637, el segundo califa legítimo, Omar, se apoderó en nombre de Alá directamente de Jerusalén, tercera ciudad santa para el islam tras La Meca y Medina. Respetó a cristianos y judíos, pero se complicó mucho el viaje a los Santos Lugares, una práctica muy arraigada en la cristiandad, para reconciliarse con Dios. Gracias al argumento de san Isidoro, recuperar territorios perdidos ya no solo era una cuestión política, podía ser también una preocupación religiosa. De esa manera se podía justificar una cruzada, con el objetivo de recuperar los Santos Lugares, que, si mantenemos el razonamiento, estarían retenidos ilícitamente por los infieles.

LA PRIMERA CRUZADA

En general, el lustro transcurrido entre el año 1050 y el 1100 supuso un momento decisivo para el mundo europeo occidental, que tras siglos de resistencia al acoso de fuerzas externas —desde musulmanes a paganos—, vio un asombroso renacimiento.

El aumento de la población, el auge del comercio y la economía y el creciente poder de la nobleza extendieron la fuerza y autoridad de la naciente civilización occidental —el mundo cristiano, seguidor de la Iglesia de Roma—, que había convertido a los bárbaros en Escandinavia y al mundo eslavo, y que, en la península ibérica, aún bajo el control del islam, se extendía poco a poco hacia el sur. A pesar de la invasión almorávide, un nuevo intento árabe de evitar el colapso de los reinos de taifas que habían aparecido tras el al hundimiento del califato de Córdoba.

Por entonces, la feroz guerra contra la expansión del islam estaba limitada al área mediterránea, donde el impulso político y militar de los reinos cristianos empezaba a lograr éxitos decisivos después de siglos de dura y encarnizada lucha a la defensiva. Se notaba la colaboración entre los Estados europeos, hasta entonces en guerra entre sí de manera frecuente, y el cambio en la forma de luchar contra los musulmanes.

Fue también en esa segunda mitad de siglo, en 1061, cuando el papa Alejandro II inició una nueva manera de ver el enfrentamiento con el islam, al conceder indulgencia plenaria a los normandos de Robert Guiscard que participaron en el ataque contra los árabes que ocupaban Sicilia. Una expedición militar del mismo tipo se repitió poco después en Aragón, en 1063, para hacerse con Barbastro, Huesca, aventura a la que se sumaron italianos, provenzales y, de nuevo, los normandos, esta vez dirigidos por Robert Crispin. Los antiguos vikingos, que habían formado un Estado feudal en la vieja Neustria —en el noroeste de Francia—, pasaban así a convertirse en la punta de lanza de una nueva cristiandad «latina»[11] cada vez más agresiva y poderosa.

El 15 de abril de 1071, después de tres años de sitio, los hombres de Robert Guiscard tomaron Bari, la última posición del Imperio de Oriente, en el sur de la actual Italia. Era la culminación de siglos de guerra entre los bizantinos y los Estados «latinos» sucesores del Imperio romano occidental, pero eso ya quería decir bien poco, las viejas rivalidades y la debilidad europea habían llamado la atención de un enemigo común cada vez más poderoso. Uno que había comenzado a penetrar en Oriente Medio desde Asia Central y amenazaba considerablemente la autoridad en la península de Anatolia del emperador bizantino Romano IV Diógenes: las agresivas tribus nómadas de la dinastía selyúcida turca. Para evitar su expansión, Romano IV decidió acabar con ellos ese mismo año en una batalla abierta. Desplegó a su ejército el 26 de agosto en la llanura de Manzikert y entabló combate. Cayó derrotado. Aunque su fracaso se exageró mucho posteriormente, sí es cierto que Occidente lo vio en aquel momento como una señal de que Bizancio ya no podía proteger al cristianismo oriental y, mucho menos, las peregrinaciones de los fieles a los Santos Lugares.

La peregrinación se había intensificado de la manera más supersticiosa con la llegada del año 1000. Hasta entonces, el principal

---

11   Durante toda la Edad Media, a las naciones que seguían al papa de Roma se las conocía en Oriente como «cristiandad latina», y a los occidentales genéricamente como «francos».

polo de atracción había sido la tumba de san Pedro, en Roma, pero como las modas son volubles, de repente, las enormes multitudes que, como nómadas, deambulaban por Europa, decidieron trasladar su interés a Santiago de Compostela, en Galicia, y al Sepulcro de Cristo, en Jerusalén. El lugar donde, según los Evangelios, había estado enterrado hasta resucitar tres días después de su muerte. Eran los puntos más alejados a Oriente y Occidente, lo que le daba al viaje religioso un aura de aventura única que hasta entonces no parecía tener. Hacia Occidente, los problemas que se encontraban los peregrinos no solían pasar del mal tiempo y las bandas de delincuentes, a lo que ya estaban acostumbrados, pero hacia Oriente, donde una gran parte del camino que pasaba por Siria y Palestina lo controlaban los fatimíes de Egipto, los contratiempos resultaban mucho más complicados.

La inesperada victoria turca no pareció en principio grave, pero las cosas se enredaron en Constantinopla cuando una conspiración entronizó a Miguel, hijo de Constantino X Ducas y de Eudoxia, e hijastro de Romano IV. Aunque Romano trató de reunir lo que quedaba de su ejército para entrar en la capital, fue derrotado por el general Andrónico Ducas y aceptó renunciar al trono y retirarse a un monasterio, a cambio de que fuera respetada su vida. Le engañaron. Nadie podía permitir que siguiera vivo. Le sacaron los ojos y fue

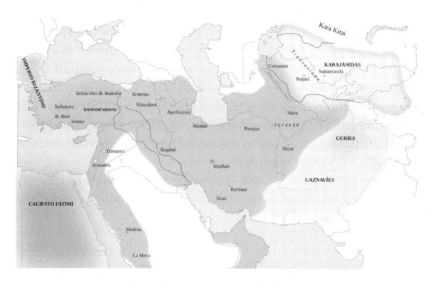

Expansión musulmana en el siglo XII.

paseado sobre una bestia de carga durante varios días. Murió en la isla de Proti, en un monasterio que él mismo había ordenado construir, a consecuencia de la infección de las heridas.

La negativa del nuevo emperador Miguel VII de cumplir lo acordado por su antecesor dejó las manos libres a los turcos para, a partir de 1073, ocupar gradualmente toda Anatolia y Siria. Con esa acción, el nuevo sultanato del Rüm empujaba a los bizantinos hacia las costas, por lo que el Imperio romano de Oriente perdía la mitad de su tierra cultivable y de sus recursos humanos. Al mismo tiempo se establecía también una nueva frontera con Occidente, muy difícil de defender al no disponer de barreras naturales.

La conquista de Anatolia cerró definitivamente las rutas terrestres a los peregrinos, y las noticias de persecuciones y crímenes cometidos contra los viajeros que se dirigían a Tierra Santa sirvió para llamar la atención de Occidente sobre lo que ocurría en la ribera oriental del Mediterráneo.

Acababa de ocupar la silla de Pedro Gregorio VII y, aunque hemos visto que la Iglesia cristiana se encontraba dividida y diversos problemas amenazaban su poder, decidió hacer un llamamiento a todos los que se consideraran *miles Christi*, para que fuesen en ayuda del Imperio bizantino.

Pese a que era un hombre al que se escuchaba con respeto, su convocatoria, empañada por los conflictos con Enrique IV, no tuvo mucha aceptación. A su muerte, solo algunos monjes y nobles, como Pedro de Amiens el Ermitaño o Gualterio el Pobre, la habían secundado y se dedicaban a predicar los abusos musulmanes frente a los peregrinos que viajaban a Jerusalén —desde 1078 también en manos de los turcos—, y otros lugares sagrados de Tierra Santa. Eran los únicos que defendían, a lo largo y ancho de Europa, la necesidad de tomar los Santos Lugares por la fuerza.

Cuatro años antes del fallecimiento de Gregorio VII, Bizancio había elegido un nuevo emperador, Alejo Comneno. Quería recuperar lo conquistado por los selyúcidas con la ayuda de mercenarios normandos[12] y de otros reinos occidentales, así que trató de mejorar las relaciones entre las Iglesias de Oriente y Occidente y llevar una

---

12   Entre ellos estaba *sire* Robert Crispin, el líder de la toma de Barbastro, en Huesca, en 1064, a quien se encargó la defensa de Edesa, y que murió envenenado poco después de Mazinkert.

correspondencia diplomática lo suficientemente sólida con el nuevo papa, Urbano II, como para solicitarle su apoyo y el envío de tropas que deseasen luchar por Bizancio contra los turcos.

El llamamiento del emperador tuvo un éxito limitado, pero, poco a poco, la idea de actuar en Tierra Santa y «liberar» lo que se consideraba patrimonio común de la cristiandad caló en la mente de los nobles y religiosos europeos, e incluso en la gente del pueblo, a la que se intentaba convencer de que era una causa justa y noble, por la que merecía la pena arriesgar la vida.

Ayudaron mucho los acontecimientos. Primero, el avance omeya hacia Europa, y la ocupación de Sicilia y la península ibérica, que promovió no solo la resistencia, sino la beligerancia cristiana. Luego, en 1095, el ataque a Jerusalén de los árabes de Egipto, que saquearon la ciudad y expulsaron definitivamente a la población cristiana. Ese mismo año, en marzo, Alejo I envió de nuevo embajadores al concilio que se reunía en Piacenza para solicitar al papa «la ayuda de la cristiandad contra los no creyentes». La petición del emperador encontró otra vez una acogida favorable en el mundo «latino».

Al concilio, que permitió asentar la autoridad papal en Italia en un periodo de crisis, asistieron unos tres mil clérigos y nada menos que treinta mil laicos. Un momento que aprovechó el papa, que no estaba interesado en una disputa más profunda con el Bizancio ortodoxo, pero que quería demostrar que era él quien controlaba a la cristiandad occidental y no el emperador del Sacro Imperio Romano, para concentrarse en la preparación de la cruzada que le habían pedido los embajadores orientales. Además, aunque no fuese muy noble ni muy cristiano, esperaba aprovechar la angustiosa situación por la que pasaba el Imperio bizantino para lograr la ansiada reunificación religiosa.

Urbano también sabía que Italia no era el mejor lugar para lograr un apoyo fuerte para su propuesta, salvo en el sur de la península, donde los agresivos normandos habían constituido un poderoso Estado, que presionaba sin cesar a los musulmanes y que había acabado con siglos de presencia bizantina, por lo que, en principio, se dirigió a los cinco soberanos de los reinos y señoríos más noroccidentales: el rey de Francia —el país más poblado del continente—, el emperador de Alemania, los reyes de Inglaterra —además duques de Normandía— y el rey de Hungría.

Los soberanos respondieron sin demasiada prisa. El rey Ladislao de Hungría, uno de los favoritos del papa, falleció ese mismo año, y el resto no parecieron dispuestos a embarcarse en una aventura tan complicada, más aún, sin saber si los barones de sus reinos les seguirían en la empresa. Si el papa deseaba tener éxito, necesitaba algo más. Había que convencer a los nobles de Europa entera, pero también a la gente llana, al pueblo.

Decidió hacer un nuevo llamamiento, pero mucho más general, en el Concilio de Clermont, que se reunió en Francia del 18 al 28 de noviembre de 1095. Allí dio un impresionante sermón ante una inmensa audiencia de clérigos y nobles, en el que les pidió liberar Jerusalén de las manos de los musulmanes. Explicó que Francia sufría sobrepoblación, que la tierra de Canaán se encontraba a su disposición, rebosante de leche y miel —lo que demostró que el papa sabía mucho de religión, pero poco de geografía—, y les mencionó que era preciso acabar con las guerras intestinas entre los nobles cristianos, que minaban la fuerza y el ímpetu de los caballeros en empresas estériles.

Por ello les proponía dirigir su energía contra los enemigos de Cristo. Además, si participaban en tan insigne campaña, lograrían el perdón de todos sus pecados, ya volviesen victoriosos o perdieran la vida en tan sagrada misión.

Un sentimiento de locura colectiva estalló entre los asistentes, que una y otra vez interrumpieron el discurso del pontífice al grito de «¡Dios lo quiere!» —¡*Deus vult*!—, que se iba a convertir en el lema de la primera cruzada.

Urbano acababa de pronunciar el que hasta el momento era, sin lugar a dudas, el discurso más trascendente de la historia europea[13]. Pero no sabía que tendría una importancia gigantesca para el futuro de Occidente, que cambiaría su destino para siempre y abriría el mundo a los habitantes del Viejo Continente.

Ante el éxito de lo sucedido en Clermont, el papa decidió predicar su propósito a lo ancho y largo de Francia durante el año siguiente. Presionó tanto a los obispos para que su mensaje se extendiera por Europa entera que incluso niños, mujeres y enfermos se sumaron a los grupos de peregrinos que comenzaban a formarse. Pronto se pudo ver que la Iglesia de los turbulentos Estados «francos» y

---

13 Existen cinco versiones de su discurso, pero es difícil saber con exactitud sus verdaderas palabras puesto que todos son de épocas posteriores, cuando Jerusalén ya había sido tomada por los cruzados.

germánicos apoyaba en masa la idea del papa, y que la nobleza, belicosa y brutal, de la que venían también los altos dignatarios eclesiásticos, veía una buena forma de limpiar sus pecados terrenales dedicada a hacer lo que mejor sabía y más le gustaba: combatir.

La primera expedición, la que luego se llamó «cruzada de los pobres», se puso en marcha en primavera de 1096. Multitudes de gente humilde —cerca de cien mil personas—, dirigidas por Pedro el Ermitaño y Gualterio el Pobre, se internaron de manera despreocupada en territorio turco tras cruzar el estrecho del Bósforo en naves suministradas por Alejo I. Llegaron hasta las proximidades de Nicea, capital del sultanato, a pocos kilómetros de Constantinopla. Allí fueron masacrados sin piedad.

Mucho más organizado fue el segundo contingente que partió, la denominada «cruzada de los príncipes», formada por cuatro grupos bien armados dirigidos por segundones de la nobleza feudal y poderosos barones que decidieron concentrase en Constantinopla antes de entrar en combate.

El primer grupo, al mando de Godofredo de Bouillón y sus hermanos Eustaquio y Balduino, estaba formado por flamencos y loreneses, y marchó a través de Alemania y Hungría. El segundo, integrado por normandos y flamencos, así como por franceses septentrionales e ingleses, comandados por Hugo de Vermandois, hermano del rey Felipe I de Francia, se dirigió hacia Bari, la antigua posición bizantina. Con ellos iba el estandarte papal y viajaban los nobles de más alta alcurnia: Esteban II de Blois, cuñado del rey Guillermo II de Inglaterra, el conde Roberto II de Flandes y Roberto II de Normandía.

En Bari les esperaba el tercer grupo, formado por los normandos de Italia y Sicilia, al mando de Bohemundo de Tarento y su sobrino Tancredo, que tras reunirse con sus hermanos septentrionales partieron juntos hacia Constantinopla. Finalmente había un cuarto grupo, compuesto por caballeros occitanos dirigidos por Raimundo de Tolosa, que mandaba el contingente más numeroso. Lo integraban unos ocho mil quinientos hombres de infantería y mil doscientos de caballería a quienes acompañaba Ademar de Le Puy, el legado pontificio y jefe espiritual de la expedición. Ellos, para llegar a Constantinopla, atravesaron Eslovenia y Dalmacia.

Es importante tener en cuenta que los miembros de esta primera cruzada no se veían a sí mismos como «cruzados», puesto que la palabra no se popularizó hasta el siglo XIII, más de un siglo después, y por supuesto no la denominaron «primera», pues desconocían si habría más. En la actualidad se calcula que su ejército estaba compuesto en total por entre treinta mil y treinta y cinco mil efectivos, incluidos entre ellos unos cinco mil caballeros.

En líneas generales, los integrantes, de lo que podríamos llamar desde su punto de vista «expedición religiosa», se consideraban meros peregrinos que viajaban a un lugar santo, si bien con la peculiaridad de que iban armados. Su objetivo era llegar a su destino con independencia de la opinión que al respecto tuviesen los habitantes del lugar al que se dirigían.

Los participantes en el peregrinaje tenían que jurar que completarían el viaje, y pondrían el pie en el Santo Sepulcro de Jerusalén, y si no lo hacían podían ser excomulgados. Este sistema convertía a las cruzadas en una misión oficializada, amparada por el papa y la Iglesia de Roma y abierta a todo el que quisiese participar en ella.

Tras tremendas vicisitudes, ya en Siria, los cruzados pusieron sitio a Antioquía, que ocuparon tras un asedio de siete meses. Con su caída se empezaron a ver las verdaderas intenciones de algunos de los nobles que integraban la expedición. Bohemundo de Tarento, su conquistador, primogénito de Roberto Guiscardo, enemigo declarado de los bizantinos, no se la devolvió a Alejo I, la retuvo para sí y se proclamó príncipe de Antioquía.

En junio de 1099 llegaron ante las murallas de Jerusalén, su gran objetivo, y, como habían hecho hasta entonces, desplegaron sus tropas para someterla a un largo sitio. Eran por entonces doce mil hombres, una cifra que incluía a mil quinientos caballeros, pero durante el asedio sufrieron un gran número de bajas por culpa de la escasez de comida y agua en los alrededores de la ciudad.

Tomar la plaza en esas condiciones parecía imposible, pues uno tras otro, todos los asaltos fueron repelidos. Hubo que esperar a la llegada de un importante refuerzo genovés con material de guerra y provisiones para que la ciudad cayera finalmente en manos cristianas el 15 de julio.

A lo largo de esa misma tarde, durante la noche y a la mañana del día siguiente, los cruzados desencadenaron una terrible matanza de hombres, mujeres y niños. No hubo distinciones. Bajo sus armas cayeron musulmanes, judíos e incluso los escasos cristianos orientales que habían permanecido en la ciudad. A pesar de que muchos musulmanes buscaron cobijo en la mezquita de Al-Aqsa y los judíos en sus sinagogas cercanas al Muro de las Lamentaciones, la carnicería fue espantosa. El propio *Gesta francorum*, el libro anónimo escrito en latín aproximadamente en el año 1100, que relata la crónica de la primera cruzada, narra que la sangre llegó a los cruzados homicidas «hasta la altura de sus tobillos...»[14]. La «guerra justa» ya no lo parecía tanto.

El éxito asombroso de la primera cruzada permitió el nacimiento de un mundo nuevo, la Palestina franca. Se ha intentado explicar el notable triunfo de los «bárbaros» occidentales por diversas causas. La primera, obviamente, de pura índole militar, pero en la práctica, no hay ninguna prueba contundente de que las armas, equipo y material de los cruzados fuese superior al de sus enemigos, e incluso en algunos aspectos es posible que los selyúcidas y fatimíes a los que se enfrentaron los cristianos fuesen unos combatientes mejor armados que los europeos, a pesar de las leyendas que históricamente han circulado al respecto.

Hasta los caballos de batalla de algunas unidades de jinetes musulmanes debían ser más pesados y poderosos que los de la élite de la caballería «franca», cuyas monturas originales se habían ido perdiendo en la larga marcha hasta su destino.

Lo que sí que parece haber sido decisivo a la hora de considerar cuáles fueron las causas que permitieron el éxito de los cristianos son dos cualidades que es posible que marcasen la diferencia. Una, sin duda, «el fanatismo» que los musulmanes —y los cristianos de la zona— atribuían a los cruzados, tomados por seres irracionales capaces de cometer por su religión las mayores atrocidades[15]. La otra, una coordinación y capacidad de colaboración mucho mayor que la de sus enemigos. Lo que es mucho más sorprendente si pensamos que la ayuda mutua se mantuvo hasta el final, a pesar de las diferencias que había entre ellos a causa de su origen, costumbres y lenguas.

Los cruzados ofrecieron a Raimundo de Tolosa, que aportó, como hemos visto, el contingente más numeroso, el título de rey

---

14 Fue algo brutal. En otro párrafo, el *Gesta francorum* dice lo siguiente: «Nuestros líderes también ordenaron que todos los sarracenos muertos fuesen enviados fuera de la ciudad debido al hedor, puesto que toda la ciudad estaba llena de cuerpos; y por ello los sarracenos vivos arrastraron a los muertos hasta las salidas de las murallas y los colocaron en piras, como si fuesen casas. Nunca nadie pudo ver u oír de una masacre como esa de paganos, puesto que las piras funerarias se alzaban como pirámides, y nadie sabe su número salvo el mismo Dios».

15 No deja de ser curioso que son los mismos argumentos que actualmente se usan en Occidente, de forma habitual, contra el islam.

de Jerusalén, pero lo rechazó. Después se le ofreció a Godofredo de Buillón, que aceptó gobernar la ciudad, pero no quiso ser coronado. Según sus propias palabras «No llevaría una corona de oro, en el lugar en el que Cristo había llevado la de espinas». A cambio tomó el título de *Advocatus Sancti Sepulchri*, «protector del Santo Sepulcro», o, simplemente, el de «príncipe». Poco después, el incansable guerrero flamenco libró la que se considera la última acción militar de la

Los cruzados toman Jerusalén el 15 de julio de 1099. Grabado de Gustave Doré para *Histoire des Croisades*, publicado en 1877. Colección particular.

primera cruzada, cuando se enfrentó a un ejército fatimí invasor al que venció el 12 de agosto de 1099 en Ascalón, a poco más de setenta kilómetros al sudoeste de Jerusalén. Tras la batalla, el poder fatimí se hundió en Palestina sin posibilidad alguna de recuperación; la cristiandad quedaba así dueña de una región mucho más extensa de lo que hubiera podido imaginar.

Jerusalén quedó prácticamente abandonada después de su conquista. Los musulmanes y judíos que lograron escapar a la masacre huyeron, y los cristianos orientales que habían dejado sus casas y ahora veían con recelo el desprecio con el que masivamente les trataban los cruzados decidieron no regresar.

Un problema que se agravó cuando la mayor parte de quienes habían participado en la expedición, una vez cumplido el voto de recuperar Jerusalén y el Santo Sepulcro, abandonaron la región y regresaron a sus hogares. Apenas tres centenares de caballeros y unos pocos miles de soldados de a pie se quedaron en Tierra Santa para ocupar la propia Jerusalén, Haifa y Ramla. Las tres plazas que, junto a otros pequeños Estados cruzados en la costa levantina, el condado de Edesa —actual Urfa, en Turquía—, el principado de Antioquía y el condado de Trípoli formaron el nuevo reino cristiano de Jerusalén.

Durante largos meses su capital solo tuvo unos pocos habitantes, insuficientes hasta para defender las puertas. La situación llegó a ser tan dramática que una fuerte reacción sarracena hubiese barrido las débiles posiciones de los francos y los habría empujado de nuevo al mar. Un problema que se unía a la falta de recursos y a la incapacidad de los líderes cruzados y de quienes les apoyaban de conseguir adquirir monturas de una cierta calidad, lo que debilitaba notablemente su casi insignificante fuerza militar.

A pesar de todo, la Palestina cristiana se salvó gracias a una serie de factores, que no tuvieron nada que ver con cuestiones espirituales, al contrario, fueron muy tangibles. Primero, porque lentamente, en pequeños grupos, llegaron refuerzos desde las ciudades-Estado marítimas italianas, como Venecia y Génova, y después, porque muchos de los recién llegados estaban más interesados en las posibilidades comerciales que les ofrecían los nuevos territorios que en cuestiones religiosas.

En 1101 comenzó una nueva cruzada, a la que se sumaron Esteban de Blois y Hugo de Vermandois, que habían participado en la primera, pero tuvieron que regresar a Europa antes de alcanzar Jerusalén. Fue casi aniquilada en Asia Menor por los turcos selyúcidas, pero los supervivientes, a su llegada a Jerusalén, sirvieron para reforzar con tropas el nuevo reino. A ellos se unió en 1110 la expedición patrocinada por el rey de Noruega, que tras un largo viaje por mar desembarcó en Acre y llegó a tiempo para apoyar el bloqueo de Sidón.

Tras ellos, poco a poco, pero sin pausa, llegaron a Tierra Santa más caballeros ansiosos de gloria y fortuna, comerciantes, religiosos, peregrinos de todo tipo y condición o grupos militares dirigidos por sus señores feudales. No obstante, las expediciones eran muy caras, y el viaje peligroso, por lo que el reino de Jerusalén y los Estados cruzados continuaban vislumbrando un complicado futuro al principio del siglo XII.

Alguna mejora se logró entre 1115 y 1116, gracias a la buena política del rey Balduino I, pues las comunidades cristianas orientales de la ribera occidental del Jordán se instalaron en Jerusalén, especialmente en las casas abandonadas del viejo barrio judío. Eso devolvió la ciudad a la vida, pero arruinó algunas localidades de la región que tenían una gran tradición. Lugares legendarios como la antigua Madaba, que hasta 1880 no volvió a ser habitada, o Umm-al-Rasas, de la que hoy apenas podemos visitar sus ruinas.

LOS MONJES DE LA GUERRA

Los intereses mercantiles no fueron un factor decisivo para la convocatoria de la cruzada, pero fueron un aliciente. Los comerciantes europeos ya estaban presentes en Oriente Próximo mucho antes de que se predicara su participación en el enfrentamiento religioso. Los venecianos mantenían relaciones estrechas con Bizancio y los amalfitanos estaban establecidos en diferentes puntos del Mediterráneo oriental gracias a su flota, que en el año 1077 era considerada la más poderosa de todo el Tirreno. Estas dos ciudades, junto con pisanos y genoveses, daban soporte al transporte de hombres y provisiones que se enviaban a las antiguas concesiones de los *fondachi*, almacenes en los que se depositaban las mercancías con salida libre al puerto. Auténticas bases comerciales que prácticamente parecían colonias.

Allí, en algún momento del turbulento siglo XI que se vivía en Tierra Santa, nació en Jerusalén una comunidad laica que administraba poco más que un mesón con camas, un hospitia *oxenodochia*, dedicado también a labores de enfermería. Lo erigieron en fecha indeterminada, entre 1020 y 1048, unos devotos y, suponemos, acaudalados comerciantes de Amalfi[16], que tenían relaciones mercantiles con Tierra Santa, y obtuvieron permiso del califa de Egipto para asistir a los peregrinos de cualquier fe o raza.

No era el primer establecimiento de su clase instalado en la ciudad. Antes de las cruzadas, los hospicios de diferentes naciones eran indispensables para albergar a los peregrinos que acudían a los Santos Lugares. Se tienen noticias de un hospicio franco en la época de Carlomagno y se dice también que hubo uno húngaro en tiempos del rey san Esteban, en el año 1000. Sea cierto o no, lo que puede darse por seguro es que el de los amalfitanos sería el más famoso.

Su planta era cuadrangular —casi un cuadrado exacto—. Construida según la forma tradicional del románico, sostenían sus muros ciento setenta y ocho columnas de piedra con arcos de cinco metros de altura y su crujía principal medía setenta por treinta y seis metros. Disponía de amplias caballerizas, depósitos y despensas. La mayor parte de documentos históricos la ubican en el monasterio de Santa María de la Cruz Latina —monasterio de los Latinos, para los musulmanes—, situado en las inmediaciones del Santo Sepulcro, un conjunto que tenía licencia de Husyafer, califa fatimita de Egipto, para celebrar en él los oficios divinos conforme al rito romano y que comprendía, además del hospital, un hospedaje para mujeres que se añadió posteriormente a cargo de la hermana Inés, las iglesias de Santa María Latina y Santa María la Mayor y, más al sur, los edificios de un monasterio griego con su iglesia anexa que, muy posteriormente, se denominaría monasterio de San Juan Bautista. Todo, salvo la enfermería, donde los viajeros podían curar sus heridas y recuperarse del largo viaje, lo atendían los «monjes negros» —por el color de su hábito— de la Orden de San Benito, llegados de la abadía de Cava dei Tirrene, próxima a Nápoles.

El «hospital», pequeño y discreto, similar al organizado por san Benito en Montecasino, que llevaba el nombre de Fratres Hospitalis San Joannis del Xenodochium Hierosolymitanum, lo dirigía Gerardo de Sasso —o Gerardo de Martigues—, al que luego se conocería como hermano Gerardo, un noble de origen incierto —tanto Martigues, en la Provenza francesa, como La Scala, en la costa

---

16   Según la *Historia de los normandos*, escrita entre 1080 y 1089 por Amato, monje de Montecasino, había sido erigido por Mauro, hijo de Pantaleón, un hombre noble de Amalfi que vivía siempre en gracia de Dios.

amalfitana italiana, pugnan por hacerse con el honor de ser su lugar de nacimiento— que había llegado a la ciudad como un viajero más y se quedó muy impresionado por los peligros a los que se veían expuestos todos los peregrinos que llegaban hasta allí con el fin de cumplir sus votos o dar satisfacción a las culpas que arrastraban.

Para nuestro gusto se ha tratado demasiado de conectar el origen de los hospitalarios con ese establecimiento, que antes de que se iniciaran las cruzadas ya había decaído, pues se sostenía únicamente con limosnas recogidas en Italia. Es una de las razones por la que consideramos demasiado dudoso que fuera en un principio el

El hermano Gerardo recibe a Godofredo de Bouillón.
Obra de Antoine Favray. Museo de Bellas Artes, Valletta.

hospicio del hermano Gerardo. Otra es que los hospitalarios decidieron que san Juan Bautista fuera su patrono, mientras que el recinto italiano estaba dedicado a san Juan de Alejandría. Además, Gerardo adoptó la Regla de san Agustín, no la benedictina, y como la mayoría de otras casas similares de ese tiempo, el hospicio de Amalfi dependía de un monasterio, en cambio, el que daría lugar a los hospitalarios fue autónomo desde el principio.

De una forma u otra, Gerardo, que había sido apresado y cargado de cadenas cuando comenzó el sitio de Jerusalén por temor a que intrigara desde dentro contra los musulmanes[17], en cuanto los cristianos ocuparon la ciudad, volvió a dirigir su hospicio con la ayuda de antiguos combatientes que abandonaron el ejército y se unieron a su labor. No eran religiosos, pero lo cierto es que llevaban una vida casi monástica dedicada al cuidado de los peregrinos, ya estuvieran sanos o enfermos, que visitaban aquel pequeño nicho horadado en la roca, que había sido propiedad de José de Arimatea.

Por supuesto, el control cruzado de la ciudad y la gratitud a su labor benefició a los «hospitalarios», pues al fin y al cabo eran buenos conocedores de la región y de sus gentes. Su experiencia fue tan valorada que a finales de la segunda década del siglo XII eran ya los dueños de la mayor parte de los hospedajes y enfermerías del recién creado reino. Incluso el mismo Godofredo, antes de su fallecimiento en 1100, quiso contribuir al sostenimiento del hospital y les cedió los señoríos de Monboire, que formaban parte de sus posesiones en el Brabante, y Hessilia, en Palestina. Donaciones que serían confirmadas por Balduino I, el 28 septiembre de 1110, y Balduino III, el 30 de julio de 1154, y que se verían incrementadas con otros territorios e ingresos no solo del reino de Jerusalén, sino también de Sicilia, Italia y Provenza.

Remesas notables de dinero, rentas y propiedades, aportadas por nobles llegados de Europa, y cedidas directamente al Hospital de San Juan para su mantenimiento, incrementaron la riqueza de la nueva Orden «eclesiástica», que pidió directamente al papa Pascual II que su hospicio fuera reconocido como autónomo, se pusiera bajo la tutela de la Santa Sede —*Protectio Sancti Petri*— y se informara de ello

---

17   Cuenta una leyenda sin viso alguno de realidad, que el hospital adquirió tal prestigio que el califa donó a Gerardo un trozo de los muros de la ciudad en el que se comprendía una puerta y las llaves de esta, confiriendo así al hospital el símbolo de una autonomía y una rudimentaria personalidad que le libraban de injerencias musulmanas.

a los conventos benedictinos encargados de Tierra Santa. El 15 de febrero de 1113 recibió oficialmente esa consideración mediante una bula[18] del pontífice, *Pie postulatio voluntatis (Una petición voluntaria hecha con devoción),* emitida durante una sesión del concilio celebrado en Benevento ese año y dirigida a «*Geraudo institutori ac praeposito Hirosolimitani Xenodochii*». El documento, que en la actualidad se conserva en la Biblioteca Nacional de Malta, en La Valeta, hacía referencia a las posesiones de la Orden «en Asia y en Europa» y convertía al «hospital» en una institución, un tipo de congregación particular bajo la tutela y amparo exclusivo del pontífice, que se sustraía a los avatares del Reino Latino de Jerusalén. Además, ampliaba y confirmaba los privilegios ya recibidos por parte de los príncipes y de los patriarcas de la ciudad, lo que, por otra parte, no hacía más que sancionar de un modo solemne un Estado de hecho.

Gerardo quedó reconocido desde ese momento como «rector» jefe de la congregación y amparado por un párrafo de la bula que permitía que a su muerte fueran solo los miembros de la Orden, sin interferencia de otras autoridades laicas o religiosas, los que escogieran a su sucesor —«aquel que los hermanos profesos establecerán, según Dios, que deba ser elegido», decía—. Fue por entonces cuando tanto él como sus compañeros decidieron pronunciar ante el patriarca de Jerusalén, Arnaldo, los votos monásticos sagrados de castidad, pobreza y obediencia, a los que añadieron uno especial, el de ser *fratres pauperibus serventes* (freires al servicio de los pobres). Aquel día decidieron también vestir un hábito monástico negro, pero con una cruz blanca en el pecho de ocho ángulos y ocho puntas, símbolo de las ocho Bienaventuranzas —un emblema que, lógicamente, no se llamaba aún Cruz de Malta y por entonces figuraba en el escudo de Amalfi—.

No todos los estudios que se han hecho sobre la Orden de Malta están de acuerdo con esta última teoría. Nosotros sí, pensamos que dada la forma en la que se instituyó la Orden es la más plausible. En cualquier caso, los que se muestran reacios a admitir esta posibilidad tampoco han argumentado otra mejor.

---

18   Una bula es un documento sellado con plomo sobre asuntos políticos o religiosos. Si está autentificada con el sello papal, recibe el nombre de bula pontificia. El término proviene del latín *bulla* y hace referencia al propio sello, como objeto redondo. En la antigua Roma se utilizaba para referirse a la medalla que portaban al cuello los hijos de las familias nobles hasta el momento en que vestían la toga.

La incapacidad de los Estados cruzados para lograr atraer población en su primera década de vida hizo imposible que el territorio bajo control efectivo de los francos se extendiese lo suficiente como para mantener un número de habitantes capaz de sostener un ejército de cierta entidad, a todas luces necesario. Progresivamente, tanto el soberano de Jerusalén como los otros señores cristianos parecieron dar con soluciones que permitieran dar una eficaz respuesta al desafío que presentaba el tener que defender los precarios enclaves costeros de la presión de los musulmanes, que los superaban en número de forma abrumadora.

La primera fue aprovechar el aumento de la riqueza lograda con el beneficio del comercio entre Oriente y Europa, para poder contratar mercenarios que sirviesen para reemplazar la escasez de hombres. Estos, puesto que la defensa e integridad del reino estaba en sus manos, se acabaron convirtiendo en un poder en sí mismo. Era preciso contar con alguna fuerza que sirviese de contrapoder, y se pensó en un concepto aún nuevo en el mundo cristiano: convertir a algunas de las órdenes eclesiásticas en militares. Una de las más importantes sería sin duda la protagonista de nuestra obra. La que ya se denominaba Orden de San Juan de Jerusalén, o del Hospital[19].

---

19   A lo largo de los siglos la Orden de Malta ha sido conocida con muchos nombres distintos además de este: Fratres Hospitalarii, Ordo Fratrum Hospitalis S. Ioannis Hierosolymitani (Bonifacio VIII), Cavalieri di S. Giovanni d'Acri (1187), Militia Rodiensis Hospitalis S. Ioannis (1307), Religione e Ordine di S. Giovanni Gerosolimitano (1530), Sacra Religione e illustre Milizia di S. Giovanni Gerosolimitano (1602), Sacra Religione Militare di S. Giovanni Gerosolimitano, detta di Malta (1703), Sacro Militare Ordine Gerosolimitano, oggi di Malta (1737), Ordine di San Giovanni di Gerusalemme (1802), Equestris Ordo Melitensis, Militia Melitensis, Cavalieri di Malta, después de la fusión con los templarios: Sacro Militare Ordine Gerosolimitano (S.M.O.G.) y Sacro Militare Ordine di Malta (S.M.O.M.), Ordine di San Giovanni (1865), Hierosolymitani Milites (1890), Ordre des Hospaliers de St. Jean de Jérusalem (1901), Ordre Souverain des Hospaliers (1926), Sovrano Militare Ordine di Malta (1927), Sovrano Militare Ordine Gerosolimitano di Malta (1951), Sacro Militare Ordine Gerosolimitano di Malta (1955), Fratres Hospitalarii S. Ioannis (1955), Fratres Xenodochii Hierosolymitani (1955), Cavalieri di Rodi (1955), Religio Hierosolymitana (1955), Religio S. Joannis Hierosolymitani (De Luca), Militia S. Joannis Hierosolymitani (De Luca), Milites Hierosolymitani (Petra), Ordo S. Joannis Hierosolymitani vulgo Equites Melitenses (1908), Souverain Ordre Militaire de Malte (1921), Ordine Gerosolimitano (1929), S.M.O. Gerosolimitano, detto di Malta (1936). Sin olvidar el más popular de Orden de Malta o caballeros de Malta.

Ya hemos visto que la idea de convertir a los monjes en soldados no era extraña a la mentalidad de la Europa cristiana medieval, por lo que el papa apoyó sin reservas a los monjes guerreros, pero también es justo decir que hubo muchos clérigos que no vieron con buenos ojos esas actividades militares.

En esencia, y en un principio, la labor de los monjes que atendían el hospital solo se veía ampliada con otra misión: la protección de los indefensos peregrinos que tomaban la ruta terrestre —mucho más peligrosa que la recién abierta por el Mediterráneo—, la custodia de las escasas propiedades que los viajeros llevaban consigo y la defensa de la ciudad de Jerusalén, aunque fuese mediante el uso de las armas. Una actividad para la que se contrataron mesnadas dirigidas por un freire de la Orden, pero que, poco a poco, fue extendiendo la opinión entre los caballeros voluntarios de que la lucha contra los musulmanes era lícita, «santa» y estaba bendecida por Dios.

Ni siquiera era necesario un cambio de mentalidad, porque el combate y la muerte hasta entonces no eran algo ajeno a los religiosos. En campaña los hospitalarios cuidaban en el mismo lugar de la batalla tanto de los heridos con traumatismos o miembros cercenados como de los desfallecidos por el calor. Luego, entre desgarradores lamentos y la pestilencia de los miembros gangrenados, los trasladaban al gran hospital de Jerusalén en caballos, camellos o carros. Nadie iba a enseñarles lo trágica que era la guerra.

Por si quedaba alguna duda, el 28 de junio de 1119 el ejército de Roger de Salerno, regente de Antioquía, y su prestigiosa caballería normanda, fue derrotado y destruido por el emir de Mardin, Najm ed-Din Ilghazi, en las proximidades de Alepo, Siria. Las órdenes militares ya no eran una opción. Eran imprescindibles[20].

Ahora, además de defender lo conquistado o proteger a caminantes y peregrinos, se podía pensar en el uso de un ejército de religiosos para extender el cristianismo, como una ampliación de su actividad humanitaria en beneficio de los demás y, por qué no, como fuente de riquezas.

---

20   No deben confundirse las órdenes militares con las órdenes de caballería fundadas por los reyes de distintos países. Hacia 1330, Alfonso XI, rey de Castilla, creó la primera, la de los Caballeros de la Banda, luego la seguirían, en 1348, la de la Jarretera, establecida por Eduardo III de Inglaterra; la de la Estrella, del rey Juan de Francia, en 1351; la del Nudo, al año siguiente, del rey de Nápoles, y otras muchas. En ese siglo y el posterior.

LA SOBERANA ORDEN MILITAR Y HOSPITALARIA DE SAN JUAN DE JERUSALÉN

La bula papal a la que hemos hecho referencia era mucho más importante de lo que parecía. Sometía a todos los miembros de la Orden a una autoridad única y no permitía que nadie que no fuese elegido por los propios religiosos profesos que estuviesen presentes pudiera tener la administración del Hospital o sus propiedades. Unas posesiones y bienes, recibidos con confirmación pontificia, que los eximía también del pago de diezmos a los titulares de las sedes episcopales donde se encontraran los asentamientos, tanto en Oriente como en Occidente. En resumen, no solo se le concedían a la Orden unas condiciones económicas excepcionales, sino que se le permitía, con toda claridad, hacer lo que quisiera, con independencia de los poderosos obispos de la época. Por si quedaba alguna duda, el 19 de junio de 1119, el sucesor de Pascual II, el papa Calixto II, promulgó la bula *Ad hoc nuestras disponente*, que confirmaba los privilegios y las posesiones de la Orden, así como las disposiciones de *Pie postulatio voluntatis*.

El punto económico era uno de los que Gerardo había querido dejar claro desde el principio, pues la Orden ya no se circunscribía solo a su antiguo emplazamiento, sino que atendía nuevas casas-hospitales en distintos puntos de Tierra Santa o Europa[21]. Sobre todo, en ciudades marítimas que fueran origen o llegada de los peregrinos que cogían el camino de Jerusalén o el de Santiago. En ellas, gracias a los hospitalarios, los viajeros conseguían servicios sanitarios, albergue para comer y descansar y cuadras para sus animales. Unos establecimientos en los que se atendía tanto a cristianos como a judíos o musulmanes, y que hacían también las veces de orfanatos u ofrecían regularmente ropa a los más necesitados. Y eso costaba dinero.

Gerardo falleció en 1120. Tras ocupar su puesto de manera interina Pedro de Barcelona y un hospitalario conocido como freire Roger, en 1121 fue elegido de manera oficial como segundo superior de la Orden Raimond de Puy —o Raimundo de Podio—, también de origen incierto —posiblemente miembro de una familia

---

21   En 1113 estaban en Saint Gilles, en Francia, y Asti, Pisa, Bari, Otranto, Tarento y Mesina, en Italia.

Raimond de Puy en 1130, durante su estancia en Celesyrie, en el actual
Líbano. Su representación, como es lógico, es obra de la imaginación y
no se apoya en ninguna fuente contemporánea. En muchos casos, y los
hospitalarios no fueron una excepción, aunque modernos estudios se
empeñen en negarlo, las órdenes militares no eran más que el resultado de
la conversión de caballeros en religiosos, sin renunciar al uso de las armas.
Obra de Alexandre Laemlein realizada en 1842. Palacio de Versalles.

noble del Delfinado[22]—, pero compañero de armas de Godofredo de Bouillón.

Gracias a los recursos acumulados por Gerardo, su sucesor pudo erigir edificios más espaciosos en sus posesiones y convertir los hospicios atendidos por los freires en hospitales mejor dotados. De hecho, se estableció que se mantuviera en ellos de manera permanente a cinco médicos y tres cirujanos, y que los hermanos realizaran siempre las funciones de enfermeros.

Raimundo continuó recibiendo donaciones, de manera especial en el condado de Trípoli, el último de los cuatro grandes Estados cruzados que se crearon en Levante, lo que le permitió complementar su fundación con una segunda innovación: sufragar el coste de una escolta armada para acompañar, brindar seguridad y defender cuando fuera necesario a los peregrinos que llegaban y partían de la región, a la manera que lo hacía la Orden del Temple, fundada en 1118 o 1119 por cuatro caballeros franceses. Él también sería el primero en llevar el título de maestre y el que recibiera la concesión del primer castillo —Beth Gibelin, en 1136, en el señorío de San Abraham o de Hebrón— para defender Tierra Santa de los sarracenos.

En 1136, casi al mismo tiempo que se complicaban las cosas en Levante y se iba produciendo un paulatino proceso de secularización de los primitivos monjes soldados, el papa Inocencio II otorgó de forma definitiva la confirmación del cuarto voto de armas a la Orden del Hospital[23] —eran la del Santo Sepulcro, la del Temple, la Teutónica y la Hospitalaria—. Hasta ese momento, con independencia de que combatiesen o no, las únicas clases en las que se dividían sus miembros eran capellanes o hermanos de convento y hermanos de oficios. A partir de ese año los hermanos caballeros constituyeron una clase separada que fue cambiando sus formas de presentación y su naturaleza esencial y que comenzó a adquirir los vicios más comunes del mundo eclesiástico de la época: la avaricia, la soberbia y el concubinato[24]. La realidad comenzaba a alejar a los hospitalarios de las obras del beato Gerardo.

---

22 Una antigua provincia del sureste de Francia con capital en Grenoble, que limitaba con Saboya por el norte, Vaucluse y Provenza por el sur y con Piamonte (Italia) por el este.
23 Su auténtica estructura militar se establecería mucho más tarde, en 1201.
24 Desde 1140, por ejemplo, a los freires del Capítulo de Calatrava se les permitió casarse. Otros muchos ni siquiera se molestaban en hacerlo, vivían con sus mujeres y participaban en cualquier combate, aunque fuera entre cristianos, por intereses personales, familiares o de poder.

La península ibérica como objetivo

Sin duda alguna, en los reinos hispánicos la Orden de San Juan fue un modelo alternativo al que representaba el Temple. Los caballeros no se convertían en monjes sin abandonar por ello el empleo de las armas, puesto que se trataba de una orden religiosa que experimentaba un progresivo proceso de militarización.

La llegada de los hospitalarios a los reinos de España fue bastante diferente a la de los templarios, primero por pura cuestión cronológica, dado que la Orden estaba presente en la península al menos dos décadas antes de la llegada del Temple; segundo, por cuestiones de carácter estrictamente religioso, puesto que San Juan tenía una vocación claramente hospitalaria, algo que no formaba parte del ideario de la formación del Temple. Los primeros miembros de la Orden que llegaron a la península recorrieron el territorio en pequeños grupos recogiendo limosna, pero poco a poco comenzaron a establecer asentamientos estables.

En consecuencia, las primeras donaciones recibidas por la Orden fueron principalmente recursos económicos para avanzar en la consecución de sus objetivos en Tierra Santa y no tanto para implicar a los distintos monarcas en la defensa de los reinos de España, embarcados en una larga y onerosa reconquista. Los reyes españoles vieron siempre a la Orden, especialmente en los primeros años de su implantación en territorio ibérico, como un instrumento para enlazar con las corrientes de pensamiento de toda Europa y obtener por la vía de su relación con otros Estados y reinos mejoras en aspectos tan importantes como la política, la economía o el comercio.

Por supuesto, también se pretendía de los hospitalarios que realizasen una actividad en consonancia con el apelativo de su nombre. Así aparece en una carta enviada por el obispo de Albano, en Roma, de nombre Ricardo, que fue también legado apostólico de 1102 a 1114, en la que se ordenaba a los obispos hispánicos que protegieran a los frailes del hospital y no obstaculizaran la entrega de limosnas y donativos. Muy poco después, en febrero de 1113, una carta del propio Pascual II «recomendó» a los obispos, abades, nobles y demás fieles hispánicos que atendieran a un freire enviado a la península para recoger limosnas y donativos.

Como en el caso del Temple, los primeros caballeros hospitalarios procedían del sur de Francia, en concreto de la abadía de Saint Giles, un lugar de importancia estratégica fundamental, próximo a

Marsella, y desde donde la Orden podía actuar en el Mediterráneo y conectar con Tierra Santa. No es extrañar, por lo tanto, que la primera presencia sanjuanista demostrada estuviera en Cataluña, tal vez desde 1108.

La reina Urraca de Castilla entregó poco después a la Orden la abadía y la aldea salamantina de Paradinas de San Juan, en 1113, y tres años después la comarca de Guareña, que se convertiría en uno de los enclaves principales de la Orden en la corona de Castilla.

En el reino de Aragón hay pruebas de su presencia, al margen de la evidencia catalana, en torno a 1125. Unido al asentamiento de hospitalarios en Navarra antes de julio de 1122, significa que la implantación de la Orden en los reinos españoles en los decenios previos a la mitad del siglo XII era un hecho.

Durante las décadas siguientes tanto las monarquías ibéricas como la nobleza y la Iglesia entregaron bienes y dinero en donaciones a la nueva Orden, incluido por supuesto el famoso testamento a favor de Dios que hizo en 1131 Alfonso I el Batallador durante el asedio de Bayona al no tener herederos, y que entregaba los reinos de Aragón y Navarra a las Órdenes del Temple, el Hospital y el Santo Sepulcro.

Ni qué decir tiene que esa decisión, aunque fue corroborada por el monarca en Sariñena a primeros de septiembre de 1134, poco antes de fallecer el día 7 a causa de las heridas recibidas durante el asedio de Fraga el 17 de julio de ese mismo año, no fue aceptada ni por la nobleza aragonesa ni por la navarra. Los aragoneses llegaron al acuerdo de que le sucediera su hermano Ramiro, que reinó como Ramiro II el Monje[25], mientras que en Navarra eligieron como soberano a García Ramírez el Restaurador, hijo del infante don Ramiro, que estaba casado con una hija de Rodrigo Díaz de Vivar.

Para solucionar el problema, en 1140 viajó a Occidente Raimundo de Puy como representante de las tres Órdenes en las negociaciones sobre la anulación del testamento del monarca. Su presencia fue muy importante para el destino de San Juan en España. Tras largas conversaciones la Orden aceptó hacia el 16 de septiembre renunciar a sus derechos a favor de Ramón Berenguer IV, conde de Barcelona, convertido en rey de Aragón por su matrimonio con Petronila, hija

---

25   Ramiro fue exclaustrado para que contrajera matrimonio con Isabel de
      Poitou. De la unión nació Petronila, que al casarse con Ramón Berenguer
      IV dio origen a que el reino y el condado quedaran bajo un mismo cetro.

de Ramiro II, a menos que el nuevo monarca muriera sin hijos. A cambio, se le debían entregar donaciones y tierras que la compensaran. En Aragón recibió los derechos que ejercía la Corona sobre los habitantes y bienes en propiedades de Jaca, Huesca, Barbastro y Zaragoza, así como de Daroca y Calatayud, incluidos todos los castillos y villas del reino con más de una treintena de campesinos, pero no ocurrió lo mismo en Navarra, donde la Santa Sede no reconocía al reino como entidad independiente y soberana. Gracias a eso, tanto los monarcas navarros como la nobleza ofrecieron una gran resistencia a realizar a la Orden donaciones, entregas de propiedades o dinero. En cualquier caso, a partir de este momento se prodigaron los donativos por parte de los fieles de todas las categorías sociales, impulsados por la obligación y los beneficios espirituales que les deparaba la Orden.

En 1144 el rey Alfonso VII concedió a los sanjuanistas el castillo de Olmos, un puesto avanzado del reino de Toledo en la frontera con los musulmanes, pues se trataba de una fortaleza que vigilaba el acceso a la cuenca del Guadarrama. Cuatro años después, en 1148, la Orden de San Juan participó en su primera acción militar en España. Fue durante el sitio de Tortosa, que terminó en manos del rey de Aragón.

Monasterio de Santa María de Sijena, en Villanueva de Sijena, Huesca, fundado por monjas de la Orden de San Juan de Jerusalén el 23 de abril de 1188 con el patrocinio de la reina Sancha, esposa de Alfonso II de Aragón.

El 24 de junio de 1158, el papa Adriano IV confirmó el acuerdo a petición de Ramón Berenguer, pero fue sobre todo con Alfonso II de Aragón, en la segunda mitad del siglo XII, cuando se registró el mayor auge de los dominios sanjuanistas en tierras aragonesas, lo que marcó el inicio de varias encomiendas. También recibieron de la realeza una serie de privilegios y exenciones fiscales, extensibles a todos sus dominios en Aragón.

Los hospitalarios aragoneses, en su calidad de monjes soldados, participaron en algunas empresas de la Corona; no obstante, su labor principal fue colonizar el territorio aragonés. En la dinámica de ese proceso constituyó un elemento primordial la concesión de Cartas Pueblas, un documento mediante el que los reyes cristianos y señores laicos y eclesiásticos de la península ibérica otorgaban una serie de privilegios a grupos poblacionales, con el fin de que durante la Reconquista se instalaran en ciertas zonas de interés económico o militar. Se pretendía así asegurar las nuevas fronteras a través del asentamiento de una población guerrera y campesina y revitalizar las tierras conquistadas a los musulmanes, fomentando la creación de nuevas fuentes de riqueza que aumentarían los recursos de la hacienda real. Además, eso servía a los reyes como instrumento político de equilibrio frente al poder señorial, al permitir que se generaran núcleos urbanos conformados por hombres libres, que hacían las veces de una tercera fuerza entre los señores y los monarcas.

Dentro de la actividad económica que los sanjuanistas realizaron gracias a las Cartas Pueblas hay que señalar la plantación de viñedos, puesta en cultivo de landas, mejoras en el sistema de riegos y potenciación de nuevas fuerzas hidráulicas, además de la creación de molinos y apertura de mercados. Las cuentas aumentaban, y no se tardó en ampliar las actividades a la custodia de objetos de valor, préstamos a la realeza o a los particulares, desempeño de fincas y otras operaciones financieras. Gracias a los beneficios obtenidos, los hospitalarios terminaron por conseguir en España prioratos propios.

El patrimonio de los bienes de San Juan se gestionaba en todos los países europeos a través de la fórmula del priorato, que no era más que una circunscripción territorial en la cual se situaba un representante de la Orden que tenía precisamente ese nombre: prior. Ya durante la mayor parte del siglo XII, las propiedades y dependencias de la Orden que había en los reinos de España dependían del Priorato de Saint Gilles, en la Occitania francesa, pero según aumentó su importancia en la península, se fueron constituyendo los prioratos que regirían y controlarían los territorios, bienes y haciendas de la Orden en las coronas de Castilla y Aragón y en los reinos de Navarra y Portugal.

El primero en nacer fue el de Castilla y León, que aparece ya documentado en 1135. Le siguió el de Portugal, en 1140, y el de los reinos de Navarra y Aragón en 1144. Antes de terminar el siglo XII los sanjuanistas ya tenían en funcionamiento en Navarra las encomiendas de Sangüesa, Iracheta-Leache, Cizur Menor-Olaz, Bargota —entre Puente la Reina y Mañeru—, Cahués —en la actualidad despoblado—, Echávarri-Zufía, Melgar —entre Sansol y El Busto—, Falces, Casanueva-San Adrián, Tudela, Calchetas, —en el término actual de Cascante— y Cabanillas-Fustiñana-Buñuel. En los dos siglos siguientes sus posesiones se ampliarían hasta controlar catorce villas, veintiuna iglesias y heredades diseminadas en más de doscientos cincuenta lugares del reino.

El Priorato de Cataluña, territorio de la corona de Aragón, pasó a denominarse Castellanía de Amposta. Aparece citado por primera vez en 1149 en un documento mediante el que Ramón Berenguer IV cede a los hospitalarios el castillo de la población y toda su comarca.

Iglesia fortificada sanjuanista de San Miguel Arcángel, en Cizur Menor, localidad del Camino de Santiago en Navarra, ya citada en documentos del siglo XI. Fue donada a la Orden por Lope Enecones y su esposa Sancha Aznárez en 1135.

En 1177, Amposta pasó a controlar solo los territorios de la corona de Aragón, es decir, el principado de Cataluña y el propio Aragón —Valencia aún seguía en manos musulmanas—, con lo que quedó Navarra como una circunscripción separada.

Pero nos hemos adelantado un poco a los acontecimientos, volvamos con Raimundo de Puy, que seguía decidido a sacar todo el beneficio económico posible de su viaje. Es muy probable que aprovechara el camino de regreso para zanjar también el problema que tenía con los teutones. Un peregrino y su esposa habían fundado hacia 1128 un hospital destinado a recibir peregrinos de origen alemán. Se puso en un principio bajo la protección de los hospitalarios, pero ya buscaba desde hacía tiempo su independencia. El papa Celestino II, presionado por Raimundo, resolvió la discusión al dictar una bula en 1143 que dejaba la Orden Teutónica bajo la dependencia de los hospitalarios. A cambio, los primeros obtenían el nombramiento de hermanos germanos para las responsabilidades de prior y sirvientes. Los teutones quedarían así bajo la responsabilidad de los hospitalarios hasta 1229.

La segunda cruzada

Edesa fue el primero de los débiles Estados cruzados en caer bajo la presión de los musulmanes. Lo hizo en 1144 en manos de Imad ed-Din Zengi, gobernador de Mosul y, por entonces, también de Alepo.

Como respuesta, el papa Eugenio III, a través del ya famoso predicador Bernardo, abad de Claraval, que había sido el autor de la Regla de los templarios, predicó en 1146 la segunda cruzada. A diferencia de la primera, en esta sí participaron los reyes de la cristiandad, encabezados por Luis VII de Francia —al que acompañaba su esposa, Leonor de Aquitania— y por el emperador germánico Conrado III. Una espectacular expedición, por los menos en sus preparativos, en la que los desacuerdos entre franceses, alemanes y bizantinos fueron constantes desde el principio.

Tantos, y de tal intensidad, que ambos reyes llegaron a Tierra Santa por separado, fueron derrotados por los turcos y, ya con sus ejércitos maltrechos, decidieron que Edesa era un objetivo de poca importancia para su categoría, por lo que marcharon directamente hacia Jerusalén. Desde allí, para desesperación de Balduino III, que empezaba a no entender para que estaba toda aquella gente en su reino, en lugar de enfrentarse a Nur ed-Din Mahmud, el hijo de Zengi, que había sido nombrado en 1146 gobernador de Alepo, decidieron atacar Damasco, un Estado independiente que se mantenía como aliado del rey de Jerusalén, pero en el que Balduino hacía tiempo que había puesto sus ojos.

La expedición llegó ante las murallas de la ciudad el 23 de julio, con el ejército de Jerusalén y los caballeros de las órdenes militares en vanguardia, y fue un absoluto fracaso. Tras solo una semana de asedio infructuoso, los ejércitos cruzados se retiraron. Un ataque inútil que provocó que Damasco no volviera a confiar en los cristianos y se entregara en 1154 a Nur ed-Din, que progresivamente iba cercando los Estados francos.

La segunda cruzada solo pudo apuntarse un éxito accidental, conseguido en 1147 cuando las fuerzas combinadas cristianas de flamencos, frisones, normandos, escoceses e ingleses, que viajaban en barco desde Inglaterra, se dedicaron a parar en los puertos de la península ibérica para obtener provisiones y acabar con todos los musulmanes que encontraran. Lo hicieron en Lisboa para ayudar a los portugueses a liberar su capital, en Almería y en Tarragona.

Para entonces, los hospitalarios, que habían participado de una forma meramente representativa en el asedio de Damasco, eran los auténticos dueños del condado de Trípoli, en el que gobernaba Raimundo II. Le había donado a la Orden cinco castillos y una enorme fortificación curda que controlaba la carretera desde Homs al mar Mediterráneo, y su ejército, a cambio, se ocupaba de vigilar las fronteras de toda la región para evitar la llegada de las fuerzas de Zengi.

El acuerdo solo favorecía a los hospitalarios: si iniciaban una campaña y Raimundo no los acompañaba, todo el botín era para ellos; si Raimundo estaba presente, había que dividirlo en partes iguales y, en ningún caso, el conde podía firmar la paz con los musulmanes sin la autorización de la Orden.

La construcción de la magnífica fortaleza que pasaría a la historia de los hospitalarios, el Crac de los Caballeros, se inició en 1142 sobre los antiguos restos de un viejo castillo. No se terminaría hasta 1170.

En 1153, tras la toma de Ascalon y su puerto, la más poderosa de las fortalezas fronterizas del Egipto fatimí, estalló un conflicto entre los hospitalarios y Foucher, patriarca latino de Jerusalén, que se quejó de que no respetaban sus derechos eclesiales. Los acusó de admitir excomulgados, de administrarles los últimos sacramentos y de enterrarlos en sus cementerios, de tocar las campanas en «países o tiempos de prohibición», de recibir limosnas, de nombrar sacerdotes en la Orden sin aprobación diocesana y de negarse a pagar los diezmos de sus propiedades e ingresos. El patriarca abogó por sí mismo, pero también por todo el patriarcado, al que se le suprimían sus prerrogativas. A estas quejas, más o menos ciertas, se sumaban también consideraciones personales: el hospital, situado frente al Santo Sepulcro, competía con él en belleza y altura, pero también, cuando el patriarca predicaba, su voz quedaba ahogada por las campanas de los hospitalarios. Presentó una protesta y los caballeros respondieron invadiendo el Santo Sepulcro con sus armas en la mano.

Foucher decidió acudir ante el papa Adriano IV y pedir la retirada de la bula firmada por Anastasio IV el 21 de octubre de 1154 mediante la que se confirmaban las prerrogativas de la Orden. La primavera de 1155 lo acompañaron a Roma los arzobispos de Tiro y Cesarea y los obispos de Acre, Sidón, Lydda, Sebaste y Tiberíades. Después de muchas aventuras, les esperaba una nueva decepción, el papa se había marchado de Roma a Ferentino. Finalmente los recibió con frialdad, aunque lo acompañaron a todas las celebraciones religiosas.

El caso fue defendido ante el sumo pontífice en interminables debates que no llegaron a ninguna parte. Foucher comprendió que todas sus pretensiones iban a ser inútiles y regresó a Oriente ese mismo otoño.

En abril de 1157 De Puy viajó a Portugal para asistir a la renovación del testamento de Alfonso I. La presencia del superior de la Orden sirvió para que, además de lo que ya había obtenido diecisiete años antes, recibiera enormes donaciones de Ramón Berenguer IV, del obispo de Lérida y del obispo de Lodève, que le donó las iglesias de Saint-Julien y Saint-Vincent de Nébian. Continuó su fructífero peregrinaje por Europa, y el 16 de julio de 1158, se entrevistó con el arzobispo de Lyon y el conde de Forez, Guy II, para obtener una exención de todos los peajes terrestres y acuáticos en la región. Algo similar a lo que hizo el 25 de octubre en Italia, donde tras reunirse en los alrededores de Verona con el emperador Federico Barbarroja, obtuvo una confirmación general de todas sus peticiones.

Esa es la última vez que las crónicas hacen referencia al gran maestre. Su sucesor, Auger de Balben, no aparece mencionado hasta el 29 de noviembre de 1160. No hay noticias sobre su final, no sabemos si murió durante el viaje o ya de regreso en Tierra Santa.

Durante los casi cuarenta años de liderazgo de Raymond de Puy se realizó la gran reforma para regular la Orden y se fijó, ya de forma definitiva y por escrito, su comentada divisa de la cruz blanca. Además se encargó de redactar una colección de diecinueve normas, con carácter más bien estatutario, que se han conservado en numerosos manuscritos[26]. Quince de ellas, las primeras, integrarían el núcleo original, establecido por Gerardo. Las cuatro últimas serían adiciones posteriores. Eran las siguientes:

1. Cómo debe ser hecha la profesión de los freires: todos los freires que acudieran al servicio de los pobres prometerían tres cosas a Dios *per manum sacerdotis en per librum*, promesas que habrán de mantener con su ayuda: castidad, obediencia respecto a lo que les ordenaran sus maestres y vivir sin nada propio. Ya que las tres cosas les serían exigidas por Dios en el juicio final.

2. Qué es lo que pueden demandar los freires: los freires no exigirán otra cosa que el pan, agua y vestido que les fuera suministrado. El vestido sea humilde, porque los siervos del Señor, del que se declaran siervos, andan desnudos y harapientos; ya que es cosa reprobable que el siervo sea soberbio y el Señor humilde.

3. Del comportamiento de los freires en los servicios de la iglesia y visita a los enfermos: cuando estén en la iglesia, sean honestos y su conversación apropiada. Los clérigos sirvan al presbítero en el altar con vestiduras blancas; el diácono o subdiácono, y si necesario fuera otro clérigo, celebren este mismo oficio.

   En la iglesia siempre debe haber luz encendida, de día y de noche. Cuando el presbítero acuda a la visita de enfermos, portando religiosamente el cuerpo de Cristo, vaya con vestiduras blancas, precedido del diácono o subdiácono, o al menos de un acólito, llevando una luz encendida y una esponja con agua bendita.

---

26 Los fundamentales son tres: una versión latina de 1253, otra promulgada por el papa Bonifacio VIII en 1300, para reemplazar a la que la Orden perdió en 1291 cuando se evacuó Acre, y una versión francesa de finales del siglo XIII.

4. Cómo deben ir y presentarse los freires: además, cuando los freires vayan por ciudades y castillos no lo hagan solos, sino de dos en dos o de tres en tres, y no con quien deseen sino con quienes el maestre les ordene ir; y cuando llegaran a donde quisieran, permanezcan juntos y con el hábito. En la apariencia de sus movimientos no hagan nada que pueda ofender a alguien, sino que muestren santidad. Cuando estuvieran en la casa, en la iglesia o en cualquier otro lugar donde pueda haber mujeres, preserven su pudor, e impidan que las mujeres les laven la cabeza, los pies o les hagan la cama. Dios, que habita en los lugares santos, les guarde de este modo.

5. Quiénes y cómo deben pedirse las limosnas: cuando personas religiosas de entre los freires clérigos y laicos vayan a pedir limosna para los santos pobres, y deseen hospedaje, acudan a las iglesias o a personas honestas pidiendo de comer por caridad y sin comprar nada. Pero si no encontraran quien les ayude, comprarían lo estrictamente necesario para hacer una sola y frugal comida con la que poderse sustentar.

6. Del destino de las limosnas y de los bienes de la casa: de lo recibido en concepto de limosna, no obtengan tierra ni prendas, sino que todo lo remitan, mediante relación escrita, al maestre, y el maestre, a su vez, lo haga llegar a los pobres del Hospital, recibiendo de todas las obediencias, eso sí, la tercera parte del pan, vino y alimentos; y si algo sobrara, remítalo también junto con la limosna y un escrito a los pobres de Jerusalén.

7. Quiénes y de qué modo debe llevarse a cabo la predicación: ningún freire de cualquier obediencia que sea vaya a predicar o recoger colectas, sino aquellos que el capítulo y los maestres de la iglesia manden. Los freires que fueren designados a tal fin, sean recibidos en cualquiera de las obediencias a las que lleguen, recibiendo en ellas el alimento que estuviera establecido entre los freires del lugar, no pudiendo solicitar ninguna otra cosa. Lleven consigo una luz, y en cualquier casa del Hospital en que pasen la noche, manténganla ardiéndola ante sí.

8. Del vestido y alimento de los freires: se prohíbe que los freires vistan otra cosa que paños «isembrunos» y «galambrunos»[27], fustanes y pieles salvajes. No coman sino dos veces al día, debiendo abstenerse de carne los miércoles y sábados, y desde Septuagésima hasta Pascua, salvo los enfermos y débiles. Nunca duerman desnudos, sino vestidos con camisas de lino o algodón, o cualquier otra vestimenta.

9. Del pecado de fornicación entre los freires: si algún freire, lo cual nunca debe ocurrir, cayera en pecado de fornicación, si lo cometiera ocultamente, también de manera oculta pague su culpa mediante penitencia adecuada. Si lo hiciera de manera abierta, en la villa en que tuviera lugar, el domingo después de misa, cuando la gente hubiera salido de la iglesia, sea desnudado ante todos, y si se trata de un clérigo, sea azotado por el maestre; y si se trata de un laico, sea flagelado y azotado con gran dureza por un clérigo o por quien él dispusiera. Después, sea expulsado de *omni societate nostra*. Más adelante, si arrepentido volviera a la casa de los pobres, confesándose reo, pecador y transgresor de la ley de Dios, y prometiendo enmienda, sea recibido imponiéndosele adecuada penitencia y manteniéndolo durante un año en un lugar alejado —en este espacio de tiempo, los freires recibirían la correspondiente satisfacción, debiendo luego hacer lo que les pareciera mejor—.

10. De los altercados entre los freires: si un freire mantuviera un altercado con otro, y el escándalo llegara al procurator de la casa, la penitencia sería la siguiente: ayuno durante siete días, miércoles y viernes, a pan y agua, comiendo en el suelo sin mantel. Si hubiera agresión, cuarenta días. En caso de que abandonara la casa sin permiso del maestre al que hubiera de estar sometido, y luego volviera, coma en tierra durante cuarenta días, ayunando miércoles y viernes a pan y agua, y permanezca en un lugar alejado todo el tiempo que hubiera estado fuera, salvo que fuera este tan largo, que el capítulo decidiera reducirlo.

---

27   Los paños isembrunos eran unos tejidos muy finos que se utilizaban para hacer camisas. Los galambrunos, una especie de terciopelo. Ambos los utilizaban los monjes de Cluny, que los traían desde Ratisbona, en Baviera.

11. Del silencio de los freires: en la mesa, tal y como dice el Apóstol —se refiere a san Agustín—, cada uno coma su pan en silencio, y después de completas no beba sino agua. En la cama, permanezcan en silencio.

12. De la corrección de los freires: si algún freire no tuviera buen comportamiento y siendo amonestado por su maestre u otros freires dos y tres veces no quisiera corregirse, sea enviado al gran maestre a pie con carta que consigne su delito, siéndole para ello concedida una exigua procuración; y nadie agreda a los sirvientes, sino que el maestre de la casa y los freires reciban pública satisfacción, de modo que la justicia de la casa se imponga en todo.

13. De los freires con propiedades indebidas: si algún freire tuviera a su muerte propiedades que hubiera ocultado a su maestre, no sea objeto de oficio alguno, sino que sea sepultado casi como un excomulgado. En caso de sobrevivir, séale colgado al cuello su dinero y paseado desnudo por el Hospital de Jerusalén o por las otras casas donde residiera, y azotado por un clérigo, si de un clérigo se tratara, o por freire si fuera laico, permaneciendo cuarenta días ayunando a pan y agua los miércoles y viernes.

14. De los oficios religiosos que deben realizarse a la muerte de un freire: se establece que a aquel que falleciera, en cualquiera de las obediencias existentes, les sean cantadas treinta misas por su alma. En la primera de ellas cada uno de los freires ofrecería una candela con una moneda. Las monedas serían luego entregadas a los pobres; si el presbítero que cantara las misas no fuera de la casa, facilítesele procuración en esos días, y acabado el oficio, el maestre compórtese caritativamente con él. Las vestimentas de los freires difuntos serían para los pobres. Los freires sacerdotes, cuando cantaran las misas de difuntos, elevarían por su alma oraciones a nuestro señor Jesucristo, y cada uno de los clérigos cante el salterio, y ciento cincuenta padrenuestros los laicos. En relación con los pecados, circunstancias y quejas expuestas en el capítulo, aplíquese un juicio ponderado y recto.

15. Del cumplimiento de la Regla: todos estos extremos aquí ordenados, en nombre de Dios omnipotente, la Santa Virgen, san Juan y los pobres, sean cuidadosamente seguidos.

16. Cómo deben ser tratados los señores enfermos: en aquella obediencia que gobierne el maestre y el capítulo del Hospital, cuando llegara un enfermo, sea recibido. Confiese primero sus pecados al presbítero, y después sea conducido al lecho, y allí permanezca todo el día como señor según las posibilidades de la casa; antes que los freires vayan a comer, désele la comida. Los domingos, cántese la epístola y el evangelio en la casa, y en cuando se efectúe la procesión sea rociada con agua bendita. Si alguno de los freires, que están al frente de obediencias por las distintas zonas, desviara hacia seglares el dinero de los pobres, rebelándose de este modo contra el maestre y los freires, sea expulsado de la comunidad de freires.

17. De la corrección de los freires entre sí: si dos o más freires estuvieran juntos, y uno de ellos se comportara inadecuadamente, los otros freires no deben difamarle entre la gente ni ante el prior, sino que deben castigarle ellos mismos, y si por sí no desean hacerlo, háganlo con dos o tres más. Si con ello se produjera la enmienda del castigado, alégrense, pero si no se produjera, sea enviado secretamente y por escrito al maestre el motivo de su culpa, y sobre este, obre el capítulo en consecuencia.

18. De las acusaciones entre los freires: ningún freire acuse a otro sin pruebas suficientes; si lo hiciera, no sería buen freire, debiendo sufrir la misma pena que hubiera correspondido al acusado, caso de probarse la culpa.

19. De la cruz en el hábito: los freires de todas las obediencias, que ahora o con anterioridad se hubieran ofrecido a Dios y al santo Hospital de Jerusalén, en su pecho, sobre sus capas y hábitos, luzcan cruces, de modo que sean protegidos por Dios y librados del poder del diablo en esta y en la otra vida. Ellos y sus cristianos benefactores.

Volvamos a las tierras de Oriente. Mientras Trípoli se mantenía relativamente seguro, Nur ad-Din, harto de las intromisiones de Amalarico y Manuel I Comneno, emperador de Bizancio, en el decadente califato fatimí, que había aislado Egipto de Siria, decidió mandar a controlar el territorio y hacerse cargo de la situación a Saladino, el hijo del gobernador de Damasco, uno de sus hombres de confianza.

Era un hombre dotado de una afilada inteligencia y no necesitó mucho tiempo para conseguir que Amalarico, Manuel y los hospitalarios que los acompañaban, dirigidos por Caste de Murols, se retiraran de El Cairo tras cobrar un más que interesante tributo[28]. Sin ellos le fue fácil controlar toda la zona y convertirse en amo y señor de Egipto. Un estatus que mantuvo de forma extraoficial hasta el fallecimiento de Nur ad-Din, pues, aunque no se llevaban bien, siempre respetó la soberanía del califa sobre el territorio.

Tras su muerte se proclamó sultán de Egipto y Siria e instauró su dinastía, la Ayyubí, y, como era un musulmán devoto, decidió que ya estaba bien de aguantar a los cruzados en Tierra Santa. Era el año 1174 y el reino de Jerusalén estaba en manos de un rey leproso de trece años: Balduino IV, el hijo de Amalarico.

Rodeado por un solo Estado enemigo, el joven monarca, asesorado por el regente Raimundo III de Trípoli —el hijo de Raimundo II—, y

Fuerte San Juan, en el puerto de Marsella, encomienda de los hospitalarios de San Juan de Jerusalén, construido a finales del siglo XII como base para las relaciones comerciales con Oriente. La Orden tenía una gran influencia en el sur de Francia gracias a Alfonso II, conde de Provenza.

---

28   La única Orden que participó en la campaña fue la de los hospitalarios. Los templarios rechazaron incorporarse a la invasión.

su ejército de hospitalarios[29], se vio obligado a firmar frágiles treguas que se rompían con constantes escaramuzas. Ni siquiera la alianza que se ratificó con Bizancio iba a poder retrasar mucho lo que ya se veía inevitable: los días del dominio cristiano en los Santos Lugares estaban contados.

En 1177 Balduino cumplió dieciséis años y la regencia de Raimundo terminó. En cuanto volvió a Trípoli con sus hombres, Saladino cruzó a territorio cristiano con un gran ejército formado por veintiséis mil soldados de caballería ligera, ocho mil camelleros y mil infantes que formaban su guardia personal, y avanzó rápidamente a lo largo de la costa camino de Jerusalén. Era totalmente consciente de que su ejército superaba en número al de los infieles y disponía de una oportunidad única para expulsarlos definitivamente.

Su primer objetivo fue Ascalón, y hacia allí se dirigieron también las tropas de Balduino: quinientos caballeros y apenas unos millares de infantes, acompañados de Reinaldo de Châtillon, señor de Ultrajordania, y del obispo de Belén, que, eso sí, llevaba consigo la reliquia de la Veracruz. A marchas forzadas, Balduino consiguió llegar a su objetivo antes que el enemigo, pero eso servía de bien poco, pues ahora entre Ascalón y Jerusalén ya no quedaba ningún cristiano. Saladino lo sabía, y su decisión no fue un milagro empujado por la mano de Dios, fue un error descomunal.

Dio la campaña por ganada y se limitó a dejar una pequeña guarnición frente al puerto para marchar directamente a Jerusalén. Por el camino no solo perdió el tiempo con la captura de Ramala y el asedio de Arsuf, sino que, seguro de su victoria, permitió a sus tropas que se dispersaran para saquear la comarca a discreción. No podía ni imaginar que Balduino, fruto de la desesperación, iba a solicitar ayuda a las órdenes militares y organizar una salida para intentar interceptar el avance del enemigo camino de la capital del reino.

El 25 de noviembre, en las cercanías del castillo de Montgisard, al sudeste de Ramla —no confundir con Ramala—, cuando el grueso del ejército de Saladino atravesaba un barranco, cerca de seiscientos caballeros cargaron con su característico orden cerrado

---

29   No era la primera vez que se encargaban de la regencia. Cuando Amalarico viajó a Constantinopla en 1171 para conseguir ayuda contra Saladino en Europa, el reino había quedado directamente en manos del maestre de la Orden, Joubert de Siria, que había sucedido el año anterior a Caste de Murols.

contra los soldados musulmanes[30]. La victoria, la última importante que lograría la cristiandad, fue total, y Saladino solo pudo huir del campo de batalla gracias al sacrificio de sus leales mamelucos. El triunfo permitió la existencia del reino de Jerusalén durante otros diez años. La tradición cuenta que allí, hombro con hombro, junto a los caballeros, pudo verse luchar a san Jorge, lo que sin duda debió de ayudar mucho a terminar con un ejército musulmán tan poderoso.

El sultán, que regresó con su maltrecho ejército a El Cairo para evitar que le dieran por muerto y estallara una rebelión, tuvo que esperar un momento más propicio para volver sobre Jerusalén. Nunca olvidaría su derrota.

Unidos para la batalla

Pese a que controlaba las fronteras de Trípoli, nadie debería pensar que la Orden de San Juan se convirtió en una poderosa fuerza militar de la noche a la mañana.

A pesar de que, en 1178, una bula del papa Alejandro III establecía que «de acuerdo con la costumbre de Raymond», se autorizaba a los caballeros a portar armas únicamente cuando el estandarte de la Orden estuviese izado, algo propio de las situaciones en las que era preciso defender una ciudad, una iglesia o detener una invasión enemiga, el proceso de conversión de los hospitalarios en una fuerza militar fue tan pausado que, todavía en 1182, los estatutos de la Orden no recogen la actividad guerrera como una de sus funciones. Sin embargo, los maestres de origen normando que siguieron a De Puy venían de un entorno social violento y expansivo, que usaba la fuerza para imponer sus ideas o intereses de forma natural. Ese fue el caso de Gilberto de

---

30   Tanto los jinetes francos como los caballeros de las órdenes militares cargaban en un orden tan cerrado que, según las crónicas de la época, «una manzana lanzada al aire no podía golpear el suelo sin tocar antes un caballo o un caballero», o más aún, «eran capaces de abrir una brecha en los muros de Babilonia». Sea o no cierto, no vamos nosotros a ponerlo en duda. Lo que sí es seguro es que las cotas de malla y las armaduras de los caballeros les daban buena protección contra las ligeras flechas del enemigo y, sobre todo, sus corpulentos corceles de batalla conferían a sus cargas un empuje irresistible.

Assailly, elegido quinto gran maestre en 1162, que compró los terrenos para el castillo de Belvoir, en Kawkab al-Hawa, al norte de Beit Shean, junto al valle del río Jordán, e inmediatamente se dedicó a ampliar y mejorar sus defensas para controlar la zona oriental del reino. Hoy, las ruinas de la fortaleza nos permiten saber que era de planta rectangular, con cien metros de norte a sur y ciento treinta de este a oeste, que estaba construida al borde de un acantilado para cubrir su cara este y que un foso rodeaba los otros tres lados. En el oeste estaba la entrada principal, a la que se accedía por un puente levadizo. Disponía de dos líneas de defensa y podía alojar a quinientos hombres, como los que lo defendieron del asedio musulmán de 1188.

Durante el gobierno de Gilberto de Assailly, la Orden aceleró su proceso de transformación en una eficaz máquina de guerra, y al mismo tiempo empezó a dividirse en dos grandes grupos, totalmente diferenciados. En Oriente y en España, donde había un estado de guerra contra el islam semipermanente, los hospitalarios se organizaron para el combate. Había fortalezas y castillos que era preciso defender, y sus contingentes armados, cada vez más poderosos, participaban en las expediciones militares que se levantaban. Sin embargo, en el resto de Europa, el número de combatientes experimentados que estaban en los castillos y propiedades de la Orden eran muy pocos, y las funciones esenciales que les estaban encomendadas eran más bien la obtención de recursos con la gestión de las granjas y fundos.

El reclutamiento de nuevos integrantes para cualquiera de los «estamentos» fue, desde el principio, un mal endémico y el principal problema para la totalidad de las órdenes militares medievales. Jamás se le pudo dar una solución satisfactoria. La verdad es que hoy en día hay quien cuestiona si en verdad los caballeros eran tan fieles a los votos que juraban cumplir, pero es probable, aunque es algo que cambió según la época y las circunstancias, que el seguimiento fuera mayor de lo que habitualmente se piensa.

Las bajas que se producían en Tierra Santa eran muy elevadas, y como el número de hombres al servicio de la Orden era pequeño, se hacía un esfuerzo para que los más jóvenes y en mejores condiciones físicas fuesen enviados a las zonas de lucha, en tanto que los mayores y más experimentados se encargaban de que las haciendas fuesen productivas y nutriesen de suministros a las fortalezas en las que se hacía frente a los musulmanes.

En los primeros años de la existencia de la Orden, antes de la división en grupos, solo había freires[31], se dedicasen a lo que se dedicasen. Los sargentos —un cargo típicamente militar— no surgieron hasta el siglo XIII, divididos en sargentos «de armas», que se encargaban del mando de tropas auxiliares, peones y mercenarios, y sargentos «caravaniers», que se dedicaban a labores administrativas y trabajos de categoría más sencilla. Es muy importante no confundir a los freires «sargentos» con los sargentos normales, que eran simples servidores de la Orden.

Se supone que los freires sargentos debían proceder de la muy baja nobleza, o incluso —y eso es lo más probable— de sectores campesinos acomodados o de artesanos y burgueses.

Para formar parte de la Orden las cosas estuvieron claras desde el principio. Las normas eran muy estrictas, y si bien no había un límite general de edad, sí existía para ser nombrado caballero o convertirse en sacerdote, puesto para el que siempre hubo una dramática escasez.

Hasta 1260 era preciso ser de noble cuna para convertirse en caballero, pero a partir de esa fecha, la necesidad acuciante y desesperada de hombres provocó que se ampliasen las bases y se aceptaran caballeros de cualquier clase social, especialmente si eran capaces de aportar dinero, bienes o propiedades a la Orden. Incluso a caballeros casados, siempre que su esposa lo aceptase, por lo que era frecuente que ambos se incorporasen como «hermano» y «hermana» al mismo tiempo. Eso sí, salvo excepciones muy puntuales, no se permitía que entrasen caballeros de otras órdenes, a no ser que hubieran sido absorbidas por los hospitalarios.

El primer centro de reclutamiento era Francia, entendida en un sentido muy amplio, pues incluiría las zonas de habla francesa de lo que hoy es Suiza y también Bélgica. Era la región más poblada de Europa, y disponía de una nobleza feudal con grandes extensiones de rico territorio plagado de pequeños pueblos. Allí era posible encontrar a segundones de familias nobles que quisiesen entrar en alguna de las prestigiosas órdenes militares, pero también hombres libres que pudiesen ejercer como sargentos o servidores.

---

31   Para enfatizar el carácter monástico de los miembros de las órdenes militares, en toda Europa se denominaba a sus miembros con la abreviatura de *frater*, en latín «hermano». En España se los llamó freis o, generalmente, freires.

Los núcleos principales en los que en los siglos XII y XIII se encontraban los futuros hospitalarios eran Normandía, que estaba en un momento de impresionante expansión, y la Provenza, una zona que podríamos tomar como ejemplo de riqueza y población, en la que desde la primera cruzada hubo una permanente fuente de reclutamiento de voluntarios para servir y combatir en Tierra Santa.

En realidad, otra de las razones por la que, con carácter general, los hospitalarios eran franceses en su mayor parte —aunque no llegaron a tener nunca la preponderancia absoluta que tuvieron en el Temple— fue la dificultad de reclutamiento en el resto de países.

En la actual Holanda y en Inglaterra, que desde la conquista normanda de 1066 estaba muy vinculada culturalmente a Francia, pues muchos nobles tenían tierras a ambos lados del canal de la Mancha, el reclutamiento era complicado, como en cualquier otra parte, pero al menos hubo una cierta continuidad y regularidad. No ocurrió así en Alemania, donde desde mediados del siglo XII, justo cuando los caballeros de San Juan comenzaban a dedicarse a misiones de tipo militar, nació la Orden Teutónica, que atrajo a la mayor parte de quienes deseaban servir como monjes guerreros en ese territorio. Algo lógico, que además se fue agravando con el tiempo, pues los alemanes consideraron cada vez más a los hospitalarios como una organización demasiado «francesa», lo que no impidió que tuviese cierta fuerza en Austria y en zonas en las que había una nobleza de sangre y lengua alemana, como Bohemia. En ese multiétnico reino la Orden de San Juan era realmente fuerte, y a pesar de que una parte sustancial de sus líderes era de origen italiano o francés, había entre los servidores y sargentos croatas, alemanes y, por supuesto, húngaros.

Italia aportó miles de caballeros y miembros de todos los grupos, aunque la sofisticada organización militar que empezaba a desarrollar hacía que, debido a la especial configuración política de sus reinos, las lealtades se dieran más a sus jefes «naturales» que a la Orden en sí. En cierto modo, eso fue también lo que ocurrió en la península ibérica, donde, tanto en Castilla y Aragón como en Portugal, los líderes de los hospitalarios fueron casi siempre de origen local, lo que hacía que se implicasen muy a menudo en los conflictos propios de sus reinos o regiones.

En España el proceso seguido por los sanjuanistas fue muy curioso, porque a pesar de la enorme fuerza de las órdenes nacionales, especialmente Calatrava y Santiago, fue ganando importancia poco a poco desde la instalación de los caballeros en Rodas. Un tiempo en el que la corona de Aragón, con su Reconquista ya terminada, se expandía por el Mediterráneo, por lo que muchos nobles y caballeros aragoneses, catalanes, valencianos o mallorquines se unieron a los hospitalarios para poder combatir a los turcos. Llegarían a alcanzar un notable poder, hasta el extremo de rivalizar con los franceses.

Castilla y Portugal son un caso aparte. Aunque llegaron a disponer de un número de caballeros notable, su importancia real en la Orden fue tardía, pese a que participaran en la batalla de las Navas de Tolosa en 1212 y destacara su actuación frente a la invasión almohade. Para los nobles de ambos reinos ibéricos, San Juan empezó a ganar prestigio de verdad a partir del siglo XV, a finales de la Edad Media. Especialmente cuando con la toma de Granada, en 1492, las órdenes puramente españolas fueron perdiendo la razón de su existencia, lo que llegó a provocar una sorda guerra entre las que se mantuvieron, para atraer miembros.

Los reinos ibéricos constituyeron también una excepción notable en algunos aspectos del reclutamiento. En Castilla jamás se empleó a la escasa población mudéjar para las levas en las tierras de la Orden, pues la tendencia general era el reemplazo de la población musulmana por repobladores cristianos, bien fueran de las tierras del norte o de más allá de los Pirineos —los llamados también en España de forma genérica «francos»—. De esta forma San Juan contó con población cristiana en sus tierras, a la que podía movilizar si se producía una incursión enemiga sobre la frontera —el toque de arrebato o «apellido»—, algo que en Tierra Santa era muy difícil, pues los musulmanes aliados no eran de fiar y no había una base de población cristiana a la que poner en armas en caso de peligro.

Con el aumento de poder de la Orden en Europa y en los Estados cruzados de Oriente, era más sencillo obtener dinero y riqueza, pero eso no solucionaba el problema salvo que se echara de nuevo mano de los mercenarios. Así se hizo, fueron reclutados por las encomiendas de la Orden en Europa, y se les envió a Oriente con un contrato o acuerdo que se firmaba con el líder o jefe de la mesnada. Solo a veces los contratos eran individuales, especialmente si se trataba de especialistas, como ocurrió a partir del siglo XIV con los artilleros.

En Tierra Santa la Orden también contrató mercenarios, especialmente en Siria. La mayor parte fueron jinetes, equipados de forma ligera y armados con arcos y jabalinas, a los que se llamó «turcópolos»[32]. Fueron de gran importancia para mantener la actividad militar de los sanjuanistas, pero ni ellos ni los mercenarios europeos formaban parte de la Orden, aunque participaran en su estructura militar.

ENTUSIASMO Y MOTIVACIÓN

Una de las cuestiones más interesantes de las órdenes militares, y el caso de la de San Juan no es una excepción, es la razón por la que los europeos de la época se unían a ellas con entusiasmo y alegría. En nuestra sociedad actual, laica y muy descreída, el motivo fundamental es difícil de entender, pues no era otro que la fe. La creencia sincera en las bondades y en la verdad de la religión católica, y de la cristiandad latina.

Hay que tener en cuenta que en la época de las cruzadas no existía contradicción alguna entre la guerra y la oración, y el orar era perfectamente compatible con matar enemigos musulmanes o paganos. San Bernardo decía que «Matar un pagano es ganar la gloria, puesto que le da gloria a Cristo», y ya antes de las cruzadas, papas como León IV —de 847 a 855— y Juan VIII —de 872 a 882— habían declarado que los guerreros puros de corazón que murieran peleando por la Iglesia heredarían el reino de Dios. La muerte en batalla era considerada un martirio, y por lo tanto una forma deseable de perder la vida, que era dura y sencilla para un buen caballero de San Juan. De hecho, debía estar siempre dispuesto a darla por Cristo, sin preocupaciones mundanas. Lo suyo era rezar y combatir.

En general, la vida de los hospitalarios, monástica, ascética y humilde, era tan estoica como la de los templarios, con quienes competían. Las interpretaciones propias del Romanticismo, acerca de una

---

32   Los turcópolos o turcoples —del griego, «hijo de turco»— eran tropas auxiliares, en su mayoría veteranos selyúcidas cristianizados, aunque también los había de ascendencia mixta con padre cristiano —armenio, griego, sirio o turco, de ahí el nombre con el que se los conocía— y madre oriental. Otros muchos eran beduinos o soldados musulmanes capturados en el campo de batalla que habían preferido la conversión a la muerte, por lo que los mamelucos los consideraban traidores y no mostraban ninguna misericordia cuando los capturaban. Después de la batalla de Hattin, por ejemplo, Saladino ordenó ejecutar por apóstatas a todos los prisioneros turcópolos capturados.

doble vida mucho menos entregada a la religión de lo que las normas establecían, son más bien una leyenda. Eran monjes, servidores de Dios, y se comportaban, para bien o para mal, como todos los demás. En Tierra Santa y en la península ibérica —las zonas en guerra—, solo se interrumpía su rutina cuando los llamaban para participar en una incursión sobre territorio enemigo o debían defender la frontera.

Todas las mañanas, al despertarse, se celebraba un oficio por los difuntos, algo que sabemos era de gran transcendencia para los monjes guerreros, ya que constituía una buena forma de acostumbrarse a que la muerte les pudiera sorprender en cualquier momento. Así era en la práctica, pues durante toda su historia los hospitalarios siempre combatieron en una inferioridad numérica dramática, por lo que no es de extrañar que pensaran que, o eran mejores que sus enemigos en todos los sentidos o su destino estaría sellado.

Quedan muchos testimonios y pruebas escritas de esta forma de enfrentarse a la muerte, cargada de valor y emoción. Dice el Salmo 17, *Diligam te, Domine:*

> Me ceñiste de valor para la lucha, doblegaste a los que me resistían, hiciste volverse a mis enemigos, rechazaste a mis adversarios. Pedían auxilio, pero nadie los salvaba, gritaban al Señor, pero no les respondía. Los reduje a polvo que arrebataba el viento, los pisoteé como barro de las calles.

Sí, los hospitalarios sabían que probablemente en el combate encontrarían solo dolor y muerte, pero recitaban sus salmos en los combates, en las batallas, en las cargas, cuando el enemigo innumerable los abrumaba con su fuerza y poder, o cuando en la brecha de las murallas asaltadas, cada caballero debía dar prueba de valor, fe cristiana y ejemplo a los que con él servían. Un entusiasmo religioso que se veía reforzado por el uso de elementos simbólicos clásicos de la época, como la adquisición de reliquias que tuvieran que ver con la pasión y muerte de Jesucristo.

De todas formas, no debe pensarse que su fanatismo los convertía en víctimas de forma automática si caían en manos de sus rivales. Es cierto que en algunos momentos el odio a los monjes guerreros cristianos llevó a los musulmanes a acabar con su vida si los capturaban, pero en general preferían obtener un buen rescate, pues sabían que eran valiosos para la Orden y también para sus familias, a menudo poderosas y adineradas. Por esta razón, a comienzos del siglo XIII se había desarrollado ya una verdadera red de intercambio de cautivos, que funcionó razonablemente bien, especialmente en los últimos años de la presencia de los cruzados en Tierra Santa. Algo que se hizo muy necesario cuando tras la caída de los últimos puestos en Líbano y Siria, una parte notable de los caballeros que sobrevivieron fueron hechos prisioneros. Aun así, algunos tardaron décadas en lograr su liberación.

A cambio de esta vida modesta y sufrida —y de algunas cesiones de su saneada economía—, los hospitalarios tenían una serie de privilegios que les fueron otorgados por los sucesivos papas. Inocencio II emitió una orden que impedía a los obispos intervenir en sus capillas, Anastasio IV permitió que dispusieran de sacerdotes propios y Adriano IV les concedió templos exclusivos, al margen de la estructura general de la Iglesia.

Estos beneficios tenían cierta lógica. Su excepción al control eclesiástico hay que entenderla en el sentido de que un obispo que defendiera sus intereses ante el papa habría supuesto más problemas que ventajas. El dinero que movían los hospitalarios era cada vez mayor, y se necesitaban agilidad y eficacia libres de interferencias.

Hay que tener en cuenta que los hospitalarios en los siglos xii y xiii estaban en su mayoría en Europa, pero que los beneficios, rentas e ingresos de encomiendas y granjas, así como las donaciones en efectivo de nobles o soberanos, se enviaban a Ultramar, donde era preciso defender torres, fortalezas, hospitales y albergues, que también debían ser protegidos, reparados y reforzados cada cierto tiempo. Todo eso movía enormes cantidades de dinero.

No obstante, a partir del siglo xiii, los papas comenzaron a presionar a los hospitalarios y a otras órdenes y a interferir en la política de los Estados cruzados de Tierra Santa. Las críticas podrían parecer de orden moral si nos atenemos estrictamente a lo que se puede leer en documentos conservados, pues van desde problemas derivados de la existencia de propiedades privadas de los freires hasta la mención de prostitutas a su servicio, pasando por problemas derivados de posibles conductas heréticas. Sin embargo, en gran medida lo que estas críticas hacían era presionar a la Orden para involucrarla más en los conflictos europeos, algo que los hospitalarios intentaban evitar todo lo que podían.

Para eludir estos y otros problemas de índole similar, que entorpecían su verdadera misión en Ultramar, la Orden realizó lo que hoy llamaríamos una constante campaña de publicidad. En sus iglesias, albergues y casas se hacían grabados y se pintaban murales que representaban el día a día de la vida de los caballeros en el cumplimiento de su misión. Una muestra es el caramuzal con aparejo latino perteneciente a la Orden dibujado en los muros del palacio de Ambel, en Zaragoza. Los sellos, muy importantes en la época, representaban a un peregrino atendido por un caballero, como imagen de la labor benefactora de los hospitalarios.

Igualmente, se insistía en que los caballeros que permaneciesen en Europa llevasen una vida honesta y sencilla. En cualquier caso, si había problemas, se intentaba ocultarlos, y la Orden gastaba bastantes sumas de dinero en lograr que su «imagen» fuese siempre positiva. Para ello, pronto estuvo representada ante la curia romana y en las principales cortes de Europa, pues en todos los reinos de la cristiandad, desde Suecia a Portugal, y desde Hungría a Noruega, había, de una manera u otra, algún representante de San Juan.

La Orden realizó un curioso esfuerzo —paralelo al de los templarios— para que se considerase su origen mucho más antiguo que el real. Llegó a decir que tenía su nacimiento en Jerusalén en tiempo

Palacio convento de Ambel. Fue entregado a los sanjuanistas en 1317, después de que se disolviera la Orden del Temple, su anterior propietario, y tras firmar el papa Juan XXII y Jaime II de Aragón un concordato, en el que todas las posesiones y bienes del Temple en el reino se cedían a los hospitalarios. Es uno de los testimonios mejor conservados del poder de las órdenes militares en Aragón.

de los apóstoles, mientras hacía lo posible para que la representación pictórica de los maestres se hiciese de forma que apareciesen como beatos, próximos a la santidad.

También consiguieron publicar, con difusión escasa —la imprenta moderna no se utilizó hasta la primera mitad del siglo xv—, muchos informes enviados desde Tierra Santa a los maestres de los diferentes prioratos, y aunque muy poca gente sabía leer, se lograba que la información llegase a quien debía conocerla.

Esta habilidad para la política de alto nivel les hizo estar muy por encima de las rencillas y enemistades de los monarcas y soberanos europeos, alejarse de sus querellas intestinas y ver la cristiandad como lo que era, el núcleo de una civilización que se consolidaba, y a la que hoy llamamos «occidental». Los hospitalarios lo vieron muy claro de una forma instintiva, y si nos fijamos bien en este texto del obispo de San Juan de Acre, Jacobo de Vitry, habían identificado a la perfección las fronteras de su mundo:

> Se ha asignado a los hermanos de las órdenes militares la tarea de defender a la Iglesia de Cristo de los no cristianos, principalmente de los sarracenos en Siria, los moros en España y los paganos en Prusia, Livonia y Cumania, pero también a la orden de sus superiores, de los cismáticos en Grecia, y de los heréticos donde quiera que exista la Iglesia Universal.

Vitry no lo sabía, pero en esta pequeña declaración separa con una precisión casi perfecta lo que era el mundo que los hospitalarios debían defender y las fronteras de los enemigos a los que había que combatir. Sin duda alguna, en el siglo xiii, los hospitalarios percibían, aunque de forma inconsciente, que su misión iba mucho más allá del cuidado de los peregrinos. Eran la punta de lanza de toda una civilización, a la que protegían y defendían con todas sus fuerzas, a pesar de su escaso número. Ellos marcaban el camino.

Las reglas de la guerra y de la paz

Dueños de pocas propiedades en los Estados cruzados de ultramar, los caballeros de la Orden tuvieron la fortuna de que, las que tenían, eran habitualmente bastante buenas, bien dotadas de agua y situadas en zonas fácilmente defendibles.

Santa Ubaldesca con hábito de la Orden de San Juan. Campesina italiana, nació aproximadamente en 1136 y murió en 1205. Sin dote, sus perspectivas de matrimonio eran limitadas y a los catorce años viajó a Pisa para dedicar su vida al servicio de los demás. Vivió con las hermanas de la Orden y asistió con las monjas a los ritos sagrados, pero no tomó parte directa en el cuidado de los enfermos, ya que en esa época se consideraba incompatible con los votos religiosos. En 1268, Ubaldesca fue canonizada en reconocimiento a su vida dedicada a la caridad, la oración y la penitencia. Obra anónima realizada hacia 1730. Museo de la Orden de San Juan, Londres.

Dispuestos a sacarles el mayor provecho posible, obtuvieron grandes rentas con el cultivo y la venta de cereales, fruta, aceite de oliva y, sobre todo, caña de azúcar, un producto muy valorado en Europa.

Con sus ganancias, cada vez mayores, adquirieron algunas instituciones religiosas en crisis, y todo tipo de propiedades urbanas y rurales. Desde panaderías y tabernas a residencias, albergues, molinos y granjas. Un enorme entramado de posesiones a lo largo y ancho de Europa.

El objetivo del dinero ganado era obvio, ayudar a los peregrinos de Tierra Santa y a los hermanos que mantenían una lucha mortal contra los musulmanes. En total solía enviarse a los reinos cruzados un tercio de los ingresos, a pesar de lo cual se conocen quejas a sus superiores de los comandantes de las fortalezas y castillos de la Orden en las que se demandaban más medios, pues consideraban escasos los que tenían. El coste del mantenimiento de la caballería pesada que empleaban los cristianos a finales del siglo XIII era muy alto, y la obtención de sus animales —los apreciados y cotizados *destriers*— no era fácil. Mucho menos enviarlos al otro lado del Mediterráneo. Por ello, a pesar de todos los esfuerzos, siempre hubo una notable escasez no solo de medios humanos, sino también materiales. Las grandes fortalezas como el Crac o Margat[33] necesitaban guarniciones de dos mil hombres el primero y mil el segundo, de los que eran caballeros menos de un centenar[34], y casi nunca superaron los quinientos en toda Tierra Santa. Por esa razón les afectaron tanto los ocasionales desastres cristianos, como la derrota de Harbiyah —del 17 al 18 de octubre de 1244—, en la que perdieron trescientos veinticinco caballeros y doscientos turcópolos. Solo quedaron veintiséis caballeros con vida, lo que dejó prácticamente aniquilada la fuerza militar de la Orden.

A esos reveses los hospitalarios lograban responder con eficacia, y en pocos años restablecían la situación, pero a costa de un gran

---

33 Margat era la sede de la Orden Hospitalaria en Siria. A dos kilómetros de la costa mediterránea, se lo habían comprado los caballeros en 1186 a la familia Mazoir de Antioquía. Las fortalezas eran difíciles de tomar, pues se intentaba edificarlas en lugares agrestes y de acceso complicado para evitar que el enemigo usara máquinas de asedio. En este caso, el propio Saladino lo declaró inexpugnable, a pesar de su inmensa superioridad en infantería, que podía utilizar de forma intensiva en ataques parciales contra sectores concretos de las murallas para abrumar y agotar a los defensores.

34 Sirva como ejemplo que, en 1255, en el Crac había solo sesenta caballeros.

esfuerzo —en 1274, por ejemplo, contaban ya de nuevo con trescientos caballeros en sus fortalezas de Siria—. Pero el problema nunca llegó a solucionarse con el empleo de reclutas locales. Es verdad que grupos como los maronitas se unieron a menudo con entusiasmo para reforzar a los hospitalarios, pero en general los cruzados no lograron jamás romper la barrera que los separaba de los cristianos orientales y, por supuesto, nunca aceptaron al islam como un posible vecino. Al igual que ocurre actualmente en España, en Oriente se habla mucho de la convivencia pacífica entre las órdenes militares y los musulmanes, pero es un disparate. Los monjes guerreros, y los hospitalarios entre ellos, eran conscientes de que sus enemigos los superaban en poder y fuerza de manera abrumadora, y trataron de actuar de forma inteligente ante una situación que los desbordaba.

Fuera de la actividad eclesiástica y asistencial que llevaban en el convento, los hospitalarios, a diferencia de los monjes normales, tenían una vida mucho más abierta. Gestionaban sus negocios y realizaban actividades financieras, lo que los obligaba a desplazarse, viajar mucho y mantener una compleja y burocrática administración.

Aunque, obviamente, se mantenían guarniciones, solo un pequeño grupo de caballeros residía en las fortalezas y los castillos, que se encontraban normalmente a cargo de sargentos y mercenarios. El resto solía residir en las ciudades costeras de Tierra Santa, donde se encontraban las grandes casas y albergues sustento de la Orden y en las que trabajaban cientos de musulmanes en régimen de semiesclavitud.

La vida conventual, que establecía su rutina diaria, giraba en torno a las llamadas horas monásticas. Debían asistir a las ceremonias religiosas, y se recordaba a los ausentes —por guerra, negocios o cualquier otra causa— la obligatoriedad de rezar cada día varias veces el padrenuestro[35]. Los capellanes de la Orden oraban cada noche por los enfermos, y todos los caballeros tenían, como mínimo, que comulgar cada año en tres fechas: Navidad, Viernes Santo y Pentecostés.

La alimentación de los hospitalarios es un asunto interesante, pues los enfrentaba a la paradoja de cumplir el voto de pobreza y la necesidad imperiosa de mantenerse en la mejor forma física posible.

---

35 No era raro que los caballeros fuesen analfabetos, por lo que en esos casos se les pedía el rezo en latín del padrenuestro y que escucharan las ceremonias.

Siempre se intentó que la comida más importante se hiciese en comunidad, y en principio se prohibió a los freires la carne de animales de cuatro patas, pero primero en campaña, y después en todo momento, se acabó por permitir que los caballeros la usasen para su sustento, lo que les reportaba más proteínas y aseguraba un mejor rendimiento en combate.

La primera colación, al menos desde la reforma de 1206, se servía antes del rezo de nonas. La segunda tras las vísperas, y no se dejaba a nadie tomar vino hasta después del rezo de completas. Finalmente, tras la comida, los monjes daban gracias en la capilla por los alimentos que habían recibido.

Normalmente el menú, siempre con materias primas de la mejor calidad, contaba con carne guisada o asada, tocino, pan, huevos y vino, además de quesos, verduras y leche[36]. Era como puede verse muy completo y nutritivo, por lo que no es de extrañar que los contemporáneos consideraran que los hospitalarios estaban muy bien alimentados.

Los viernes de Cuaresma se dejaba de consumir leche, huevos y queso, y en los periodos de ayuno se suprimía la carne, una norma que apenas se cumplía cuando había que combatir.

Cuando un caballero moría, había toda una serie de procedimientos muy complejos que se ponían en marcha. A finales del siglo XII, el cuerpo, con su capa, era depositado en el ataúd, rodeado de velas y cubierto con la bandera de la Orden, con los capellanes al lado entonando salmos, y, desde 1278, todos los freires presentes debían acudir al funeral. Luego se disponían treinta misas por cada fallecido, los capellanes leían el salterio[37] y los hermanos legos rezaban ciento cincuenta padrenuestros. Si como buen noble guerrero de la época la muerte ocurría en tierras lejanas por las heridas recibidas en combate tras una actuación épica, lo que lógicamente era muy común, había que trasladar los restos, a los que se aplicaba la denominada *mos teutonicus*, una práctica bien conocida durante las cruzadas por los nobles alemanes, de ahí su nombre. El cadáver se

---

36 El concepto que tenían de alimentación era muy moderno para la época. Pollos, cerdos, trigo o verduras tenían como origen las granjas de la Orden, o se compraban en mercados, a diferencia de la carne de la que se abastecía la nobleza europea, que seguía basando su dieta proteica, bastante buena, en la caza —jabalíes, osos, ciervos, corzos o gamos—.

37 Compendio o colección de salmos.

desmembraba y las distintas partes se hervían en agua o vino durante algunas horas. Así, la carne se separaba del hueso y, con poco trabajo más, se obtenía un esqueleto limpio. Luego, la carne y las vísceras se enterraban *in situ*, mientras que los huesos eran transportados de vuelta a casa para ser enterrados solemnemente. El *mos teutonicus* fue ampliamente condenado por la Iglesia, sobre todo a raíz de las disposiciones de Bonifacio VIII en 1299 y 1300, que lo calificaba de *mos horribilis* y de práctica truculenta, porque no preservaba el cuerpo, en vistas a su resurrección el día del juicio final, pero lo cierto es que el método se mantuvo entre la nobleza, si no con frecuencia, sí con cierta asiduidad a lo largo de los siglos XIV y XV.

Todos los años se conmemoraba a los muertos en un día especial, y el primer domingo de Pascua se hacía una misa de difuntos. Además, en el convento principal de Jerusalén, cinco sacerdotes debían leer el salterio todas las tardes por el alma de los benefactores de la Orden que habían realizado donaciones o aportaciones económicas.

Por último, como eran procedentes de toda Europa, en un principio los caballeros utilizaron para comunicarse entre ellos el latín, la lengua de la Iglesia, pero poco a poco se fue extendiendo el uso del francés, que en los siglos XII y XIII era con mucho la lengua más utilizada. En menor medida lo era el italiano, muy utilizado por los mercaderes de las grandes ciudades del Mediterráneo que iban a Tierra Santa y que mantenían las comunicaciones de Europa con Ultramar. En cualquier caso, el problema de las «lenguas», como veremos, no se planteó hasta muchos años después.

En lo militar, la Orden también mantenía una férrea disciplina. Aunque en Europa el trabajo en las encomiendas ocupaba la mayor parte del tiempo que no se dedicaba a la oración, en las zonas de guerra de Hungría, España y Oriente los caballeros debían cuidar su preparación, que únicamente en Tierra Santa, tal vez por el calor, se hacía al anochecer[38].

Era imprescindible, porque en el siglo XII se produjo la transición al caballero completamente acorazado, cubierto de metal de los pies a la cabeza, y solo la práctica conducía a la perfección. De otra forma

---

38   Tres días a la semana se entrenaba de forma intensiva, en todo tipo de maniobras de combate, lucha cuerpo a cuerpo, esgrima, tiro de ballesta y gimnasia. La cetrería, la caza y los torneos estaban prohibidos.

era imposible cargar lanza en ristre con los compañeros, rodilla contra rodilla, formando un muro de hierro que arrasara todo a su paso.

La vestimenta y el equipo eran sencillos. El llamado en francés *guarnement* carecía de cualquier tipo de adorno superfluo, a diferencia de los utilizados por los nobles y caballeros de Europa. Consistía en un gambesón —*gambax*—, que se llevaba debajo de la cota de malla, una sobreveste, el escudo, una daga, la espada y el casco, que en la época era cónico y con protector nasal. En verano, y en misiones de exploración o descubierta, era frecuente que los caballeros llevasen un equipo más ligero. No era raro verlos con protecciones acolchadas en vez de las pesadas cotas de malla.

La calidad del material de los hospitalarios era buena, según parece desprenderse de los documentos de la época, en los que se hace frecuentemente mención a la posesión y uso de equipos «adecuados».

Caballeros de la Orden de San Juan de Jerusalén en el siglo xii, según un grabado alemán un tanto idealizado realizado en el siglo xix. La cota roja de guerra no fue autorizada hasta 1259, con el papa Alejandro IV.

El influjo de los musulmanes, especialmente persas y turcos, se notó en la adopción de protecciones de cuero endurecido y en algunas modas y características de la indumentaria, como el forro en las cotas de malla o el uso de turbantes.

El arma principal utilizada en la carga era la lanza, de unos tres metros, incluido el asta. Habitualmente era de abeto, un árbol común en Europa, pero también en el Líbano y en Siria. La lanza contaba con un elemento de apoyo, el *hantier*, para cuando se llevaba vertical. La espada, recta y ancha, era el arma esencial de los caballeros, y como tal era valorada y respetada, sin embargo, en el combate a caballo era un arma de importancia secundaria. Su uso táctico se reservaba a la lucha en asedios y combates a pie, no tan usuales como podría parecer. Un caballero con su espada era en cualquier caso un poderoso oponente, y se entrenaba para la esgrima con escudo, que a lo largo del siglo XII fue disminuyendo en tamaño. Pasó de una forma de cometa a una triangular, que sería la dominante en el siglo XIII. Los escudos eran de madera, forrados de cuero o tela, y su variedad de tamaño era enorme. Incluso había un escudo de infantería que se podía clavar en el suelo para proteger al soldado, por lo que actuaba casi como un mantelete renacentista.

Las dagas eran consideradas armas sarracenas, como las mazas, a pesar de que en los siglos XIV y XV comenzaran a ser muy apreciadas por los cristianos. Los caballeros rara vez usaban hachas, un arma de infantes.

Los cascos eran de máxima importancia. Para proteger el rostro de los tiros de ballesta y arco, se fueron desarrollando sofisticadas placas frontales o visores rígidos que, en el siglo XIII, darían lugar al llamado «gran yelmo», que acabaría imponiéndose entre los caballeros europeos.

Los caballos de los hospitalarios, al menos en los siglos XII y XIII iban acorazados en muy pocas ocasiones, pues el coste era muy elevado. Los adornos de las gualdrapas, en otros casos ricamente ornamentadas, se limitaban en el suyo a los emblemas de la Orden. De igual modo estaba prohibida cualquier ostentación en los adornos de las sillas, que se dividían en tres grupos: de guerra, normales y «turcas»[39].

---

39   Las primeras estaban prohibidas para los auxiliares sirios, por no ser caballeros. Las «turcas» eran las usadas a finales del siglo XIII por los mercenarios.

No hay ninguna duda de que, salvo pequeñas excepciones, los Estados cruzados no fueron capaces de desarrollar una verdadera industria armamentística[40], y lo que es peor, incluso tuvieron problemas de mantenimiento del que disponían. Esa incapacidad fue un gran problema para los hospitalarios, que al menos en los rangos inferiores debían venir completamente armados y equipados desde sus lugares de origen. Lo mismo que los caballeros, que durante los primeros años iban con las llamadas armaduras de viaje y terminaron marchando en el siglo XIII completamente equipados. O al menos eso era lo que se esperaba de ellos.

Al tener que importar todo el material de Europa, la Orden buscó con ahínco que las normas legales eliminasen en los puertos los impuestos a la entrada de armas europeas. En cuanto lo lograron, pudieron abastecer a los freires con todas las novedades e innovaciones que a lo largo de los siglos XII y XIII aparecieron en Occidente.

Respecto a la calidad como combatientes de los caballeros de San Juan, hay que decir que, desde el primer momento, fue sobresaliente. La mayor parte, por no decir todos, eran ya consumados jinetes cuando se unían a la Orden, y en muchas ocasiones habían combatido. En la Europa de la época, los hijos de los nobles y de muchos de sus vasallos eran entrenados de forma intensiva desde los doce años para que aprendieran a montar a caballo y a utilizar la lanza, el escudo, la espada y el arco o la ballesta. Se les enseñaban trucos y técnicas de combate cuerpo a cuerpo y a cómo sobrevivir en una batalla. No es de extrañar que cuando en la Orden se los pusiese a prueba, en general, tuvieran un gran comportamiento. Unido a su fe sincera y a una capacidad de sacrificio asombrosa, los hacía muy peligrosos para cualquier enemigo.

El combate individual tenía una gran importancia en el entrenamiento de los caballeros. En los siglos XII y XIII consistía en una combinación del empleo adecuado de la espada —con punta y pesada, para poder ser usada contra diversos tipos de armaduras y cascos— y el escudo, que se combinaba con la espada para parar los golpes del adversario. Los golpes propios se dirigían contra los ojos y el rostro si eran lanzados de punta, y contra las piernas y pies si eran laterales.

---

40 Hay pruebas de la fabricación de arcos y ballestas en Acre, y de escudos en Jerusalén, pero poco más.

Los principales problemas de la peligrosa guerra que se libraba en Tierra Santa era el uso intensivo del arco por parte del enemigo, con el que atacaba a distancia, y la escasez de los valiosos caballos de batalla europeos. Los musulmanes conocían perfectamente estas debilidades de los cruzados, y eran conscientes de las dificultades que planteaba derribar a un jinete bien equipado, por lo que lanzaban sus proyectiles contra su punto débil: las monturas[41]. Eso hacía que la estrategia bélica utilizada, basada en incursiones ya fuesen con caballería ligera o pesada, se resintiese, lo que perjudicaba mucho la capacidad ofensiva de la Orden.

Para evitar la dispersión de sus jinetes, que los hacía más vulnerables, los hospitalarios insistían en mantener la formación y en no separarse de sus compañeros bajo ninguna circunstancia, salvo para ayudar a algún cristiano en peligro o por una razón de fuerza mayor[42]. Para marchar, los hospitalarios, como el resto de los caballeros «francos», se organizaban en escuadrones —*eschielles*— y en agrupaciones mayores, de veinte o treinta caballeros, llamadas *conrois*, que se organizaban en dos o tres filas. Varias líneas situadas en fila formaban una *bataille* —batalla—.

Los puntos de reunión se marcaban con estandartes, aunque si era preciso, cualquier caballero aislado debía unirse de manera provisional al primer estandarte cristiano que viese. La legendaria disciplina de los hospitalarios hizo que fuesen mucho menos vulnerables que el resto de los cristianos, pues no solo mantenían mejor sus posiciones sin caer en las argucias de los arqueros montados musulmanes, sino que, además, cooperaban mucho mejor con la infantería.

Como hemos visto, la maniobra esencial de la caballería pesada era la carga. Se iniciaba al trote, para no romper la formación, después de que el gonfalonero[43] organizara los escuadrones. Los turcópolos les daban cobertura ante los ataques de arqueros montados, mientras los escuderos cabalgaban tras ellos con los caballos de

---

41 Hay documentos árabes que corroboran esa táctica. Hablan acerca de la fortaleza y resistencia de las cotas de malla cristianas y de cómo solo se podía capturar prisioneros si se lograba abatir a los caballos.

42 La importancia de mantener la formación era tal que se obligaba a los freires que deseaban hablar con el maestre a ir a pie, dejando su caballo, para no generar alarma al separarse de la línea montado.

43 Sargento de la Orden que mandaba sobre los mercenarios y que se encargaba de juzgar y castigar sus faltas, pagarles, darles destinos en las distintas casas o de disponerlos durante el combate. Respondía directamente ante el maestre y el mariscal.

reserva. En ocasiones, los sargentos marchaban también junto a los caballeros o formaban una línea de apoyo aparte. Era vital evitar que la carga pudiese ser alcanzada de flanco, o sorprendida por la retaguardia, por lo que se cuidaba de mantener la línea aunque se resultase herido.

En la guerra de asedio, si se atacaba, el objetivo de los caballeros era alcanzar cuanto antes las murallas, donde se esperaba que su habilidad con la espada fuese decisiva. Si se defendía, eran los responsables de los sectores de muralla más amenazados, o de aquellos en los que hubiese que batirse con infantería equipada como ellos. Una de las actividades más significativas en los asedios eran las salidas, en las que se confiaba que la habilidad como jinetes de los caballeros de las órdenes militares fuese tan importante como para causar el máximo daño a los enemigos.

En esa época la infantería de la Orden estaba muy bien equipada con armamento pesado, y casi tan acorazada como los caballeros. Sus infantes, muy disciplinados, debían mantener la formación y protegerse tras barreras de escudos para disparar las saetas de sus ballestas en descargas. Eso compensaba en parte su menor cadencia de tiro con respecto a los arcos musulmanes[44].

Era esencial mantener las comunicaciones abiertas con las fortalezas o castillos aislados, para evitar la desmoralización de las guarniciones. Los hospitalarios siempre hicieron grandes esfuerzos para mantener el contacto directo con los puestos remotos e incluso utilizaron palomas mensajeras.

Las campañas se iniciaban siempre con la reunión de todos los caballeros, sargentos y mercenarios que iban a participar, junto al ganado, que se sacrificaba a lo largo de la campaña, y las monturas y animales de carga. Los hospitalarios y los templarios usualmente se situaban en la vanguardia y en la retaguardia. El ritmo de marcha siempre debía ser pausado para que no se desorganizasen las filas.

Todo estaba perfectamente regulado, y se diferenciaba entre marchas en territorio bajo control cristiano y realizadas en territorio enemigo. En el primer caso era posible abrevar en los riachuelos o

---

44   La ballesta fue prohibida en los ejércitos cristianos por el papa Inocencio II, durante el Concilio de Letrán de 1139. No era un arma noble, pues permitía a cualquier persona inexperta dar muerte a su enemigo, aunque fuera un guerrero consumado. No dejaba de ser sorprendente que la Iglesia se ocupase de cosas como esa y no de las matanzas indiscriminadas, tanto en Occidente como en Oriente.

pozos, pero en el segundo, el gonfalonero era el responsable de autorizarlo, pues nadie debía apartarse del grupo.

En los campamentos, las órdenes militares levantaban sus tiendas —donde también guardaban sus objetos personales— junto a la capilla, que era el lugar de concentración si eran atacados. Los sirvientes eran los encargados de recoger leña y agua, y tenían prohibido alejarse hasta un punto en el que no pudieran ser escuchados.

La principal defensa de los territorios de Tierra Santa eran los castillos, construidos en piedra, al estilo europeo y, en líneas generales, unas defensas formidables. Se utilizaban como refugio y como base para acciones ofensivas en territorio enemigo. En ocasiones estaban directamente situados en tierra hostil[45], para acosar las comunicaciones y vías de suministro de los musulmanes. El Crac de los Caballeros, por ejemplo —Krac des Chevaliers, en una mezcla de árabe y francés—, fue erigido por los cruzados sobre un espolón del desierto sirio con el fin de proteger la ruta que unía la ciudad siria de Homs con Trípoli, en la costa del Mediterráneo. La fortaleza original fue edificada por el emir de Alepo; tomada por Raimundo IV de Tolosa en 1099, durante la primera cruzada, quedó abandonada cuando los cruzados siguieron su ruta hacia Jerusalén. Recuperada en 1110 por Tancredo, príncipe de Galilea, Raimundo II, conde de Trípoli, se la cedió a los caballeros hospitalarios de San Juan en 1142, que lo convirtieron en el mayor baluarte cruzado de Tierra Santa. Resistió doce asaltos musulmanes, antes de caer en manos de los mamelucos de Egipto del sultán Baibars el 8 de abril de 1271.

LA NECESIDAD DE UNA FLOTA

Es obvio que los hospitalarios se administraron con eficiencia y notable habilidad. Para mantener las comunicaciones con Tierra Santa, abrieron una importante casa en Constantinopla, que servía de centro de operaciones para la recogida de material, suministros

---

45 La idea en estos casos era aprovechar la fuerza demoledora de los caballeros acorazados para realizar incursiones devastadoras. El mejor ejemplo de esta táctica fue la toma en 1088 de la fortaleza de Aledo, en Murcia, por el noble castellano García Giménez. Desde allí inició ataques contra los territorios andalusíes hasta 1091.

y dinero procedente de los prioratos de Europa central, que se conectaban de forma muy eficiente a través del río Danubio. En 1180 la *domus* —casa— de Bizancio era ya un priorato, pero la progresiva pérdida de poder del viejo Imperio oriental hizo que las comunicaciones por tierra fuesen cada vez más complicadas.

La primera experiencia naval que se conoce de los caballeros fue en 1124, cuando se integraron en una poderosa flota que ocupó el puerto de Tiro, en Líbano. Estaba claro que el mar era la alternativa, por lo que teniendo en cuenta la preponderancia numérica de los caballeros franceses, Marsella, donde desde siempre los hospitalarios habían mantenido buenas relaciones con los armadores y comerciantes locales, acostumbrados a las relaciones con Oriente, se convirtió en el principal puerto de la Orden. Hasta el extremo de firmar un acuerdo con el concejo en 1233 para regular exclusivamente el transporte de viajeros y disponer de un importante convento en la ciudad que se encargaba de la infraestructura necesaria[46].

No es de extrañar que dada la forma tan detallada en que llevaban su organización nombrasen a un caballero responsable de las expediciones, que ostentaba el título de *comendator navium*. Era el encargado de que todos los cargamentos, desde caballos de batalla a armas, que se depositaban en grandes almacenes bajo el control de la Orden partieran en dos grandes convoyes, uno en primavera y otro invierno, desde Valencia, Marsella o Messina, con las naves contratadas[47].

Sin poseer naves propias, y paralelamente a su aumento de poder económico, los hospitalarios comenzaron a ocuparse eficazmente de transportar peregrinos, abastecimientos y tropas a Tierra Santa. Eso les permitía una notable ganancia, motivada en gran parte porque las órdenes daban confianza a los pasajeros, que sabían que no iban a ser enviados a un puerto de África y vendidos como esclavos. Algo no tan infrecuente entre ciertos mercaderes italianos y franceses.

El principal culpable de lo que terminaría siendo la causa de su reconversión en potencia naval fue su asentamiento en San Juan de Acre, la antigua Ptolemais, que había pertenecido a Alejandro Magno y a la que ahora la Orden había dado su religioso sobrenombre. Desde

---

46 Posteriormente contratos similares se firmaron asimismo con puertos de España e Italia.

47 A veces, también desde Venecia.

allí las caravanas podían partir bien protegidas. Era un magnífico negocio. Mucho más cuando en 1158 el soberano del Sacro Imperio Romano Germánico, Federico I Barbarroja, eximió a la Orden del pago de todos los impuestos por el uso de puentes, puertos y navíos en el territorio que gobernaba.

Gracias a ese trato privilegiado las mercancías que se transportaban generaban cada vez más ingresos, puesto que las naves volvían con especias, seda o porcelana. Aunque en este tipo de negocios los templarios ganaron ventaja sobre el Hospital, especialmente en el desarrollo de sistemas cambiarios muy sofisticados, que los convirtieron en auténticos profesionales del aún embrionario sistema capitalista occidental. A finales del siglo XII eran ya expertos en letras de cambio y negocios internacionales, con una red de apoyos que se extendía a Bagdad y El Cairo, lo que los convertía en notables banqueros, de manera que la Orden de San Juan siguió el mismo camino, aunque es evidente que lo hizo de una forma más moderada.

Eso no impidió las críticas feroces del clero levantino, que comenzaban a estar —en algunos aspectos— cargadas de razón, pues la realidad de las dos grandes órdenes militares encajaba mal con los votos de pobreza. Algo que los freires intentaron justificar como una necesidad para poder cumplir sus fines. Llevaban una vida relativamente modesta individualmente, pero gastaban cada vez más en armamento y fortificaciones.

Fue precisamente por entonces cuando se demostró por primera vez el incipiente poder de los hospitalarios. En 1154, un año después de la toma de la fortaleza fatimí de Ascalón —un acontecimiento en el que, hombro con hombro, habían marchado a la cabeza del ejército el patriarca de Jerusalén Fulco de Angulema, con la reliquia de la Vera Cruz, Raymond du Puy y el maestre del Temple Bernardo de Tremelay—, el de Angulema se enfrentó directamente a las órdenes militares y solicitó al papa que las pusiera bajo su mando directo. La reacción más virulenta fue la de los hospitalarios, que comenzaron a hacerle la vida imposible. Fulco llegó a acusar a la Orden de no respetar sus derechos eclesiales, de admitir excomulgados, de administrarles los últimos sacramentos, de enterrarlos en sus cementerios, pero, sobre todo, de recibir limosnas y negarse a pagar el diezmo de sus propiedades e ingresos. Unas recriminaciones a las que se sumaron consideraciones personales: el Hospital, ubicado frente al Santo Sepulcro, competía con él por la belleza y la altura de sus edificios. Además, cuando predicaba, su voz la tapaban las campanas que hacían sonar los hospitalarios. Incluso en un momento dado, según Guillermo de Tiro, se atrevieron a dispararle flechas en la iglesia para atemorizarlo.

Con esas premisas Fulco decidió viajar a Roma en la primavera de 1155 para comparecer ante el papa recién elegido, Adriano IV, solucionar sus problemas y pedirle la retirada de la bula de Anastasio IV —la había promulgado el 21 de octubre de 1154, dos meses antes de su fallecimiento—, por la que se confirmaban las prerrogativas de la Orden. Lo acompañaban los arzobispos de Tiro y Cesarea y los obispos de Acre, Sidón, Lida, Sebaste y Tiberíades. Después de un viaje plagado de incidencias les esperaba una nueva decepción, Roma estaba sumida en revueltas populares y el papa se había ido a Ferentino. Allí lograron verlo, pero les recibió con frialdad. Tras interminables ruegos y debates el patriarca comprendió la inutilidad de su intento: no se modificarían las condiciones especiales y singulares que la Orden mantenía. Raymond du Puy tenía mucho más poder del que imaginaba. Estaba en muy buenas relaciones con Federico I y el apoyo de este había sido indispensable para la coronación del pontífice. Ese mismo otoño Fulco regresó a Oriente con su séquito.

Pocas noticias más hay sobre sobre Raymond du Puy. La última vez que se le menciona es el 25 de octubre de 1158, cuando se entrevistó en Verona con Federico I y obtuvo de él una confirmación general de todo lo relativo a la Orden. La primera alusión a su sucesor, Auger de Balben, es del 29 de noviembre de 1160. La historia no nos ha dejado nada sobre su final, no sabemos si murió durante su viaje por Europa o a su regreso a Tierra Santa.

Durante todo el siglo XII, aunque numerosas naves sanjuanistas participaran en la cruzada de Amalrico de Jerusalén contra Egipto en 1163, o en las campañas navales y anfibias de 1164 a 1169, la Orden careció de lo que hoy en día llamaríamos una flota. Progresivamente, sus altos dignatarios se dieron cuenta de que era mejor ir dotándose de sus propios medios navales, por lo que a lo largo de la década de los años treinta del siglo XIII comenzaron a hacerse con barcos, bien por construcción, bien por compra. Los primeros se encargaron en astilleros franceses, donde se acondicionaron y equiparon para actuar principalmente en Tierra Santa[48].

---

48   Al comenzar la tercera cruzada, transportaban ya unos seis mil peregrinos al año.

Al principio, los marineros, e incluso el capitán del barco, eran contratados para servir en la Orden, no realizaban esas labores freires de San Juan. Los sargentos se encargaban en la travesía de la comida, el equipo y la supervisión de las condiciones en las que se iba a embarcar, y el comandante de la flota, que sí era un caballero, tenía el mando supremo. En cada barco, otro caballero hospitalario podía dar órdenes al capitán «de mar», puesto que la diferencia entre capitanes de mar y guerra se mantuvo durante mucho tiempo.

Que los caballeros no eran malos marinos lo demostraron en 1165, cuando una de sus galeras, de la que ellos formaban la tripulación, se ocupó de trasladar al papa Alejandro III y a varios cardenales desde Montpellier, en Francia, hasta Messina, en Italia, esquivando a las galeras de Pisa, por entonces en guerra con el pontífice. Una fama que les sirvió para que la Orden fuera la encargada de trasladar en agosto de 1246 a Luis de Francia y a sus caballeros a Oriente, en veinte naves arrendadas de Marsella.

Esa misma flota, en la que se encontraba la enorme *La comtesse* —*La condesa*—, que podía transportar cómodamente a mil quinientas personas[49], participaría dos años después, junto a las escuadras cristianas de Génova y Pisa, en la cruzada contra Egipto y en la toma de la plaza de Damieta[50]. Una buena experiencia que les llevaría a armar en las tres últimas décadas del siglo XIII otros muchos barcos de guerra —principalmente galeras—, para operar contra los musulmanes en las costas de Tierra Santa y Chipre.

Aunque en esos años el poder de los hospitalarios en el Mediterráneo no era comparable al de Génova o Venecia, de forma lenta se acercaban a lo que sería su destino futuro.

---

49 Los cargueros del siglo XIII eran naves realmente grandes, capaces de transportar a más de cuatrocientos hombres.

50 Se pensó que el control de la ciudad suponía el dominio del Nilo, y, según consideraban los cruzados, también de Egipto. La realidad demostró que eso no era del todo cierto.

La lucha en tierra santa

«Amarás al Señor tu Dios con todo tu corazón, alma
y fuerza, y a tu prójimo como a ti mismo».

Deuteronomio

UN REINO EN PELIGRO

Habíamos dejado al derrotado Saladino camino de El Cairo tras llegar a las puertas de Jerusalén. Los años siguientes, el que estaba destinado a ser uno de los más grandes soberanos del islam los dedicó a mantener una prolongada ofensiva que fue colocando poco a poco a los Estados latinos en una situación cada vez más compleja. Los hospitalarios, lógicamente, se vieron involucrados. Y eso que aún no tenían superada del todo la grave crisis en la que les había dejado Assailly cuando decidió aliarse con el emperador bizantino Manuel I[51] y con Amalarico de Jerusalén, para atacar Egipto a cambio de Bilbeis, una ciudad fortaleza en el extremo oriental del delta del Nilo.

Había sucedido unos años antes. En efecto, las tropas cristianas capturaron Bilbeis tras un rápido ataque, pero, a pesar de la organización y la disciplina de los quinientos caballeros y quinientos turcópolos proporcionados por los hospitalarios, los cruzados no

---

51 Manuel I Komnenos el Grande. Nacido el 28 de noviembre de 1118, cuarto y menor hijo de Juan II, fue elegido emperador por su padre en su lecho de muerte en vez de su hermano mayor Isaac. Gobernante enérgico, organizó campañas contra los turcos, humilló a Hungría, logró la supremacía sobre los Estados cruzados e intentó sin éxito recuperar Italia. Sin embargo, su extravagancia y sus constantes campañas agotaron los recursos del imperio.

mantuvieron el orden, entraron en la ciudad y la saquearon de una forma brutal, matando a musulmanes, judíos y cristianos, lo que horrorizó a los habitantes armenios, coptos y maronitas de la ciudad.

Fue imposible mantenerse allí sin su apoyo y, finalmente, la expedición cristiana tuvo que replegarse penosamente de vuelta a Palestina. Un revés que llevó a la Orden a la bancarrota, pues frey Gilberto había comprometido su tesoro con la esperanza de que obtendrían un gran territorio en el Bajo Egipto y otras muchas propiedades ubicadas por todo el país. El maestre, con una grave crisis —suponemos que de fe—, decidió retirarse en 1170 a una cueva en Harran, uno de los históricos santuarios venerados por los semitas de Mesopotamia, para hacerse ermitaño. Ante la oposición a su deseo del Capítulo General, decidió abdicar y abandonar Tierra Santa. De vuelta a Europa, en 1183 murió ahogado en sus posesiones de la costa de Dieppe en circunstancias poco claras.

Por primera vez, la gestión de un gran maestre había sido desastrosa. Muy distinta de la de Du Puy, que siempre se había hecho respetar.

Claro que todos esos enfrentamientos entre cristianos, a Saladino le importaban poco. Estratégicamente el comienzo de sus nuevos ataques coincidió con una evidente pérdida de poder del Imperio bizantino, cuyo ejército fue prácticamente destruido en Myriokepyhalon el 17 de septiembre de 1176. A partir de ese momento se desvaneció cualquier posibilidad cristiana de intervenir en Siria, lo que terminó por aislar a los Estados de Oriente, cada vez más rodeados de enemigos.

Balduino, a pesar de su enfermedad, lideró el ejército cruzado con valor y decisión, pero su dramática inferioridad numérica no podía ser compensada con la calidad. Durante una década los caballeros y las órdenes militares combatieron con la fuerza de la desesperación, pero los años y la enfermedad destruyeron lentamente al rey. Con veinte años se encontraba prácticamente ciego, con las manos y piernas mutiladas y tenía la cara desfigurada. Según las crónicas ocultaba su terrible estado con una máscara de plata. Finalmente murió en 1185[52]. Le sucedió su sobrino de ocho años, Balduino V, de nuevo con Raimundo de Trípoli como regente.

---

52   A pesar de fallecer con solo veinticuatro años, llenó de admiración y respeto a todos los que le conocieron, tanto cristianos como musulmanes. El imán de Isapahán dijo de él: «Ese joven leproso hizo respetar su autoridad al modo de los grandes príncipes como David o Salomón». Su figura, tal vez la más noble de las cruzadas, símbolo de heroísmo, ha sido víctima de un injusto olvido histórico.

Aunque es cierto que ya era casi insostenible, es más que posible que el fin del reino de Jerusalén viniera provocado por las acciones de Reinaldo de Châtillon, un aventurero que no se consideraba atado por las treguas firmadas.

Reinaldo, el hijo más joven de un noble menor de Coligny, en Francia, había llegado a Tierra Santa con la intención de conseguir riqueza y honores y se había hecho famoso por sus hazañas en combate durante la toma de Ascalón. Eso le había servido para contraer matrimonio con la princesa viuda Constanza y convertirse en príncipe de Antioquía. Su odio hacia los musulmanes, incrementado por los dieciséis años que lo tuvieron en cautividad tras apresarlo durante el asalto a una caravana, lo convirtieron en un hombre cruel y despiadado que cuando fue puesto en libertad en 1176, a la edad de cincuenta y seis años, solo buscaba venganza.

Sus constantes saqueos de las caravanas que hacían el camino de Medina, a pesar de la tregua firmada entre cristianos y musulmanes en 1181, lo convirtieron en el enemigo más odiado de los musulmanes. Incluso armó expediciones de piratas para atacar los barcos de peregrinos que iban a La Meca. Unas actividades que lo llevaron a lanzarse en 1186 sobre una caravana que realizaba el trayecto entre Damasco y El Cairo. El botín obtenido fue importante, pero las consecuencias también. Una de las prisioneras era la hermana de Saladino, que juró matar con sus propias manos a los infieles que la habían tomado cautiva.

En las primeras semanas de 1187, informado de las deplorables condiciones en las que se encontraba su hermana, Saladino rompió la tregua y cruzó el Jordán con sesenta mil hombres —egipcios, sudaneses, árabes, kurdos y turcos—, un ejército ante el que los cristianos no tenían nada que hacer. Solo podían enfrentarse a él con mil quinientos caballeros y unos dos mil sargentos, turcópolos e infantes. Prácticamente nada. De los caballeros, los hospitalarios, ya casi recuperados de su desastre de la década anterior, eran doscientos cincuenta, los templarios trescientos, y las hermandades de Montegaudio —castellanos y aragoneses[53]— y San Lázaro, apenas poco más de un centenar. El príncipe de Antioquía envió cincuenta caballeros como refuerzo. Eso quiere decir que, en la práctica, el reino de Jerusalén no aportó más de seiscientos caballeros. No había más.

---

53   En sentido amplio, pues había gallegos, asturianos y catalanes.

El resultado de la campaña es bien conocido. El 4 de julio, en Palestina, al oeste del mar de Galilea, en el desfiladero conocido como los Cuernos de Hattin —Qurun-hattun—, chocaron las tropas de Saladino con el ejército cruzado, a las órdenes de Guido de Lusignan, rey de Jerusalén, y del siniestro De Châtillon. La batalla fue un terrible desastre para los cristianos y tanto Guido de Lusignan como Reinaldo de Châtillon fueron hechos prisioneros. En su propia tienda, tal y como había prometido, Saladino le cortó la cabeza con sus propias manos a Reinaldo, lo que justificó por las masacres y asaltos que había cometido contra la población y las caravanas, tanto de cristianos como de musulmanes. Solo Raimundo, varios hospitalarios y algunos templarios lograron huir hacia Tiro; al resto de los caballeros de las órdenes militares, por ser «los más bravos de todos los guerreros francos», se les dio a elegir entre convertirse al islam o la muerte. Salvo alguna excepción, la gran mayoría fueron decapitados esa misma noche, entregados a los soldados de Saladino, que compitieron entre ellos por ver quién conseguía separarles la cabeza de un solo tajo[54].

Sin un ejército que la defendiese, Saladino procedió a ocupar, uno por uno, los castillos y pueblos de la Palestina franca. Salvo las plazas costeras, abastecidas desde el mar. Ese mismo año conquistó Jerusalén, que apenas tenía un hombre por cada cincuenta mujeres y niños. Comparada con la toma de 1099, esta fue casi incruenta, aunque sus habitantes debieron pagar un rescate y muchos fueron esclavizados.

Desgraciadamente para los cautivos, ni los hospitalarios ni los templarios supervivientes estuvieron a la altura de las circunstancias. Nadie asumió el coste financiero de los rescates. El reino de Jerusalén había desaparecido, y con él, el Templo y el Hospital. La Orden de San Juan había perdido su sede[55].

Tras Jerusalén, Acre se rindió el 9 de julio de 1187 sin apenas presentar una defensa organizada. Solo Antioquía, Trípoli y Tiro, en la Siria franca, así como algunos castillos del interior, lograron aguantar desesperadamente, cortando las vías de penetración de Saladino. Lo mismo que hicieron los hospitalarios en enero de 1188, que consiguieron bloquear al ejército enemigo desde su fortaleza de Belvoir,

---

54　Según la crónica del secretario de Saladino, Imad al-Adin. Entre los ejecutados estaba el caballero de San Juan Nicasio de Sicilia, más tarde convertido en mártir y canonizado.

55　Dicen que el papa Urbano III sufrió un colapso al conocer la noticia, y murió poco después.

en Galilea[56]. Apenas eran unas decenas, pero animaron al resto de poblaciones costeras a defenderse con energía.

Saladino invadió la Siria franca en primavera, y en junio estaba ante el Crac de los Caballeros, donde los hospitalarios resistieron sin inmutarse. Margat, que apenas contaba con defensores, no fue atacada, y en Tartas, los templarios lograron derrotar a las tropas musulmanas.

Safed y Belvoir resistieron cerca de un año. El primero hasta diciembre, el otro hasta enero de 1189. Durante meses, con firmeza y valor inquebrantables, los sanjuanistas soportaron el lanzamiento de miles de proyectiles, las máquinas de asedio y los ataques de la infantería, que intentaban abrumar a los férreos defensores. Las lluvias invernales estuvieron a punto de hacer desistir a los sitiadores, que habían sufrido unas bajas terribles, pero el mando enérgico de los comandantes de Saladino no lo permitió.

La furiosa defensa permitió ganar tiempo a los cristianos. La llegada de doscientos caballeros desde Sicilia en los primeros meses de 1189 consiguió que se rompiera el sitio del Crac en julio. Mientras, en el resto de fortalezas, los pocos caballeros de las órdenes que aún quedaban con vida, infatigables, impedían a las tropas de Saladino concentrar sus fuerzas contra Tiro, el principal baluarte de la resistencia cristiana, donde continuaba el desembarco de refuerzos occidentales[57]. Poco a poco los cristianos fueron capaces de presentar una resistencia más organizada y firme. Saladino había liberado a Guido de Lusignan, con la promesa de no volver a tomar las armas contra el islam, pero no tardó en incumplirla. El tiempo suficiente para que la cristiandad, aturdida por la pérdida de Jerusalén, empezara a reaccionar.

LA OPORTUNIDAD PERDIDA

Alarmado por las trágicas noticias que llegaban de Tierra Santa, Gregorio VIII, que había ocupado la silla de san Pedro el 21 de octubre de 1187, proclamó que lo sucedido era un castigo divino por los pecados de los cristianos de Europa, y aprovechó la ola de fervor

---

56 También los templarios resistieron con la fuerza de la desesperación en Safed.
57 Llegaban refuerzos de Italia, Francia, Países Bajos, Alemania e incluso Dinamarca.

religioso que se extendió de nuevo para publicar la bula *Audita tremendi*, que daba lugar a la tercera cruzada, con la intención de recuperar los Santos Lugares.

Enrique II de Inglaterra y Felipe II Augusto de Francia acordaron una tregua en la guerra que los enfrentaba, e impusieron a sus respectivos súbditos el llamado «diezmo de Saladino» para financiar la cruzada. Lo mismo que Federico I Barbarroja, que respondió de inmediato a la llamada, tomó la cruz en la catedral de Mainz el 27 de marzo de 1188 y fue el primero en partir hacia Tierra Santa, en mayo del año siguiente. Su ejército era tan numeroso que no pudo ser transportado por el Mediterráneo. Tuvo que atravesar a pie Asia Menor y por el camino se le unieron dos mil caballeros húngaros.

Todo cambió para esa expedición en las áridas llanuras de Oriente. El emperador bizantino Isaac II Ángelo había suscrito una alianza secreta con Saladino para impedir el avance de Federico a cambio de la seguridad de su territorio, y la marcha se detuvo. El 18 de mayo de 1190, el ejército imperial capturó Konya, capital del sultanato turco de Rüm, pero el 10 de junio, al atravesar el río Saleph, Federico cayó de su caballo y se ahogó debido al peso de su cota de malla. Su hijo, luego Federico VI, llevó los restos de la expedición a Antioquía, y dio sepultura a su padre allí mismo, en la iglesia de San Pedro, mientras su ejército se disgregaba. Miles de cruzados fallecieron por causa de la peste[58], y otros tantos desertaron o, pura y simplemente, desaparecieron. La cruzada germánica, comenzada con tan buenos auspicios, se deshizo como un azucarillo en el café.

A principios de 1191 el sitio de Acre, el imprescindible puerto que necesitaba Occidente, estaba estancado. Los cristianos parecían incapaces de tomar la ciudad y los musulmanes de liberarla. La llegada en abril de los cruzados franceses, con su rey Felipe Augusto al frente, desequilibró la balanza. Con él llegaron comida y suministros, así como material de asedio, con el que complementar el de los hospitalarios y templarios, hasta entonces el único disponible.

---

58   Los cruzados de los reinos alemanes estaban bien equipados y armados, pero sufrieron extrañas crisis difíciles de explicar. Es muy probable, y en eso insisten todas las tesis actuales, que, si hubiese vivido el carismático emperador Federico, la cruzada hubiera podido tener éxito.

El monarca francés prefirió esperar la llegada del rey inglés, Ricardo I[59], y se limitó hasta entonces a bombardear la torre Maudita, el más fuerte bastión de Acre, que se entregó finalmente. El 11 de julio un salvaje ataque inglés hundió la última resistencia musulmana, que dejó en manos de los hospitalarios la negociación de los términos de la rendición.

Ricardo, Felipe y Leopoldo V de Austria, quien dirigía lo que quedaba del ejército de Federico, discutieron sobre el botín. Leopoldo consideraba que merecía una parte igual en el reparto, por sus esfuerzos en la batalla, pero Ricardo arrancó de la ciudad su estandarte y lo arrojó al foso. Luego, Ricardo y Felipe discutieron sobre qué candidato tenía más derechos al trono de Acre. El inglés defendía la candidatura de Guido, mientras que Felipe era partidario de Conrado. Se decidió mantener a Guido en el trono y que Conrado lo heredara a su muerte.

Muy disgustados, Felipe y Leopoldo dejaron la ciudad con sus tropas en agosto. Felipe regresó a Francia — lo que fue considerado por los ingleses como una deserción—, mientras Ricardo negociaba con Saladino el rescate de los miles de musulmanes que habían caído prisioneros. Como parecía que el sultán no estaba dispuesto a aportar la cantidad propuesta, el rey cristiano, en un acto de brutalidad sin precedentes, ordenó que tres mil de los prisioneros —hombres, mujeres y niños— fueran decapitados frente a la ciudad, a la vista del campamento de Saladino, rompiendo el acuerdo negociado por los caballeros de San Juan.

Dos días después el ejército partió siguiendo la costa, con los templarios en vanguardia y los hospitalarios en retaguardia, cubriendo el flanco izquierdo. Como siempre, la disciplina era esencial para que los cristianos aguantaran, y a pesar del constante hostigamiento al que se vieron sometidos, las órdenes del rey, que había quedado cómo único líder indiscutible, fueron claras: mantener las líneas a cualquier precio. El 7 de septiembre, el maestre del Hospital, frey Garnier de Nablus, antiguo prior de Inglaterra, pidió al rey que le permitiera retirar a sus caballeros de la posición que ocupaban, pues estaban sufriendo graves pérdidas. Ricardo se negó. Poco después,

---

59   En su camino había tomado y saqueado la capital de Sicilia y conquistado Chipre, granjeándose todo tipo de enemigos. Ricardo Corazón de León no era un hombre como nos muestra el cine de Hollywood, sino un guerrero implacable y brutal.

ante lo insostenible de la situación, los hospitalarios rompieron la formación, cargaron contra las líneas musulmanas desbaratándolas por completo y les causaron una derrota devastadora[60].

La victoria permitió a los cruzados ingleses tomar Jaffa. Allí Ricardo ofreció a Saladino un tratado de paz, y para negociarlo, el sultán envío a su hermano Al-adil. No llegaron a un acuerdo, y el rey dirigió su ejército hacia Ascalón, tras pedir ayuda a Conrado de Montferrato.

Como era de esperar, Conrado le reprochó su apoyo a Guido de Lusignan y rehusó seguirlo. Días después era asesinado en las calles de Acre por dos *hasishiyun* enviados por el Viejo de la Montaña, el líder de una secta islámica —«los asesinos»— con sede en la fortaleza de Masyaf, en las agrestes cimas del norte de Siria. Para algunos, por orden de Ricardo; según otros, por mandato de Saladino. Guido de Lusignan se convertía así en rey de Chipre, y Enrique II de Champaña en el nuevo rey de Jerusalén.

En julio de 1192, Saladino recuperó Jaffa con un ataque sorpresa, pero el 9 de agosto volvió a ser derrotado por los cruzados ingleses y los caballeros de las órdenes en una batalla campal, a pesar de la evidente inferioridad numérica que presentaban. Fue su último combate. Se vio obligado a aceptar una propuesta de paz, y el 2 de septiembre, los dos monarcas firmaron un tratado según el cual Jerusalén permanecería bajo control musulmán, pero se concedía a los cristianos el derecho a viajar a la ciudad libremente, en peregrinación, siempre que fueran desarmados.

El 9 de octubre, Ricardo abandonó Tierra Santa después de haber combatido allí durante dieciséis meses. El territorio cristiano que dejaba no era más que una estrecha franja de tierra de ciento cuarenta kilómetros de largo por dieciséis de ancho que se extendía de Tiro a Jaffa.

El sultán Saladino falleció al año siguiente y fue enterrado en un mausoleo en el exterior de la Mezquita Omeya de Damasco, junto a su espada. El éxito del que el islam consideraba un héroe había sido absoluto. La supresión de la Siria franca era solo cuestión de tiempo.

---

60   El triunfo en Arsuf de Garnier de Nablus, también llamado de Siria, noveno gran maestre de la Orden, demostró a Ricardo Corazón de León dos cosas: que Saladino no era invencible y que no iba a poder doblegar la independencia de los sanjuanistas.

ALEJÁNDOSE DEL CAMINO

La conquista inglesa de Chipre, lo que en principio había parecido una buena idea para instalar en la isla una clase dominante «franca», terminó también dándole un golpe mortal a Ultramar[61]. Ricardo le vendió la isla al Temple, pero en abril de 1192 hubo un levantamiento popular y solo consiguieron resistir en Nicosia un puñado de miembros de la Orden. Pudieron contraatacar y recuperar el terreno perdido, pero una vez suprimida la revuelta, le devolvieron la isla a los ingleses, que se la revendieron a Guido de Lusignan.

La casa de Lusignan, que la compró con dinero prestado por los mercaderes de Trípoli y otras ciudades de Levante, actuó a partir de entonces con gran habilidad para conservar el poder. Tanta, que mantendría la isla como un puesto avanzado de la cristiandad hasta su cesión a Venecia en 1489.

Una de las principales razones fue que no había fronteras en guerra, y al lado de Líbano y Siria era un territorio pacífico y fértil. Los colonos europeos preferían la isla a instalarse en las peligrosas ciudades costeras de Asia y, año tras año, fue su refugio y el de las familias dirigentes de Ultramar. Primero como lugar donde tener a salvo sus capitales o negocios, y después como el mejor sitio para vivir sin peligros ni sobresaltos. Igual que hicieron hospitalarios y templarios, que recibieron grandes donaciones de tierras en la isla, y pronto vieron cómo sus encomiendas tuvieron un éxito creciente. Ese abandono generalizado del viejo reino de Jerusalén sellaría a corto plazo su destino.

En 1198, el papa Inocencio III comenzó a predicar una nueva cruzada, la cuarta. Sin embargo, esta vez su llamada tuvo poco éxito entre los monarcas europeos. Los imperiales estaban enfrentados directamente al poder papal, y Francia e Inglaterra se encontraban de nuevo en guerra entre sí. Solo gracias a los ruegos del singular predicador francés Fulco de Neuilly, se organizó finalmente un ejército cruzado en noviembre de 1199, durante un torneo organizado en Ecry —hoy Asfeld— por el conde Teobaldo de Champaña.

---

61   Como un guiño del destino, los ingleses volvieron a Chipre en 1878 para no irse jamás. Todavía hoy mantienen dos gigantescas bases en Akrotiri y Dhekelia, esenciales para la estrategia de la OTAN en Oriente Próximo.

Teobaldo fue nombrado líder del ejército, del que también formaban parte Balduino VI de Henao, conde de Flandes, y su hermano Enrique, Luis, conde de Blois, Godofredo III de La Perche, Simón IV de Montfort, Enguerrando de Boves, Reinaldo de Dampierre y Godofredo de Villehardouin. Eran los nobles más importantes del momento en el norte de Francia y los Países Bajos, y no tardaron en unírseles algunos caballeros imperiales y otros nobles del norte de Italia, como el marqués de Monferrato, quien finalmente tomaría el mando a la muerte del conde de Champaña.

Aunque el mayor contingente era francés, la expedición tuvo que recurrir a barcos venecianos, lo que aprovechó el astuto *dux* Enrico Dandolo para que le ayudasen a poner a Alejo IV Angelus en el trono de Bizancio[62]. A cambio, el futuro emperador se comprometía a conseguir que el clero ortodoxo aceptase la supremacía de Roma y adoptase el rito latino.

Los cruzados proclamaron emperador a Alejo en junio de 1203, que se vio obligado a establecer nuevos impuestos con el fin de intentar cumplir las difíciles promesas que había hecho a venecianos y cruzados.

Durante todo ese año la situación se volvió muy tensa. Alejo confiscó algunos objetos eclesiásticos de plata para pagar a los venecianos, que no lo consideraron suficiente, y los cruzados le presionaron para que cumpliera su palabra.

Mientras, en Tracia, su tío Alejo III organizaba un ejército para recuperar el trono, y en las calles de Constantinopla crecía el descontento y aumentaban los enfrentamientos entre cruzados y bizantinos.

Todo explotó en enero de 1204. La noche del 27 al 28, Alejo IV fue destronado[63], su padre Isaac II asesinado y el líder de las protestas antioccidentales, Alejo Murzufluo, proclamado emperador con el nombre de Alejo V.

En marzo, los cruzados decidieron recuperar la ciudad por la fuerza y colocar en el trono a un emperador latino. Sin embargo, no lograron ponerse de acuerdo respecto a quién sería el mejor candidato de entre ellos para ocupar el trono imperial, pues Bonifacio, el jefe de la expedición, no estaba bien visto por los venecianos. Finalmente se decidió que se formaría un comité electoral, compuesto por seis delegados francos y seis venecianos.

---

62   Era el hijo de Isaac II, que había sido derrocado en 1195 por su hermano, Alejo III.
63   Moriría estrangulado en prisión el 8 de febrero.

El ataque comenzó el 6 de abril. Sorprendentemente, pese a que el ejército bizantino estaba ya en plena decadencia, los cruzados fueron rechazados con un gran número de bajas. Fue un espejismo. Seis días después retomaron el asalto, lograron abrir una brecha en la muralla, a la altura del barrio de Blanquerna, y la defensa bizantina se desmoronó.

Durante tres días, cruzados y venecianos asesinaron sin piedad. Profanaron la Hagia Shopia[64], donde sentaron en el trono a una prostituta, y nombraron un nuevo emperador —francés—, y un patriarca latino —italiano—, repartiéndose en baronías, condados y señoríos la Grecia bizantina. Ultramar acababa de dar un cambio radical y abrir una brecha insalvable entre los cristianos latinos y orientales.

Hospitalarios y templarios, las órdenes con mayor poder, tampoco quedaron al margen de esos acontecimientos. Adquirieron encomiendas en Grecia y se establecieron en las islas del viejo Imperio bizantino, aplastando cualquier resistencia e inaugurando una época de guerras con los ortodoxos que se extendería durante las décadas siguientes desde el mar Negro al Báltico.

En los años finales del siglo XII, los hospitalarios vieron también cómo nacían dos Órdenes más, la de los Caballeros Teutones del Hospital de Santa María de Jerusalén —que establecida en Acre en 1197 estaría destinada a tener un futuro glorioso en el Báltico— y la de los Caballeros de Santo Tomás Acon, una escisión de su propia Orden promovida por el frey William, capellán ante el deán de San Pablo, que conmovido por el sufrimiento de los cruzados ingleses logró el apoyo del rey Ricardo para construir una capilla, un cementerio y un hospital, regido por las normas de Inglaterra[65].

Lentamente, por razones obvias, los hospitalarios se fueron involucrando en la política de Ultramar, pero con una novedad: el comienzo de las disputas entre las órdenes militares, debidas en gran medida a la ambición del Temple y su obsesión por impedir la unión entre Armenia y el principado de Antioquía, regido por Bohemundo

---

64   La basílica de Santa Sofía.

65   No combatieron hasta 1229, cuando el obispo de Winchester autorizó su conversión en orden armada. Su cruz, parecida a la de Santiago, llevaba una concha. Adquirieron tierras en Sicilia, Chipre e Italia. Su cuartel estaba en el Hospital de Santo Tomás de Acre, en Londres, en el actual Mercers Hall, pero poco a poco fue perdiendo importancia ante su orden madre, los hospitalarios. Hoy, refundada en 1974, sobrevive como una orden masónica del rito de York.

IV. Un enfrentamiento que duró un par de décadas, y en el que los hospitalarios, aliados a menudo de los teutones, llegaron incluso al uso de las armas contra los templarios en constantes ataques nocturnos, emboscadas y combates por las montañas Taurus, en Turquía.

Desde su castillo en Selefke, los hospitalarios y los teutones lanzaban incursiones[66] contra territorio musulmán, lo que no hacía sino avivar el odio de los templarios hacia ellos. Unos tristes sucesos que llevaron al papa Inocencio III a recordar a todos que su enemigo era el islam, no las órdenes hermanas. Pero todo fue inútil, una oscura guerra civil ensombreció los territorios cristianos y los de sus aliados y amigos armenios.

Fue en estos años, en 1206, cuando los hospitalarios eligieron gran maestre al francés Geoffrey le Rat, hasta entonces comandante de Antioquía y castellano del Crac[67]. Casi nada se sabe de sus actividades en el corto periodo en que ejerció su cargo, sin embargo, fue el responsable de establecer los principios de un sistema de clasificación por naciones o «lenguas» —langues—, que ordenaba los territorios europeos en relación con los prioratos o provincias en los que se dividía la Orden. Antes de su fallecimiento en Palestina en 1207, esa reforma fue seguida por otra que afectó incluso al aspecto exterior de los caballeros. La capa negra con la cruz blanca se dejó solo para uso conventual, y fue primero reemplazada por una sobreveste más ligera, aún negra, y luego por otra roja con una cruz latina blanca, aunque siguió usándose la cruz de las ocho beatitudes propia de San Juan.

En 1213 el primogénito de Bohemundo, Raimundo de Poitiers, de dieciocho años, cayó ante los hasishiyun en Tartas, y en 1214 le siguió el patriarca de Jerusalén. En ambos casos, hospitalarios y templarios sospecharon unos de otros, por lo que finalmente, en 1216, Raimundo-Rubén, sobrino de Bohemundo, capturó Antioquía, expulsó al Temple e instaló una guarnición hospitalaria al mando de Ferrand de Barras, gobernador de Salefke.

Tres años después, una revuelta de los ciudadanos de Antioquía expulsó a los hospitalarios y devolvió el control de la ciudad a los templarios. Los de San Juan apelaron al papa, que tras grandes dificultades

---

66   En una de ellas, en 1210, murió el *hochmeister* teutón Hermann Bart.
67   Sustituía a Alfonso de Portugal —hijo bastardo de Alfonso I Enríquez, primer monarca luso—, elegido gran maestre en 1202. Autoritario, severo y muy impopular, había rehusado el cargo a mediados de 1206, tras ser censurado por mantener Margat fuera del reino de Jerusalén.

logró un acuerdo entre las dos Órdenes en 1221. Bohemundo tardó aún más. No cerró sus diferencias con los hospitalarios hasta 1231. Se habían perdido de manera lamentable dos décadas, aunque para entonces el patrimonio de los sanjuanistas se había incrementado de manera exponencial tanto en Tierra Santa como en Occidente gracias a las donaciones de los reyes de Armenia y Hungría, ambos gratamente sorprendidos por la fidelidad y dedicación de los hospitalarios.

ILUSIONES FRUSTRADAS

El mismo año que asesinaban a Raimundo, el papa Inocencio III publicaba la bula *Quia maior,* que daría lugar a la cruzada con el mayor ejército que la cristiandad había logrado reunir hasta entonces. Nacía con grandes expectativas y objetivos muy concretos: destruir el poder del Estado ayubí de Egipto y recuperar Jerusalén.

En 1217, la enorme fuerza, dirigida por Andrés II de Hungría y el duque Leopoldo IV de Austria, se desplazó hasta Acre en trescientos barcos[68]. Allí se reunieron con los maestres de las tres grandes órdenes —el hospitalario, Garin de Montaigu, el templario, Guillaume de Chartres, y el teutónico, Hermann von Salza—. Tras varios meses de infructuosas campañas terrestres, la llegada de nuevos peregrinos de Frisia y el norte de Alemania reactivó la cruzada. Antes de que llegara el invierno se restablecieron las fortificaciones de Cesarea con la ayuda de los hospitalarios, y las del castillo de Pèlerin con el apoyo de los templarios. Pero eso no fue suficiente para mantenerlos ocupados. Se decidió ir a Egipto. Los cruzados, el patriarca de Jerusalén, los prelados de Tierra Santa, las tres órdenes militares encabezadas por sus grandes maestres. Todos.

Embarcaron en San Juan de Acre en mayo de 1218 al mando del rey de Jerusalén, Juan I de Brienne, quien propuso el ataque anfibio contra Damieta que veíamos al final del capítulo anterior, en el que participaron naves de la Orden. Fue un éxito, y la ciudad cayó el 5 de noviembre de 1219, pero las decisiones que se tomaron a partir de entonces ya no lo fueron tanto.

---

68   Hicieron escala en Santiago de Compostela como primer punto de su peregrinación y ayudaron a la Reconquista portuguesa.

Malik Al-Kamil, hijo y sucesor de «Safadino»[69], que había muerto durante la campaña —se decía que por la impresión que le había producido el ataque cruzado—, poco amigo de la guerra, llegó a ofrecer a los francos Jerusalén y toda Palestina si se retiraban, pero las órdenes militares y el cardenal Pelagio, líder espiritual de la cruzada, convencidos de que estaban a las puertas de una victoria decisiva, se negaron[70].

Embajadores de los caballeros hospitalarios en la corte del Gran Turco. Anónimo del siglo XIII. Colección particular.

---

69   Así llamaban los cristianos a Al-Adil I, de origen kurdo, que tenía el título honorífico de Sayf al-Din —espada de fe—. No debe confundírsele con Saladino.

70   No era debilidad, era preocupación. Gengis Khan había penetrado en la frontera oriental del mundo islámico con una ferocidad nunca vista. Unos años después sus vanguardias penetraban en la Rusia meridional. Todo eso era algo ajeno y lejano para los cristianos occidentales.

El rey Juan, que no entendía —con razón— por qué no se llegaba a un acuerdo, se marchó rumbo a Acre. Mientras, los cruzados tardaron dos años en decidir el asalto a El Cairo. Quedaron empantanados en el delta, sin poder recibir ayuda y rodeados por los arqueros turcos. Colocados en una posición crítica, finalmente negociaron una tregua el 30 de agosto de 1221. Los términos de la rendición supusieron la vuelta de Damieta a manos de Al-Kamil, quien aceptó un acuerdo de paz de ocho años de duración. Fue una cruzada inútil y una gran oportunidad perdida, que apenas alteró el equilibrio de poder entre cristianos y musulmanes.

El último intento

La sexta cruzada comenzó en 1228, tan solo siete años después del fracaso de la quinta, como un nuevo intento de recuperar Jerusalén. La dirigió el emperador Federico II, que había intervenido en la anterior enviando tropas alemanas, sin llegar a liderarlas personalmente, pues necesitaba consolidar su posición en Alemania y en Italia. Había realizado la firme promesa de hacerlo en 1220, tras su coronación por el papa Honorio III, y en eso estaba. Consideraba que tenía derechos de matrimonio sobre el reino[71], por lo que sus razones para recuperar la Ciudad Santa tampoco es que fueran muy altruistas.

El ejército partió de Brindisi hacia Siria en 1227, cuando ya era papa Gregorio IX. Una epidemia los obligó a volver a Italia, lo que le dio la oportunidad al pontífice para dejar clara su postura en contra de quien llevaba ya años combatiendo para expandir el poder del Sacro Imperio en Italia: excomulgó al emperador, por romper sus votos de cruzado.

Federico decidió que sus problemas con el papado no interfirieran en sus objetivos políticos y, en cuanto pudo, embarcó de nuevo camino de Siria. El 7 de septiembre de 1228, tras dos meses en Chipre, que utilizó para hacerse con la soberanía de la isla, desembarcó en San Juan de Acre. Lo que encontró le sorprendió. La población franca pensaba que su viaje respondía solo a

---

71   En 1225 Federico se casó con Yolanda de Jerusalén —también llamada Isabela—, la hija de María de Montferrato y Juan I de Brienne.

un deseo de aumentar el poder del imperio, y parecía que el viejo enfrentamiento entre güelfos —defensores del papa— y gibelinos —partidarios del Sacro Imperio— se iba a reproducir en Ultramar, ya muy dividido por el conflicto no cerrado entre las órdenes militares.

En Siria solo los caballeros teutónicos lo apoyaron sin dudar, pues el clero, en su mayor parte de origen francés o italiano, se mostró opuesto a cualquiera de sus iniciativas. A pesar de los problemas, Federico tenía algunas ventajas. Le habían excomulgado, hablaba árabe a la perfección, tenía súbditos musulmanes en Sicilia, vestía como un emir y le gustaba la civilización islámica, que por su cultura y conocimientos no le era ajena.

Todas estas «rarezas» del emperador alemán fascinaron al sultán Al-Kamil, enfrentado a su enemigo mortal Al-Naser, quien no dudó en llegar a un acuerdo con Federico. Se fijó una tregua de diez años. Los musulmanes se quedaban con la mezquita de la Cúpula de la Roca, sagrada para el islam, y el Templo de Salomón. A cambio, los cristianos recibían los castillos de Montfort —entregado a los teutónicos que lo rebautizaron Starkemberg— y Toron. Además de obtener un corredor seguro desde Jaffa hasta Jerusalén. El maestre del Hospital, Bertrand de Thessy, apoyado por los templarios, se opuso al acuerdo, que se ratificó sin sus sellos, un acuerdo tácito desde hacía generaciones.

Rodeado de sus caballeros alemanes y protegido por los teutones del *hochmeister* Hermann von Salza, Federico se instaló en Jerusalén, en el viejo Hospital, a despecho de los sanjuanistas, y entregó el palacio real a los caballeros teutones. Desde ese momento, solo los hombres de Von Salza lo acompañaron cuando oraba en la iglesia del Santo Sepulcro.

Su intento de asesinato, inducido por los templarios, hizo que a su regreso a Italia confiscase todas las propiedades de la Orden, pero en Siria, donde eso era imposible, hospitalarios y templarios expulsaron de Acre a los caballeros teutónicos.

El papa también se opuso al acuerdo, pero eso le importó aún menos al emperador. Se coronó rey de Jerusalén y dejó como regente a su hijo, Conrado IV, nieto de Juan de Brienne. La guerra civil la evitó la paciencia de Von Salza, que aguantó los desplantes de hospitalarios y templarios hasta que, en 1231, el papa y Federico llegaron a un acuerdo. Tampoco es que sirviera de mucho. Que hubiese un nuevo rey no evitó que continuara la anarquía en Siria y

Palestina, donde las órdenes militares y los barones actuaban a su aire y por su cuenta.

Quizá hubiese sido un buen momento para ponerse de acuerdo. Por entonces, las devastadoras invasiones mongolas obligaron a los árabes a prestar atención a su frente oriental. A sus espaldas había aparecido un enemigo mucho más peligroso que los francos, un adversario despiadado y brutal, contra el que era muy difícil defenderse. Para Al-Kamil los infieles de la costa de Siria pasaron a un segundo plano. Eran molestos, pero nada más.

El acuerdo del emperador y el papa había permitido que los hospitalarios volviesen a sus tradicionales buenas relaciones con los teutónicos, no así con los templarios, con los que se habían deteriorado de nuevo desde que en 1228 había muerto frey Garin de Montaigu, que siempre tuvo muy buenas relaciones con su hermano Pierre, maestre del Temple desde 1218. Con o sin rencillas, lo que ninguna orden pudo evitar fue que los musulmanes reconquistasen Jerusalén en 1244. Tardaría dos siglos en volver a estar en manos de cristianos[72].

La pérdida de la Ciudad Santa hizo que, de nuevo, la cristiandad se uniera. Un ejército combinado de hospitalarios —con su maestre Guillaume de Châteauneuf—, templarios, teutónicos, lazaristas y barones de Ultramar atacó a los mamelucos y a sus aliados beduinos en La Forbie, al noroeste de Gaza, el 17 de octubre de ese mismo año. Se esperaba una victoria y fue un desastre. Murieron cinco mil cruzados y los musulmanes capturaron ochocientos prisioneros, incluidos Guillermo de Brienne y Châteauneuf. Solo veintiséis hospitalarios, treinta y tres templarios y tres teutónicos sobrevivieron. El maestre de San Juan pasó seis años preso en El Cairo, mientras su cargo lo ocupaba de manera provisional frey Jean de Ronay.

Los cristianos jamás se recuperaron de la derrota. La sensación de que todo se había terminado era general en las ciudades de la costa, y una parte importante de los barones francos que aún tenían tierras y posesiones en Siria comenzaron a emigrar a Chipre o a las islas griegas bajo control latino.

El Levante cruzado se moría, pero a finales de la década surgió un rayo de esperanza. Un poderoso líder que parecía enviado por

---

72   La tomarían los británicos a los turcos en 1917. Fue suya hasta 1948.

Dios para salvar a Ultramar del desastre: Luis IX de Francia, el héroe de la cristiandad occidental[73]. No hizo más que seguir el precedente del emperador Federico, que había demostrado que una cruzada podía tener éxito sin apoyo del papa. Esa sería la norma en las tres siguientes.

LAS CRUZADAS DEL REY LUIS

Luis, el monarca del Estado más fuerte de Europa, llevaba tres años dedicado a recoger fondos para poner sobre la balanza de Ultramar —que estaba sin una dirección centralizada— el peso de su fuerza. Preparó un poderoso ejército, de al menos veinte mil hombres, que incluía la flor de la caballería de Europa, y partió con él en 1248 de los puertos de Marsella y Aigues-Mortes, rumbo a Oriente.

Pasaron el invierno en Chipre, negociando con las distintas fuerzas locales, incluidas las órdenes militares, a las que el rey francés escuchó con atención. Finalmente, decidió que su objetivo sería Egipto por considerar que sería una buena base desde la que atacar Jerusalén. Además, como seguía siendo uno de los graneros del mundo, igual que en la época romana, sería perfecto para alimentar a los miles de hombres de la cruzada.

De nuevo se pensó en Damieta, que volvió a caer en manos cristianas, y una vez más las inundaciones del Nilo entorpecieron los movimientos del ejército, por lo que el rey Luis tuvo que esperar a la retirada de las aguas antes de proceder a avanzar hacia El Cairo. Ante la dificultad planteada por la red de canales del gran río, optó por marchar por Bahr as-saghir, junto a Mansura, por donde atravesó el grueso del ejército al mando de Roberto de Artois, el hermano de Luis, el 8 de febrero.

Las órdenes del rey eran claras. Su hermano no debía atacar sin autorización pasase lo que pasase, pues, como siempre, la base del éxito era mantener la formación sólida. El vanidoso y agresivo príncipe francés no hizo caso y lanzó a las tropas francas contra los mamelucos. Los pesados caballeros europeos barrieron la formación

---

73 Decía que la única forma de discutir con un infiel era «atravesarlo con la espada». Pero jamás faltó a su palabra, ni siquiera ante sus enemigos musulmanes.

egipcia, y el visir Fakr ad-Din fue sorprendido y ejecutado allí mismo. La persecución comenzó de inmediato, pero el líder mameluco, Baibars Rukud ad-Din[74], conocido como Bundukari —el ballestero—, logró enredar a los caballeros europeos en las calles de Mansura. Roberto de Artois cayó en la batalla, y de los doscientos hombres que le acompañaban solo quedaron cinco.

Después, Baibars atacó al grueso de los cruzados de Luis. La batalla duró toda la jornada, pero su ejército aguantó. A los tres días, en cuanto los mamelucos recibieron refuerzos, el combate se recrudeció. Mamelucos, egipcios y sudaneses lanzaron ataque tras ataque, con la intención de arrollar a los cruzados con el peso de su número. Los acosaron con catapultas, fuego griego y miles de flechas, hasta lograr hundir sus líneas. El maestre del Temple, que había perdido un ojo en Mansura, perdió el otro antes de caer abrasado entre las llamas, mientras defendía las barricadas. Junto a él cayó también Jean de Ronay, al frente de sus hospitalarios.

La lucha en los alrededores de Mansura duró ocho largas semanas, en las que los cruzados, afectados por el tifus y la disentería, perdieron su flota, destruida en la costa por las naves egipcias. En abril, Luis sabía que no podía aguantar más y decidió retirarse, pero ya era imposible. Rodeado por fuerzas inmensamente superiores, sin escapatoria, el ejército cruzado se deshizo. Miles de hombres fueron capturados y vendidos como esclavos.

El rey y sus principales caballeros se comprometieron a devolver Damieta y a pagar una inmensa fortuna por su libertad. Los templarios, a los que el rey pidió ayuda, se negaron a entregarle el dinero pedido —una parte pequeña de lo exigido por los mamelucos—, y el enviado del rey mató de un hachazo al tesorero del Temple, para apoderarse del oro que necesitaba.

En mayo, satisfecho el rescate, se permitió marchar a los restos del ejército cruzado. Luis se dirigió a Acre, donde se convirtió en la práctica en el soberano absoluto del antiguo reino de Jerusalén. Desde allí logró la liberación del maestre Châteauneuf y treinta de sus caballeros, y sometió a los templarios a todo tipo de humillaciones.

---

74   Era un cumano, nombre con el que eran conocidos en Europa los *kipchaq*, un pueblo turco —muy mezclado con fineses e iranios— que vivía en el sur de Ucrania hasta que lo barrió la invasión mongola. Durante generaciones, los cumanos y otros pueblos del Cáucaso fueron la fuente de la que se nutrió de guerreros el Estado mameluco de Egipto.

En 1254 se agotaron los recursos económicos del rey, que ya no era capaz de mantener su política ni de pactar con los mamelucos o los mongoles, la nueva fuerza de la región. Solo logró un acuerdo con los *hasishiyun,* gracias a la mediación de las órdenes militares. La muerte de su madre, la reina regente Blanca de Castilla, fue la excusa perfecta. Dejó al senescal Geoffroi de Sargines al mando de un fuerte contingente francés y regresó a Occidente.

LA CRUZADA DE RECONQUISTA

Hemos visto que la Orden de San Juan se estableció en la península antes que el Temple, cuando aún era estrictamente religiosa y de carácter asistencial, en posesiones vinculadas de una u otra manera al Camino de Santiago, por lo que en esos primeros momentos no se le donaron castillos, fortalezas o zonas de la frontera que fuesen precisos defender. Limitados a labores humanitarias, sus freires buscaban obtener de los monarcas hispanos encomiendas, granjas y propiedades que, bien gestionadas, generasen ingresos con los que sostener sus posesiones en Tierra Santa, objetivo inicial de la organización.

Pero a mediados del siglo XII, la progresiva militarización de la Orden se notó también en los reinos peninsulares y, obviamente, cambió la actitud hacia ella de sus monarcas, envueltos en permanentes actividades bélicas, pues se dieron cuenta de la oportunidad que ofrecía el contar con una entidad rica y poderosa, en constante expansión, capaz de suministrar, y hacían otras órdenes, como por ejemplo, el Temple, soldados entrenados capaces y motivados.

Como sabemos el proceso de conversión en guerreros de los monjes de San Juan fue más lento que el de los templarios, pero al concederles Ramón Berenguer IV la fortaleza de Amposta, en la frontera de Cataluña con los reinos musulmanes, todo pareció indicar que se buscaba su implicación en acciones militares. Es muy posible, por ejemplo, que monjes de San Juan participasen en la toma de Tortosa en 1148[75], y recibieran tras la misma castillos en la frontera.

---

75   En 1144 el rey de Castilla, Alfonso VII, les había entregado el castillo de Olmos, con una función puramente militar.

No obstante, el valor militar de la Orden de San Juan en esos tiempos, al menos en España, debió ser muy limitado, pues, al igual que pasó con el Temple, fracasó claramente cuando se le asignaron obligaciones militares de importancia para la Reconquista, y no supo estar a la altura de las circunstancias[76]. En 1163 los caballeros recibieron la villa y fortaleza de Uclés, importantísima posición en la línea defensiva del reino de Castilla en su frontera oriental, pero en los diez años que estuvieron allí defraudaron las expectativas que se habían depositado en ellos y no fueron capaces de cumplir con su misión, al menos con la eficacia que esperaba el monarca, pues en 1174 entregó la fortaleza a la Orden de Santiago. Algo similar a lo que le pasó al Temple en Calatrava, fortaleza junto al río Guadiana conquistada en 1147. Dada su importancia estratégica se le entregó a la Orden para su defensa en 1150, si bien ante su manifiesta incapacidad para protegerla se la devolvieron a Sancho III, haciéndose cargo de ella el abad de Fitero Raimundo, en lo que sería el origen de la Orden de Calatrava.

A pesar de esos contratiempos, los hospitalarios, ya transformados en una sólida orden militar, contaron de nuevo en los años siguientes con el favor del rey, y en 1183 Alfonso VIII le entregó a Pedro Arias, su superior en Castilla, la importante fortaleza de Consuegra, en el futuro Campo de San Juan. Esta donación implicaba a la Orden en la guerra contra el islam de una forma clara. Con el tiempo, la fortaleza se convertiría en la cabeza del Priorato de San Juan, la sede de la Orden en los reinos de Castilla y León, y hasta la toponimia recordaría para siempre la presencia de los caballeros del Hospital en esas tierras.

En los años siguientes, los caballeros continuarían con su labor hospitalaria y con el trabajo, cada vez más intenso, de sus encomiendas. Eso significaba, en la práctica, que su participación en la Reconquista era mínima, al menos hasta la terrorífica derrota de

---

76   El castillo de Calatrava, importante fortaleza sobre el Guadiana situada en los viejos caminos romanos a Mérida y Toledo, desde Consuegra y Andújar, estaba amenazado por los árabes, por lo que Sancho III de Castilla se lo entregó al Temple para su protección. Sin embargo, en 1158, los templarios lo abandonaron y el rey tuvo que encargar de su defensa al abad de Fitero, don Raimundo Serra, creador de la Orden de Caballería que tomó el nombre de Calatrava. La fortaleza la tomaron los almohades en 1198 y fue totalmente destruida. En Castilla, la «traición» templaria nunca se olvidó.

Alarcos en 1195, en la que los almohades aniquilaron al ejército castellano y hundieron la frontera, colocando de golpe a Consuegra en primera línea.

Fue por tanto la necesidad lo que implicó a los hospitalarios en la guerra contra los musulmanes de España de forma total, y lo que les llevó a tener una destacada actuación en las campañas principales, como la de las Navas de Tolosa, el 16 de julio de 1212, la batalla decisiva de la Reconquista. Allí estuvieron al mando de Gutierre Almírez, prior de Castilla.

A pesar de su destacada labor durante la histórica jornada, en general, los monarcas castellanos preferían a las órdenes nacionales para los asuntos de la guerra, lo que no fue obstáculo para que San Juan o el Temple recibieran grandes donaciones, bellas fortalezas, magníficos conventos y grandes propiedades, a las que se unían las que ellos mismos adquirían.

Sin duda alguna, en los reinos de Castilla y León, la Orden llegó a ser realmente significativa, aunque ocupara un territorio muy disperso. El principal de sus señoríos fue el de la comarca de Guareña, y dispusieron de nnotables posesiones en las actuales provincias de

Castillo de Peñarroya, en Argamasilla de Alba, Ciudad Real. Conquistado en 1198 por tropas coaligadas de los caballeros de Santiago y hospitalarios, fue donado definitivamente a la Orden de San Juan en 1215 por Alfonso VIII. En el siglo XIV llegó a ser la encomienda más importante de la Orden desde el punto de vista económico, garantizando el aprovechamiento económico del territorio mediante el arrendamiento de pastos, cobro de impuestos y protección a sus pobladores.

Zamora, Salamanca y Valladolid, además de la ya citada sede de Consuegra. También recibieron algunas tierras como premio a su participación en la reconquista de las cuencas del Guadiana y del Guadalquivir, destacando el importante bailío de Lora, formado con las donaciones realizadas por Alfonso X.

En Aragón, su principal enclave fue el monasterio de Sijena, que contaba con cuatro entidades menores. Se convirtió en el más antiguo de la Orden en España, al haber sido fundado en 1118, y llegó a tener gran fama. Fue en este reino donde la Orden tuvo una verdadera importancia desde principios del siglo XIII. Se reclutaron tantos caballeros que pudieron rivalizar con los provenzales en la dirección

Iwglesia de la Veracruz, Segovia. Consagrada al culto el 13 de septiembre de 1208, su encomienda dependía de la colegiata de Toro, en Zamora. En la actualidad se encuentran en su interior las banderas de las distintas lenguas en que se dividía la Orden.

de la Orden. Buena prueba de ello fue que, tras el desastre de Hattin, dos catalanes fueran los responsables de los restos de los caballeros hospitalarios en Tierra Santa: frey Borrell, primero, y luego frey Armengol d'Asp, antiguo prior de la Castellanía de Amposta.

En territorios de la corona de Aragón, la Orden Hospitalaria fue la gran beneficiaria de la desaparición del Temple en 1312, pues poco después heredó la mayor parte de su patrimonio, especialmente en Cataluña y Aragón, porque como veremos, en Valencia, la creación de la Orden de Montesa perjudicó sus intereses.

La obtención de nuevas tierras procedentes del inmenso patrimonio de los templarios, muchos de ellos reconvertidos en hospitalarios, mejoró de forma notable la vertebración y la comunicación entre las posesiones sanjuanistas, que hasta ese momento habían estado muy dispersas en un territorio demasiado extenso. En concreto, fue la zona del valle del Ebro la más beneficiada, puesto que le permitió obtener encomiendas que unían tierras hasta el momento mal comunicadas entre sí, y aumentar a nada menos que a treinta y dos las encomiendas dependientes de la Castellanía de Amposta. Algo similar a lo que ocurrió en el Priorato de Cataluña, donde las circunscripciones comunitarias alcanzaron el número de veintisiete.

En el reino de Valencia, sin embargo, la situación fue completamente diferente, pues al disolverse el Temple, la mayor parte de sus caballeros se integraron en la Orden de Montesa, creada el 10 de julio de 1317 por el pontífice Juan XXII tras negociaciones entre Jaime II de Aragón y la Santa Sede, que recibió también sus propiedades. De esta forma los hospitalarios perdieron en el reino de Valencia todas sus posesiones, con minúsculas excepciones —Torrente y la iglesia y casa de la Orden en la propia ciudad de Valencia[77]—, y los reyes aragoneses se lucraron de la ayuda militar de la nueva orden peninsular.

El caso del reino de Navarra es especialmente interesante, puesto que de todos los reinos peninsulares fue en el que la Orden mantuvo una situación predominante. En la práctica los hospitalarios fueron la única milicia que logró disponer de una presencia señorial de cierta relevancia, lo que motivó la constitución de un priorato propio y que llegara a disponer de veintiocho encomiendas en el siglo xv.

La intensa participación catalano-aragonesa en la Orden continuó

---

77   La Orden de Montesa recibió los señoríos, propiedades y rentas de Cervera Villafamés, Onda, Burriana, Montroy, Silla, Sueca, Perpuchent y Denia.

con fuerza en los siglos XIII y XIV, especialmente desde el establecimiento de la Casa de España a finales del siglo XIII —la lengua de Aragón— y la elección en Rodas, en 1365, de frey Raimundo de Berenguer, un catalán, como maestre. Pero sobre todo, cuando ocupó el cargo el aragonés frey Juan Fernández de Heredia en 1377, uno de los maestres medievales de la Orden de mayor prestigio. Le seguirían tres maestres más en el siglo XV, hasta que en 1462, con el nacimiento de la lengua de Castilla, se separó la de Aragón en dos. Una para acoger a los caballeros de Castilla y Portugal, y la otra para los de Aragón, Cataluña, Mallorca, Valencia y Navarra. Lo que no impedía que el prior de Castilla y el castellano de Amposta colaboraran en las acciones militares más importantes de la Reconquista, como ocurrió en la del Salado en 1340[78].

Una de las características más notables de la Orden en España fue su intensa implicación en la política de los reinos a partir del siglo XIV, cuando sus priores se vieron envueltos, de forma constante, en las guerras civiles de Castilla y en los conflictos entre Castilla y Aragón. Fue algo inevitable desde el mismo momento en que los dos grandes prioratos españoles se convirtieron en importantes terratenientes, con poderosas fortalezas y castillos, ejércitos privados de cierta consideración y ricas granjas, tierras y encomiendas, ya que como es fácil de imaginar, fuesen cuales fuesen los bandos en conflicto, buscaron siempre el apoyo de los hospitalarios. Esta situación provocó incluso la participación militar de los caballeros en conflictos entre cristianos —algo todavía inusual—, bien por rivalidad entre las órdenes, bien por apoyo a uno de los bandos en las guerras civiles.

En cualquier caso, el inicio de la Edad Moderna, que comenzó acabada la Reconquista de la mano de los Reyes Católicos, trajo pocas novedades y cambios a la religión hospitalaria. Isabel y Fernando consiguieron la incorporación a la Corona de los maestrazgos de tres de las cuatro órdenes militares, pero no de la de San Juan, que gracias a su condición paneuropea mantuvo su independencia.

---

78 En 1340, después de la batalla del Salado, la sede en Portugal de los sanjuanistas se trasladó de Leça do Balio a Crato, cuyo priorato se convirtió en cabeza de la Orden. Todavía en la actualidad todos los caballeros portugueses son investidos allí.

LA CAÍDA DE ACRE

Cuando Luis IX abandonó Tierra Santa, el territorio cristiano era ya una diminuta franja en la que el rey de Chipre no lograba ejercer prácticamente autoridad alguna.

Como la práctica totalidad de los nobles se habían marchado ya a la isla mediterránea, las órdenes militares, que aún se sostenían en el interior, eran la única barrera ante la presión musulmana. Mucho mayor desde que el tercer sultán mameluco, Saif ad-Din Qutuz, derrotara el 3 de septiembre de 1260 —una fecha histórica para el islam[79]—, a los mongoles de Kitbuqa —el mejor general del *il-jan* de Irán Hulagu—, en la decisiva batalla de Ain Jalut —Fuente de Goliat—.

Por entonces, la tendencia autodestructiva de los cristianos levantinos llevaba años minando la complicada posición de los últimos enclaves cruzados. Los venecianos, apoyados por pisanos y provenzales, y aliados de los teutónicos, templarios y lazaristas, estaban enfrentados a catalanes, genoveses y hospitalarios, e incluso llegaron a combatir unos contra otros en Acre. Vencieron los hospitalarios y sus aliados, liderados por el eficaz maestre inglés que dirigía ahora la Orden de San Juan, frey Hugues de Revel, pero no sirvió para nada. Si acaso, para que los musulmanes vieran lo fácil que era expulsarlos a todos.

Dueños de la situación, y sin temor a los mongoles, lo mamelucos tardaron poco menos de cinco años en iniciar una ofensiva contra los restos de Ultramar que sería definitiva. La dirigió Baibars en 1265. Tras tomar Cesarea, sitió la fortaleza hospitalaria de Arsur, donde la guarnición contaba con doscientos cuarenta y seis caballeros. La lucha fue salvaje. Duró cuarenta días, con brutales combates bajo el alud de proyectiles que enviaban las catapultas y las máquinas de asedio musulmanas.

Los hospitalarios vendieron cara su piel y rechazaron asalto tras asalto, pero cuando ya habían caído noventa caballeros, el gobernador, sin confiar demasiado en el apoyo de la población, llena de civiles refugiados y musulmanes de lealtad dudosa, decidió rendirse.

---

79 La victoria musulmana acabó para siempre con el mito de la invencibilidad de los mongoles. Kitbuqa fue decapitado, y los capitanes *kipchaq* de los mamelucos jugaron con su cabeza un partido de polo. Una anécdota que mucho después —en 1890— utilizaría Rudyard Kipling en su obra *El hombre que pudo reinar.*

Creía que, como era habitual, los mamelucos los pondrían en libertad a cambio de una suma de dinero. Se equivocó, Baibars no pensaba andarse con tonterías. Los envió encadenados a El Cairo.

El verano de 1266 le tocó el turno a Safed, en Galilea, una fortaleza templaria que protegía ciento sesenta aldeas y villas. Esta vez las cosas fueron aún peor. Primero Baibars ofreció el perdón a los turcópolos, que comenzaron a desertar en masa. Luego, los caballeros se mostraron dispuestos a rendirse, pero el general mameluco les ofreció salvar su vida solo si se convertían al islam. Los templarios se negaron y Baibars ordenó que los despellejaran vivos y que sus cabezas decorasen los muros de la fortaleza.

A partir de ese momento la guerra se convirtió en una suma de atrocidades sin cuento que tardarían siglos en olvidarse. Tras tomar Jaffa y el castillo de Beaufort le tocó su turno a Antioquía, donde las hermanas sanjuanistas se cortaron las narices y desfiguraron sus rostros con tijeras para evitar ser violadas. Cuando los mamelucos tomaron la ciudad, todas ellas fueron ejecutadas junto a miles de hombres, y el resto de los habitantes —incluidos mujeres y niños— fueron vendidos como esclavos.

Todo el principado fue devastado en tres años. En 1268, solo Latakia, en la costa de Líbano, que Bohemundo VI había cedido en gran parte a los hospitalarios, permanecía en manos cristianas. Para entonces la Orden de San Juan solo tenía trescientos caballeros en Siria, y su maestre —todavía Revel— escribía desesperado a Europa para obtener refuerzos[80].

El 3 de marzo de 1271 los mamelucos se presentaron frente al Crac, el castillo que ni Saladino había podido tomar, el «hueso atragantado en la garganta musulmana». Lo defendían doscientos caballeros y sargentos y un puñado de mercenarios, al mando de Revel. El día 15, las catapultas derribaron parte del muro exterior, y el 26 abrieron una brecha en el del interior. Aunque los defensores lograron refugiarse en una de las torres, no les sirvió de nada. Desde el patio, donde los asaltantes consiguieron instalar sus catapultas, la machacaron con sus proyectiles, lanzados casi a bocajarro. El 8 de abril, tras aguantar doce

---

80   Luis IX falleció el 25 de agosto de 1270, mientras dirigía el sitio de Túnez, en lo que algunos historiadores, sobre todo franceses, denominaron la octava cruzada. En realidad, no era más que una acción para proteger los intereses de su hermano, Carlos de Anjou, rey de Nápoles, que quería evitar la competencia de los mercaderes tunecinos.

días de asedio en el tercer recinto, los caballeros se rindieron. La fortaleza más poderosa de Ultramar, símbolo del poder de los hospitalarios en Oriente, estaba ahora en manos del islam.

La flota egipcia llegó ese año incluso a atacar Chipre. Los barones francos la rechazaron con facilidad, pero les sirvió para justificar la defensa de su isla y abandonar Levante a su suerte. La llegada providencial de Eduardo de Inglaterra con algo menos de mil hombres ayudó, al menos, a prolongar el desastre por un tiempo. Hábil y enérgico, el príncipe inglés consiguió el apoyo de los mongoles que, en una devastadora incursión en Siria, dañaron lo suficiente a los mamelucos para que los cristianos ganasen tiempo.

Durante la década siguiente, las escasas posiciones cristianas continuaron en un profundo caos. En la práctica, una trágica y sombría

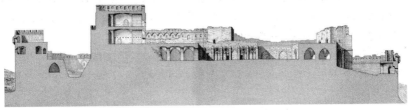

El Crac de los Caballeros, en Siria, una formidable construcción que llegó a resistir doce asedios. Constituyó la base principal de los hospitalarios en Tierra Santa. El tamaño de su doble recinto amurallado es casi el doble de grande que la mayoría de fortalezas europeas de la época. Contaba con un enorme foso e imponentes torres de defensa.

guerra civil sacudió Levante entre 1277 y 1282. Los comerciantes, los nobles y las órdenes se enfrentaban ya abiertamente, sin importarles lo más mínimo la amenaza islámica, solamente contenida por los éxitos locales de los mongoles, que entorpecían la retaguardia musulmana.

Eso permitió algunos brillantes éxitos de los hospitalarios, como el de la guarnición de Marqab, que en 1280 lograron una sorprendente victoria sobre un ejército turcómano al que masacraron con ayuda mongola. Les servía para acrecentar su leyenda y no ser exterminados, pero poco más. Al año siguiente, sufrieron una dura derrota en Homs, dirigidos por el prior inglés Joseph de Chauncy.

El 24 de julio de 1281 cayó la última ciudad del viejo principado de Antioquía, Latakia, que llevaba seis años pagando un tributo anual a Baibars a cambio de su libertad —ya no era importante y se la cedió al emir Sunkur de Damasco—. Cuatro años después, el 17 de abril de 1285, tras una fase en que la guerra disminuyó su intensidad, el sultán Qalawun apareció ante la fortaleza de Marqab. A pesar de la dura lucha de minas y contraminas[81] que se llevó a cabo, fue la única que tuvo alguna posibilidad gracias al eficaz uso que hicieron los defensores de su artillería.

A los veinticinco caballeros hospitalarios supervivientes el general Fajr al-Din Mukri les permitió lograr una capitulación honorable. Cuando se rindió el castillo el 23 de mayo, partieron hacia Tartas con todo lo que pudieron cargar. Aún les quedaban Trípoli y San Juan de Acre. Ambas eran espléndidas urbes, ricas, poderosas y bien protegidas. Rodeadas de fértiles campos y habitadas por miles de comerciantes, burgueses y nobles.

Ni siquiera en esas condiciones se dieron por terminadas las querellas y enfrentamientos entre cristianos en el reino de Jerusalén, que, aunque seguía existiendo formalmente, tenía a su soberano en Chipre. En 1287, pisanos y genoveses libraron una auténtica batalla en el puerto, un desastre en el que lo único que lograron las órdenes militares fue que los vencedores genoveses no vendieran como esclavos a los musulmanes a sus prisioneros pisanos.

En febrero de 1289 el sultán Qalawun se presentó ante la próspera Trípoli, una maravillosa ciudad llena de jardines, con fábricas de

---

81 Era algo terrible. No eran infrecuentes combates con dagas y cuchillos en oscuros túneles, que se inundaban de agua o llenaban de humo.

seda y famosas escuelas de artes y oficios. Sus defensores eran venecianos, genoveses, francos de Chipre y caballeros de las órdenes. Los hospitalarios estaban al mando de su mariscal, Mateo de Clermont. Las diecinueve catapultas pesadas con que contaban los musulmanes arrasaron las murallas y abrieron una brecha por la que penetraron los asaltantes, que masacraron a los defensores y a miles de civiles. Todos los supervivientes que no lograron escapar a Chipre fueron vendidos como esclavos[82].

Una absurda matanza de musulmanes en las calles de Acre, llevada a cabo por pendencieros cruzados llegados en 1290 del norte de

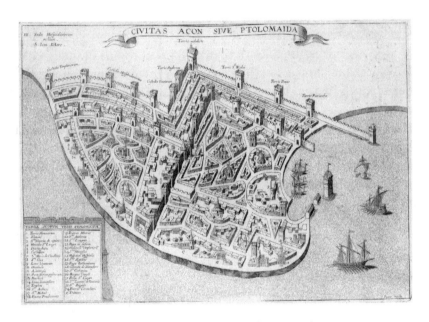

San Juan de Acre en 1291. Se aprecian perfectamente las posiciones fortificadas que defendían los hospitalarios y las de los templarios. Cuando los otomanos tomaron la ciudad, su gobernador, Ahmed al-Jazzar, decidió sepultar el principal edifico sanjuanista y erigir encima una ciudadela y un palacio. Los amplios y misteriosos túneles que pueden visitarse en la actualidad no son más que las galerías de la construcción original.

---

82   En abril de ese mismo año, Alfonso III de Aragón, enfrentado con los franceses y el papa, llegó a un acuerdo con el sultán por el que se comprometía específicamente a no ayudar a Acre si eran sus habitantes los que rompían la tregua. Cuando Aragón, Francia y el papado firmaron la Paz de Tarascón en febrero de 1291 ya era demasiado tarde para auxiliarla. No toda la cristiandad tenía los mismos intereses en Tierra Santa.

Italia, y fruto de años de odio irreconciliable, fue el principio del fin. Qalawun juró destruir la hermosa ciudad cristiana.

Aunque sus defensas, dotadas de murallas dobles y doce torres recientemente reforzadas, se consideraban inexpugnables, se intentó la negociación. En un primer momento, el sultán exigió una moneda de oro por cada habitante. Qalawun falleció en noviembre sin poder llevar a cabo su amenaza. Fue su hijo, Khalil Al-Ashraf, quien le había jurado a su padre en su lecho de muerte terminar la empresa que él dejaba inconclusa, el que la llevó adelante. Sin tiempo que perder, se puso a la cabeza de las tropas y reinició la marcha hacia Acre, al tiempo que escribió a los grandes maestres para advertirles que reconquistaría la ciudad para el islam. Enseguida demostró que iba en serio. A su paso capturó todas las caravanas que llevaban suministros y ayuda y a las patrullas de templarios que vigilaban la zona.

Tras los muros, los maestres del Hospital, Jean de Villiers, y del Temple, el anciano Guillermo de Beaujeu, habían hecho venir a sus mariscales, Mateo de Clermont y Pedro de Sevrey, con todas las tropas disponibles. También estaba presente el recién nombrado maestre de los caballeros teutónicos, Conrado Feuchtwangen, que había traído consigo muchos caballeros de Europa[83]. No había más que verlos a todos para comprender que el confort y la buena vida habían minado algo sus cualidades. Si seguían, o no, siendo unos combatientes formidables, iban a tener pronto ocasión de demostrarlo.

Junto a ellos formaba el contingente que había enviado el 15 de agosto de 1286, al mando de su hermano Amalrico, Enrique II, rey de Chipre y Jerusalén; las tropas que mantenía en la ciudad el rey de Francia desde la época de Luis IX, a las órdenes del senescal Juan de Grailly, y un grupo de ingleses dirigidos por el caballero suizo Otón de Grandson. En total unos dieciséis mil combatientes a pie y ochocientos jinetes, algo menos de la mitad de la población. Enfrente se encontraba ya el inmenso ejército de Khalil Al-Ashraf, muy superior al de los defensores[84], con cerca de un centenar de catapultas —se habla de entre setenta y cien—, y todo el tiempo del mundo.

---

83   La Orden de San Lázaro aportó treinta y cinco caballeros y la Orden inglesa de Santo Tomás solo nueve.

84   Debido a su organización es imposible cuantificarlo con exactitud. Muchos de los presentes no eran mamelucos y ni siquiera soldados profesionales. Las cifras del afamado historiador francés René Grousset, de 160 000 infantes y 60 000 jinetes, usadas habitualmente, son un disparate.

San Juan de Acre, situada de espaldas al mar, forma una pequeña península que domina la bahía y rodea por el sur, este y oeste el Mediterráneo. En la parte norte estaba el barrio de Montmusart y, hacia el sur, la muralla continuaba de este a oeste formando un ángulo, que terminaba en un saliente junto al mar dominado por la barbacana del Rey Hugo. El castillo del Rey, ocupado por la Orden de San Juan, estaba situado delante del barrio de Montmusart y pegado a la muralla interior.

La ciudad solo tenía tres puertas terrestres: la de Maupas, en el norte, dando acceso al Montmusart; la de San Antonio, en la parte central, junto al castillo; y la de San Nicolás, en la sección este. El Consejo de Acre determinó que la parte central de la muralla era la más vulnerable a pesar de contar con el mayor número de torres: la de la Condesa de Blois, la Inglesa, la del Rey Enrique, la Torre Maldita y la barbacana del Rey Hugo —donde se instalaron las tropas enviadas por el rey de Chipre—. El 7 de abril de 1291, en cuanto fracasó el intento cristiano de negociación, y visto que el sultán exigía la rendición incondicional, comenzó el asedio.

El batir de los tambores y el sonar de las trompetas musulmanas fue el preámbulo de los primeros disparos de las catapultas, que comenzaron a lanzar rocas y proyectiles incendiarios sobre los lienzos de las murallas. Arrasaron casas, iglesias, almacenes y torres, mientras miles de flechas disparadas por los arqueros obligaban a los defensores a ponerse a cubierto entre el humo de los incendios.

El día 18, después de once jornadas de combates y una salida fallida desde la Puerta de San Lázaro la noche del 15[85], hospitalarios y templarios lanzaron por sorpresa otro ataque nocturno desde la Puerta de San Antonio contra el campamento del ejército mameluco de Damasco, con el fin de destruir sus máquinas de guerra. Al principio tuvo éxito, pero tras horas de lucha, las fuerzas cristianas se vieron obligadas a replegarse, con dieciocho caballeros muertos.

Tras un mes de trabajo incesante, el 15 de mayo los zapadores musulmanes recogieron sus primeros frutos: el muro y la totalidad de las torres estaban horadadas. Su avance había sido tan espectacular que se encontraban casi debajo de la barbacana del Rey Hugo, que amenazaba con venirse abajo y tuvo que ser abandonada.

---

85   La protagonizaron caballeros del Temple, San Lázaro y Santo Tomás, que atacaron el campamento mameluco del ejército de Hama.

Para defender esa zona solo quedaba la torre del Rey Enrique. Ese mismo día las fuerzas de Al-Ashraf se lanzaron sobre la Puerta de San Antonio, situada junto al castillo y defendida por hospitalarios y templarios. Tras un duro enfrentamiento en el que se distinguió Mateo de Clermont, los atacantes fueron rechazados.

Durante esa semana los zapadores minaron también las torres Inglesa y de la Condesa de Blois. Ante el bombardeo incesante de las catapultas, toda la muralla exterior se derrumbó.

Mateo de Clermont, mariscal de la Orden de San Juan, defiende los muros de Acre, en 1291. Las órdenes militares combatieron heroicamente en un intento desesperado por impedir la pérdida del último puesto de importancia en la costa de Levante. Su caída en manos de los mamelucos de Egipto se considera el final de las cruzadas. Obra de Dominique Louis Papety, realizada en 1845. Palacio de Versalles.

El día 18, con los primeros rayos del sol, el sultán ordenó el ataque definitivo en todos los frentes. Los mamelucos atacaron de nuevo la Puerta de San Antonio y abrieron una brecha en la torre Maldita, lo que obligó a los defensores a replegarse hasta la muralla interior. Al mando de Clermont, hospitalarios, templarios y teutónicos lucharían juntos por última vez de forma inquebrantable para defender heroicamente cada metro de terreno contra el invasor infiel, en nombre de «la defensa de la fe cristiana contra todos los enemigos de la Iglesia». Allí cayó el mariscal, luchando con sus caballeros hasta el final. Ninguno de los freires desertó de su deber. Todos murieron rodeados de centenares de enemigos. Ya daba igual, pues más al sur, los ingleses de Otón de Grandson habían cedido ante el empuje atacante y perdido la torre de San Nicolás, que daba acceso a toda la zona.

Guillermo de Beaujeu intentó retomar la torre Maldita con solo doce hombres. En su camino se encontró con Jean de Villiers, y juntos, rodeados de sus últimos caballeros, avanzaron para enfrentarse a su destino. De Beaujeu murió a causa de sus heridas, y Villiers, muy grave, fue arrastrado por un grupo de ocho freires —los últimos, todos malheridos— hasta una de las carracas de la Orden que partían para Chipre.

San Juan de Acre estaba perdida. Mientras una parte de sus habitantes se unía a los soldados y a los caballeros para pelear hasta el final, otros muchos se lanzaron hasta el puerto para intentar escapar.

Grandes navíos esperaron en la costa a que los refugiados fueran transportados en barcos más pequeños hasta ellos. Algunos, sobrecargados, se hundieron, pero la mayoría consiguió su objetivo. Defendiéndolos y ayudándolos a escapar hasta Chipre, los hospitalarios se ganaron la estima de toda la cristiandad.

Cuando los musulmanes alcanzaron los muelles, como un castigo divino, se desató una imponente tormenta. En medio de la lluvia los implacables guerreros islámicos masacraron a miles de personas[86]. Todos los caballeros teutónicos, menos su maestre, murieron, y con ellos todos los caballeros de Santo Tomás y de San Lázaro. Por la noche, solo la enorme fortaleza templaria, defendida por doscientos caballeros, resistía a las fuerzas de Al-Ashraf. Lo hizo hasta el día siguiente.

---

86   Más de treinta mil cristianos fueron asesinados en los saqueos que siguieron a la caída de la ciudad.

En cuestión de meses, las ciudades restantes en poder de los cruzados cayeron con facilidad. Sidón, el 14 de julio, Jaffa, el 30, y Beirut, el 31. Tortosa, el 3 de agosto, y finalmente Atlit, el 14. Solo la pequeña isla de Arwad, o Rwad, en las cercanías de Tortosa, se mantuvo en manos cristianas hasta 1302. La Tierra Santa soñada por los cruzados había sucumbido.

Jean de Villiers llegó herido a Chipre, donde la Orden instaló su cuartel general. Enrique II les dio la bienvenida, pero rápidamente aparecieron graves tensiones entre él y los hospitalarios a medida que su número se incrementó con la llegada de nuevos caballeros europeos y la Orden comenzó a buscar una forma de actuar con independencia en la isla.

Chipre parecía una buena base para cualquier cruzada futura, por lo que se decidió construir un nuevo hospital en el puerto de Limasol. Para desgracia de la Orden, la isla no era muy fértil y las propiedades de que se disponía, pequeñas encomiendas locales, no generaban suficientes ingresos para mantener un contingente armado respetable. Además, la pérdida de Acre había reducido a una cantidad mínima la afluencia de peregrinos a Ultramar, con las pérdidas económicas que eso suponía, y se culpabilizaba de forma generalizada de la pérdida de Tierra Santa a las órdenes militares, a las que se acusaba de avaricia y de entenderse con el enemigo.

Todo ello no las hacía muy populares, por lo que el rey no lo dudó mucho más. En cuanto las cosas se complicaron, comenzó a alentar a los caballeros para que —por las buenas o por las malas— buscaran en otra parte una residencia permanente.

Guillermo de Villaret, que había sucedido a Villiers a su muerte, no solo no estaba dispuesto a iniciar otra confrontación, sino que, además, estaba convencido de que la invasión mameluca de Chipre era inevitable. Decidió el traslado de la sede de la Orden a la Provenza, pero los caballeros presionaron para que no lo hiciera, pues en ese caso se desvanecería la idea principal de mantener la lucha contra el islam. Se desechó también intentar un asentamiento en las costas de Cilicia y, por motivos políticos, se abandonó la idea de hacerlo en un territorio que se pudiese conquistar a los bizantinos.

Quedaba Rodas, donde reinaban los príncipes de la casa de Gualla, habitada por mercaderes musulmanes que comerciaban con la carrera de barcos del Imperio otomano. Era ideal. Una posesión bizantina en la que la autoridad del imperio era muy teórica, puesto que por entonces se trataba principalmente de una base pirata de la que tanto venecianos como genoveses intentaban apoderarse.

Villaret no lo pensó más. Aprovechó que, tras la caída de Acre, el papa había solicitado a la Orden que enviase a Chipre sus diez naves de guerra y, desde su base en la isla, las galeras hospitalarias, unidas a las de los templarios y a las de los cruzados francos, comenzaron a realizar acciones de depredación contra las costas de Siria y Líbano. No les fue mal. En 1300, la Orden, casi en exclusiva, controlaba y protegía el tráfico mercante entre las ciudades marítimas de Italia y Egipto, declarado ilegítimo por el papa.

Cinco años más tardaron en poder invertir los ingresos de sus ricas haciendas de Europa en una flota de guerra para poder llevar a cabo las ideas de los estrategas de la Orden, que veían su futuro en el mar. Los necesarios para que el papa les permitiera equiparse con una poderosa armada, algo a lo que el rey de Chipre se había negado. Una vez puestos en marcha, los hospitalarios iban a encontrar por fin su destino, combatir por la cruz en las azules aguas del Mediterráneo.

Los caballeros del mar

«Dios lleva a los hombres a las aguas más profundas,
no para ahogarlos sino para limpiarlos».

James H. Aughey

UNA ORGANIZACIÓN MILITAR

Al intensificarse las acciones bélicas de los hospitalarios a partir de la segunda mitad del siglo XII, lo hizo también su progresiva conversión en una eficaz fuerza de combate que exigía una organización cada vez más compleja. Ahora era muy importante contar con cuadros bien formados que permitiesen un comportamiento más eficiente de la Orden, que se había convertido en una sofisticada organización económica multinacional.

Se separó con claridad a los sacerdotes de aquellos que servían con las armas, y las diferencias entre caballeros y sargentos se hicieron más intensas. Hasta el punto de que, desde principios del siglo XIII, la filiación se fue convirtiendo en un asunto cada vez más importante, y la nobleza de sangre y el uso de las armas se valoró cada vez más. En 1262 ya solo un caballero podía ser maestre, un hecho que dejó apartados a los capellanes de los puestos más altos y que se vio reforzado cuando la Orden llegó a Rodas.

Igual que en el poderoso Temple, el poder supremo de la Orden de San Juan radicaba en un Capítulo General. Había además una asamblea más pequeña, el Capítulo Conventual, que tenía funciones de consejo privado del maestre, y que, de hecho, operaba con discreción y secreto. Existía uno por cada priorato o provincia y servía también para tratar sobre las apelaciones y los pleitos. Las finanzas de los prioratos las controlaba un órgano aparte: la Cámara del Tesoro.

El maestre, cargo principal de la Orden, era vitalicio y lo elegía un comité. Cuando los hospitalarios ocuparon Rodas, el maestre de San Juan —como el de los teutónicos en Prusia— se convirtió de hecho en un soberano más, solo que sin título. Su vida era similar a la de un monarca, en el sentido de que disponía de atribuciones sobre freires y territorio, su propia vivienda —cada vez más lujosa— y servicio[87].

El segundo en el mando, y sustituto del maestre en caso de ausencia, era el comendador. Su cargo era, en origen, meramente administrativo, pues se ocupaba de los suministros, los materiales y la administración de las propiedades de la Orden en Tierra Santa, pero desde principios del siglo XIII pasaron a depender de él todos los caballeros y el vital arsenal.

El mando militar lo ostentaba el mariscal, o segundo alguacil capitular, que dirigía al ejército cuando estaba en campaña si el maestre estaba ausente. Realmente era el comandante en jefe de las tropas hospitalarias. Su mando se extendía a todas las unidades armadas de la Orden en Ultramar, salvo al alguacil capitular y a los caballeros del círculo más próximo al maestre.

Del maestre dependían el resto de los altos jefes militares: el maestre de la caballería, el gonfalonero, el comandante de los alcaides de las fortalezas de San Juan y, desde 1303, el turcópolo y el almirante de la flota. Los alcaides de las fortalezas de Tierra Santa hasta 1304, cuando todos los puestos cayeron en manos musulmanas, dependían del mariscal, y llegaron a ser alguaciles capitulares. A partir de entonces se exigió que al menos hubiesen estado en la Orden cinco años.

La importancia del mariscal se traducía en los privilegios que disponía, como tener siempre a su servicio un turcómano, un conductor, dos escuderos experimentados y cuatro caballos —el de marcha, el *destrier* de batalla y dos bestias de carga—. Su opinión, siempre la de un experto en temas militares y estratégicos de Ultramar, era importante y se tenía en cuenta. Desgraciadamente para la Orden, durante todo el siglo XIII y principios del XIV, el cargo fue desempeñado por un número demasiado elevado de caballeros, lo que, a menudo, perjudicó las decisiones fundamentales que se tomaron.

---

87 Con el tiempo y los cambios de sede de la Orden, las casas de los grandes maestres acabarían convirtiéndose en auténticos palacios.

Como responsable de la organización militar podía disponer del arsenal, que incluía todas las armas menos las ballestas —no pasaron a su control hasta 1303—, y los establos, donde estaban los vitales e inmensamente apreciados caballos de guerra. Él era también el que recibía y controlaba todas las donaciones realizadas en Europa para el esfuerzo de guerra de la Orden[88].

El condestable era el siguiente oficial de alto rango. Solo se encargaba de las funciones administrativas de las campañas militares, para el correcto empleo de los recursos disponibles. Desde 1169 estaba subordinado al mariscal.

El maestre de caballería[89] era, normalmente, un experimentado sargento que, con el paso de los años, ya cargado de conocimientos de la guerra y buen conocedor de la Orden, se encargaba de los numerosos escuderos. También vigilaba a los mozos de cuadra y el orden en los establos.

El gonfalonero o portaestandarte era normalmente un caballero que había destacado en las artes de la guerra y recibía el premio de llevar la enseña sagrada de la Orden a la batalla. Desde 1206 dependía del mariscal, y con la intensificación de las exigencias de nobleza de sangre de la segunda mitad del siglo XIII, a partir de 1270, solo un caballero noble podía ejercer el cargo. Su importancia era notable, pues estaba autorizado a liderar cabalgadas o incursiones en territorio enemigo si no estaban presentes sus superiores —el maestre, su segundo y el mariscal—, algo lógico en quien venía a ser como un paladín de la Orden.

Existían también una serie de cargos menores: el turcópolo, que acabaría siendo un destacado puesto en los hospitalarios, según aumentó la importancia de los mercenarios; el comandante de la bóveda, responsable de los almacenes de víveres y materiales; y el vicemariscal y el almirante de la flota —cargo que se creó de forma oficial en 1300—. Con el tiempo y la intensificación de la guerra naval, el puesto de almirante pasó a ser, lógicamente, uno de los más importantes de la Orden.

Finalmente, además del prior conventual, que era el cargo principal desde el punto de vista eclesiástico, existían una serie de puestos

---

88   Con la excepción de los envíos que llegaban a las fortalezas de Margat y el Crac de los Caballeros, que eran autónomas.

89   Su puesto se confunde a menudo con el luego conocido como gran escudero, que era en realidad el jefe de los escuderos del maestre.

ocupados por civiles, pues al hacerse más complejas las finanzas y la estructura de la Orden era cada vez más importante contar con expertos que entendiesen los problemas de carácter administrativo y económico a los que se enfrentaba. De entre ellos destacaban el *drapier*, que tenía la responsabilidad de lograr toda la indumentaria precisa para los miembros de la Orden y sus colaboradores; el tesorero, que llevaba las finanzas; y el hospitalario, que dirigía el cuidado de los enfermos. Lugar aparte ocupaban lo que hoy llamaríamos especialistas. Puestos desempeñados por personas que no eran de la Orden, como el maestre de los sargentos, el de los ballesteros o el de los artilleros.

LA HORA DE LA GUERRA

Corría el año 1305 cuando frey Fulco de Villaret fue elegido maestre. Con su nombramiento quedaba claro que se optaba por el camino del enfrentamiento permanente con el islam. Villaret era lo que llamaríamos un «halcón» y propugnaba el inicio de inmediatos ataques contra Egipto, identificado, correctamente, como la potencia musulmana más importante y poderosa en aquel momento.

El papa Clemente V estaba en líneas generales de acuerdo con la idea del maestre hospitalario de atacar lo antes posible, con el decidido objetivo de reconquistar Tierra Santa. Más aún, teniendo en cuenta que el maestre del Temple también se mostraba de acuerdo.

Sin embargo, había un problema: la forma de llevar adelante el plan. No había similitud alguna entre el proyecto defendido por el líder templario y el del hospitalario, mucho más sutil, partidario de un trabajo meticuloso y preciso que se apoyase en operaciones pequeñas. Incursiones que tantearan las defensas enemigas, estudiaran su fuerza y su moral y, lo más importante, buscaran aliados entre los cristianos del reino armenio de Cilicia e incluso de los mongoles. Aunque ellos no parecían ser ya la fuerza demoledora de hacía unas décadas y, además, se estaban convirtiendo masivamente al islam.

La mayor diferencia entre los dos proyectos, y no dejaba de ser curioso, era que teniendo en cuenta la fama de los templarios en todo lo referente al dinero, fuese el plan hospitalario el que se apoyara más en la necesidad de contar con unas finanzas saneadas y una hacienda capaz de soportar el inmenso gasto de una campaña prolongada en Asia o el norte de África.

Para la Orden Hospitalaria el problema esencial seguía siendo Chipre y sus relaciones con los señores francos que gobernaban la isla, por lo que el Capítulo decidió poner en marcha cuanto antes la planeada invasión de Rodas, para tener una base sólida desde la que actuar sin interferencias. Rodas, en el Dodecaneso, próxima a Chipre y frente a las costas de Asia, tenía la ventaja de ser más fértil que Anatolia, y al mismo tiempo, al ser una isla, brindar

La quema y restitución de los huesos del Bautista. Los sacerdotes y los caballeros sanjuanistas formaban parte de la misma organización, y aunque los caballeros no compartían el estatus de los sacerdotes, pertenecían a un Estado clerical inusual tanto en la forma en que se percibían a sí mismos como en la forma en que lo hacían los demás. Obra de Geertgen tot Sint Jans realizada en 1485. Kunsthistorisches Museum, Viena.

mejor protección a los caballeros que la de una base establecida en el continente.

Es importante recordar que a principios del siglo xiv los cristianos occidentales tenían un absoluto control del mar, y que la idea de atacar o bloquear las costas egipcias, que los hospitalarios habían apoyado con entusiasmo, se apoyaba precisamente en esa superioridad que hacía que incluso el poderoso Estado mameluco dependiese, en cierto modo, de sus enemigos. Genoveses y venecianos eran los dueños y señores de las rutas comerciales de Occidente con Oriente, y aunque estuviese prohibido, también de todo el tráfico comercial que iba a Egipto. Desde la madera y el trigo hasta la venta de esclavos, esenciales para el mantenimiento del régimen y del ejército de los mamelucos, estaban controlados por las dos ciudades-Estado italianas.

La decisión por lo tanto de invadir Rodas tenía lógica, pero hacía entrar a la Orden, de lleno, en un mundo convulso y caótico. El Egeo era una mezcla de señoríos feudales occidentales o latinos, territorios bajo control bizantino y algunas islas o zonas costeras bajo control de los diversos grupos turcos que infestaban Anatolia desde hacía ya siglos. La piratería era endémica en la región, y las flotas de comerciantes italianos, provenzales o catalanes buscaban el apoyo de sus élites financieras y nobiliarias para obtener recursos militares que les permitiesen contar con bases sólidas desde las que proteger sus intereses. No iba a ser fácil convivir con ellos.

Venecia era una de las potencias interesadas en Rodas, pero también el Imperio otomano, que había instalado ya varias fortalezas y tomado el control de algunas zonas. Era pues preciso actuar con rapidez y eficacia, y hay que reconocer que Villaret lo hizo.

En junio de 1306, dos galeras de guerra y cuatro transportes, que habían salido de Chipre con rumbo desconocido tras un exhaustivo informe de sus agentes, aparecieron frente a las costas de Rodas. Eran solo treinta y cinco caballeros y quinientos infantes, reforzados por dos barcos de un aventurero genovés, Vignole de Vignoli, que vio que era posible prosperar si ayudaba los hospitalarios en su aventura[90], y llegaban eufóricos. Acababan de ocupar las pequeñas islas próximas de Kastelorizo y Cos.

---

90 De Vignoli tenía rango de almirante en la armada genovesa. Solicitó por su ayuda la isla de Lardos, un castillo de su elección y un tercio de las rentas que se obtuvieran en el resto de las islas.

El 20 de septiembre, después de algunos preparativos y de organizar su campamento principal, los hospitalarios tomaron Peraclos sin apenas resistencia, y el 25 lanzaron su ataque sobre el puerto de la capital. Una fortaleza de un tamaño considerable, cuya guarnición bizantina, como era de imaginar, opuso una dura resistencia al puñado de locos que los atacaba. Rechazaron el primer asalto, pero no consiguieron expulsar a unos hombres que estaban decididos a quedarse.

Un año llevaban en Rodas cuando, el 5 de septiembre de 1307, el papa Clemente V confirmó la cesión de la isla a la Orden sin que ni siquiera estuviera en su poder. Tras seis meses de lucha, la pequeña fuerza armada invasora, a pesar de su persistencia, estaba demasiado necesitada de hombres para lograr sus objetivos. Un problema que se resolvió cuando en octubre llegaron galeras de refuerzo desde Chipre, que ayudaron a tomar Lindos y a que el 11 de noviembre cayera Filermo, la principal fortaleza.

Aun así, la campaña fue larga. Los últimos defensores de Filermo se retiraron a las colinas y los hospitalarios tuvieron que perseguirlos hasta conseguir limpiarlas de todos los grupos de resistencia. Solo de esa manera pudieron aumentar la presión sobre la capital, que había sido reforzada por tropas griegas dispuestas a que el imperio siguiese siendo el soberano de la isla.

En abril de 1308, de una forma un tanto sibilina, Villaret le ofreció al emperador gobernar bajo su soberanía —no pensaba hacerlo, pero le servía para ganar tiempo—, una propuesta que Andrónico rechazó de forma tajante, y que le permitió al maestre continuar con sus planes sin temor a que el resto de la cristiandad pudiera poner objeciones.

A mediados de 1309, con la seguridad de que ya era solo cuestión de tiempo acabar con la escasa oposición restante, el Capítulo de la Orden se trasladó a la isla, y el 15 de agosto de 1310, con la ocupación de la capital, los caballeros dieron por terminada su conquista, que se convirtió de forma oficial en su nueva sede. En menos de tres años, con una operación combinada por mar y tierra que había sido una magnífica demostración de su capacidad de organización y actuación militar, los hospitalarios, a pesar de su escaso número, se habían hecho dueños de Rodas, Cos, Kastellorizo, Limonia, Alimnia, Halki, Symi, Tilos, Nisyros, Kalymnos, Leros y el puerto de Esmirna.

Occidente no puso ningún reparo —se había terminado con los asentamientos turcos, y los de Bizancio no importaban—, y el papa confirmó a la Orden la propiedad de todos los territorios al tiempo que la otorgaba el título de caballeros de Rodas, que se unía al anterior. Tampoco se opusieron en Rodas, convertida al cristianismo por San Pablo. Al contrario, los caballeros fueron bienvenidos.

Comenzaba una época de esplendor que empezó a dar resultados en 1311, cuando el primer hospital de la isla abrió sus puertas.

LOS CABALLEROS DE RODAS

Con un Estado propio y una marina de guerra, aún embrionaria, pero más fuerte cada año, la Orden de San Juan había logrado uno de sus objetivos más deseados: disponer de una base en la que operar al margen de las interferencias de soberanos hostiles o nobles feudales ambiciosos[91].

Para poder dotar a su «nación» de una base sólida, era preciso atraer población «latina» a la isla, que recibiese tierras a cambio de realizar un servicio de carácter militar a favor de la Orden. Los griegos que la habitaban no les servían demasiado. Estaban considerados cismáticos por los católicos y —sobre todo y en general— eran profundamente despreciados por los caballeros occidentales, que los consideraban un pueblo decadente y acabado.

Obviamente esas medidas exigían la transformación de la Orden en colonizadores, y que los prioratos de Europa comenzaran de inmediato una intensa labor de captación de nuevos residentes. Se logró gracias al buen momento que pasaba la tesorería, cuya situación económica había mejorado al no tener que hacer frente a los enormes gastos que suponía el mantenimiento de las poderosas fortalezas de Siria y de los ejércitos que las guarnecían, y a un regalo: la caída en desgracia de la Orden del Temple, cuyas propiedades, al ser disuelta por el papa, pasaron en muchos lugares de Europa directamente a manos de los sanjuanistas[92].

---

91   La Orden Teutónica hizo lo mismo en el Báltico, Prusia y Livonia. El Temple nunca tuvo una sólida base territorial, algo que, finalmente, fue una de las causas de su ruina.

92   El papa Clemente V publicó el 2 de mayo de 1312 la bula que decretaba la concesión de todos los bienes de los templarios a los caballeros de Rodas. A excepción de algunas de sus posesiones en España y Portugal que se cedían a dos órdenes nacidas de las cenizas de los templarios: Montesa y la Orden de Cristo.

Con la riqueza de los templarios, las donaciones de adinerados benefactores y las rentas de sus propiedades en Europa, la Orden prosperó de manera insospechada. Se inició la construcción de una impresionante flota y se edificaron una treintena de magníficas fortalezas capaces de soportar largos asedios para proteger la isla de las invasiones turcas o de los piratas. El primer problema surgió por culpa de Villaret, que se comportaba como un verdadero déspota y cuyo desprecio por los isleños era ya demasiado evidente.

Los rodios, sometidos por los caballeros a un auténtico *apartheid,* que como era de esperar soportaron muy mal, iniciaron una revuelta en 1317. Fue fácilmente sofocada, pero encendió la alarma en los dignatarios de la Orden, pues bajo ningún concepto se podía permitir una situación en la que los griegos acabasen prefiriendo a los turcos antes que a los occidentales.

El propio papa Juan XXII tuvo que intervenir para evitar los abusos sobre la población local y, en 1321, Villaret fue obligado a dimitir. Lo sustituyó Helion de Villeneuve, quien de inmediato se puso manos a la obra para convertir al «refugio» de Rodas en un verdadero hogar. Un lugar en el que los ideales de la cruzada y de la noble caballería, que se iban perdiendo en Europa, tuviesen acogida. Donde la nobleza de sangre y armas, amenazada en el continente por el ascenso de una emergente burguesía de comerciantes, pudiese encontrar su lugar.

Una de sus primeras medidas fue dotar a la isla de un régimen interno de vida que permitiese la convivencia entre los caballeros —que eran sus señores, pero al fin y al cabo monjes—, la población civil llegada de los reinos y Estados de Europa Occidental donde la Orden tenía sus prioratos y los habitantes griegos de la isla, que eran mayoría y, aunque siguieran otro rito, no dejaban de ser cristianos.

Miles de europeos se instalaron en Rodas a lo largo del siglo XIV. La mayor parte eran provenzales, franceses e italianos, y en menor medida catalanes. Muchos eran mercenarios que siguieron en la isla como colonos cuando acabó su contrato, pero con ellos había mercaderes, marineros, artesanos, artilleros, contables, abogados, escribanos y herreros. No fueron los únicos. También llegaron maronitas, armenios, coptos y otros cristianos orientales que deseaban abandonar los territorios de mayoría musulmana. Todos, unidos a la eficiencia y buena administración de la Orden, cada vez más poderosa, hicieron progresar la isla hasta extremos nunca imaginados. Rodas se convirtió en uno de los principales centros comerciales del Mediterráneo oriental.

El que la población fuese cristiana —ortodoxa o latina— hizo que todos los habitantes de los territorios de la Orden en el Mediterráneo tuviesen, en principio, un interés en común, su defensa ante los turcos. El problema era que, a pesar de los intentos de llegar a algún tipo de colaboración, los caballeros continuaban siendo incapaces por su educación, cuna e ideología de considerar a los griegos como sus «iguales»[93]. Cuando la Orden acabó de acondicionar las murallas de la capital, la primera medida fue expulsar a todos los habitantes locales a un suburbio exterior, pero eso sí, se les dotó de unas buenas murallas que los protegiesen en el supuesto de un ataque enemigo. No era generosidad cristiana, sino la necesidad de «proteger el rebaño propio de los lobos».

Que la población griega fue marginada frente a la latina es algo que se ve perfectamente en los registros de sus propiedades. Pero no solo eso, hasta 1462 una parte notable de las familias griegas fueron sometidas a la *servitudo marina*, que obligaba a parte de sus miembros a servir en las galeras de la Orden[94]. Por supuesto, los freires de San Juan exigieron también que el clero ortodoxo de la isla reconociese la supremacía del papa. Con el tiempo lo consiguieron en los núcleos urbanos, pero jamás en el campo. Lo que sí se logró fue imponer la estructura feudal de estilo francés.

Desde un punto de vista meramente estratégico, Rodas fue una adquisición formidable. De tres kilómetros de ancho y setenta y dos de largo, nada más tenía una auténtica ciudad, la capital. Su clima era magnífico, el suelo muy fértil, y la dividía una dorsal de colinas que hacían difícil la comunicación entre ambas mitades si no se hacía por mar. Además, desde la isla se controlaban cientos de kilómetros de costa turca.

Sin duda había sido una buena elección. Pronto se convertiría en una base formidable para atacar a los enemigos de la cruz. De Egipto a Siria, y de Líbano a Anatolia, los musulmanes iban a sufrir el ataque de las naves de guerra de los «sabuesos del diablo», que desde su

---

93   De hecho, su concepto de superioridad no hizo sino acrecentarse. Llegó a su cenit tras el sitio de 1565. Los caballeros de Malta, a pesar de su supuesta humildad, eran la quintaesencia de la limpieza de sangre y la nobleza de estirpe, que en ellos llegó a ser algo casi enfermizo.

94   La norma se suprimió, pues estaba acabando con la población. Miles de hombres escapaban de la isla para no ser sometidos a este vergonzoso sistema, y las mujeres apenas encontraban con quién casarse.

«cueva» arrasarían su tráfico mercante y sus costas, esclavizarían a sus poblaciones y destruirían sus puertos. Había nacido el segundo de los «Estados-orden», no tan extenso como Prusia o Livonia, pero igual de poderoso, e igual de temible.

NUEVOS HORIZONTES

La conversión que tuvo la Orden en Rodas para llegar a ser una potencia naval no fue algo inmediato. Exigió muchos y notables cambios en su estructura interna sobre los que, habitualmente, los historiadores pasan de puntillas. Está claro que lo que había ocurrido con los templarios tuvo consecuencias, y la posibilidad de que un rey pudiese comportarse al estilo de Felipe IV de Francia actuó como acelerador de las reformas estructurales.

En 1299, casi una década antes del desembarco en Rodas, y ocho años después de la caída de la Siria franca, el almirante de la flota de San Juan fue ascendido al cargo de bailío conventual, por lo que ya, al menos de forma casi inconsciente, los altos dignatarios de la Orden sospechaban de la futura importancia del cargo. Algo parecido, pero a otra escala, de lo que ocurrió con el turcópolo, que fue convertido en el responsable de la defensa costera de las fortalezas chipriotas, al tiempo que continuaba con el control de las tropas mercenarias, una dualidad que mantuvo en Rodas.

En la nueva sede mediterránea, la incorporación de caballeros siguió su curso habitual, con las exigencias de nobleza ya comentadas, cada vez más rígidas. También se mantuvo la división por «casas» o «lenguas». En el siglo XIV se establecieron siete[95]:

- Lengua de Provenza: Francia meridional, con grandes prioratos en Toulouse y Sant-Gilles.
- Lengua de Auvernia: Francia central, con gran priorato en Bourganeuf.

---

95   En 1462 la lengua de Aragón se separó en dos, y nació la «lengua de Castilla» —Priorato de San Juan—, que incorporaba Portugal —Priorato de Crato—. Así, las lenguas pasaron a ser ocho.

- Lengua de Francia: Francia septentrional, dividida en tres grandes prioratos.
- Lengua de Aragón: península ibérica y Baleares, con grandes prioratos en Aragón, Castilla, León, Navarra y Portugal.
- Lengua de Italia: grandes prioratos de Messina, Barletta, Capua, Roma, Pisa, Milanesado y Venecia.
- Lengua de Inglaterra: islas británicas, con el Gran Priorato de Inglaterra —incluía Escocia e Irlanda—.
- Lengua de Alemania: grandes prioratos de Bohemia, Alemania septentrional, Alemania meridional, Dacia —Transilvania[96]—, Valaquia, Moldavia, Suecia, Polonia y Hungría.

Durante el primer siglo de estancia en Rodas, hubo un aumento notable del ingreso de italianos y de aragoneses —en sentido amplio, pues la mayor parte eran catalanes, mallorquines y valencianos—, lo que alteró de forma notable la composición de la Orden. Por primera vez se amenazó el control absoluto que ejercían los franceses, especialmente los provenzales, que durante setenta y ocho años había provocado que todos los maestres fueran originarios de esa región. Casi un accidente, porque por supuesto los franceses, en sus tres lenguas, siguieron siendo mayoritarios. El resto de los caballeros procedían de Inglaterra, Escocia, Portugal, Alemania y Hungría, y en mucha menor medida de Polonia, Dinamarca y Bohemia.

El comandante de cada *langue* en Rodas tenía el rango de prior conventual, y si bien no era un dignatario de la Orden al mismo nivel que los priores provinciales, poseía un cargo muy importante. Para intentar equipararlo, y de forma semioficial, se acordó un reparto de cada *pilier*. Así, el comendador mayor era de Provenza; el mariscal, de Auvernia; el hospitalario, de Francia; el almirante, de Italia; el *drapier*, de Aragón; el turcópolo, de Inglaterra; y el bailío mayor, de Alemania.

Todos los hermanos se congregaban en el Capítulo General, que cada vez se fue reuniendo menos, pues al poder acudir a él absolutamente todos los miembros, se convirtió en lugar de frecuentes discusiones, incidentes e incluso actos violentos.

---

96 Transilvania fue colonizada por sajones en el siglo XII, que constituyeron una importante minoría hasta el siglo XX. En la práctica, la totalidad de miembros de la Orden reclutados en lo que hoy es Rumania eran, por su etnia, alemanes o húngaros. No había valacos ni moldavos.

El día a día en Rodas se dirigía a través del Consejo Venerable. En él estaban presentes los oficiales mayores de la Orden, lo que lo convertía en su órgano más importante, al menos de cara a lo que era el establecimiento de la política general y los objetivos generales. Luego estaba el Sagrado Consejo, que agrupaba a los bailíos, oficialmente los europeos y los sirios —si bien, obviamente, desde 1291 los últimos eran nominales—, menos el de Armenia, que no se restableció hasta 1347.

No era fácil convertirse en bailío, pues era preciso pasar al menos quince años en Rodas. Eso era algo interesante desde el punto de vista interno, pues garantizaba una notable experiencia y conocimiento de la realidad política de la Orden. Ser un oficial mayor era también importante, y se reflejaba incluso en la indumentaria exterior, puesto que llevaban en su veste una cruz más grande. Esa fue la razón por la que comenzaron a ser conocidos como «bailíos de la gran cruz».

Los caballeros de la Orden de San Juan, junto a Constantino III, restauran en 1347 la religión en Armenia, arrasada por incursiones mamelucas. Los puestos en Siria y las siete encomiendas que había en Chipre se repartieron a la manera tradicional entre todas las lenguas. Obra de Henri Delaborde realizada en 1844. Palacio de Versalles.

LA CRUZ Y LA ESPADA

Durante los primeros años del siglo xiv los Balcanes y el Egeo vivían en el caos. Dividida la cristiandad latina en decenas de microestados y señoríos, los caballeros de Ultramar, ya fueran franceses, italianos o españoles, estaban en guerra frecuentemente entre ellos, y también con sus vecinos griegos —bizantinos—, turcos, albaneses o eslavos. En ese territorio desordenado, y en guerra, las órdenes militares —no solo San Juan, sino también los teutónicos— disponían encomiendas que se encontraban frecuentemente amenazadas por todo tipo de enemigos.

Chipre era el vecino más poderoso de Rodas y, a pesar de las diferencias, el aliado más rico y fuerte de la Orden. Llenos de melancolía por la pérdida de la Siria franca, sus reyes mantenían los títulos de príncipes de Antioquía o Tiro y de reyes de Jerusalén. Aunque con un ejército muy pequeño, y no demasiado combativo, pues sus señores —en magníficos palacios, villas y casas fuertes, entre jardines y viñedos— pensaban que la saneada economía de la isla era suficiente para la contratación de mercenarios y el apoyo estratégico a los caballeros.

El otro Estado cristiano, más o menos aliado, era Armenia, pero sus feroces montañeses eran inestables, brutales y de lealtad dudosa. No soportaban los intentos constantes de los occidentales de someter su Iglesia a Roma, lo que hacía que sus orgullosos nobles aceptasen malamente la ayuda de los occidentales —que rara vez pedían y ni siquiera agradecían—. Ni qué decir tiene que su valor, sus enclaves fortificados costeros y sus castillos hubiesen sido de gran ayuda para la Orden, pero era complicado mantener una alianza con ellos. Tiempo tendrían en el futuro de arrepentirse.

Dedicados en un principio al transporte de peregrinos, los barcos de la Orden no eran al principio naves propiamente de guerra. Se limitaban a defender a comerciantes o a realizar tímidos ataques contra barcos aislados. Pero, como si se tratase de un examen, su capacidad real de combate fue puesta a prueba durante toda una década tras su establecimiento en Rodas.

Las galeras sanjuanistas, ligeras, rápidas y muy maniobrables, aún tardarían algún tiempo en convertirse en las armas mortales que querían sus capitanes, combatientes feroces y motivados, aunque ya por entonces comenzaron una tímida campaña de acoso a las flotas musulmanas. Con tripulaciones de no más de veinticinco hombres, a los que se sumaban algunos ballesteros, disponían de artillería, catapultas capaces de lanzar proyectiles incendiarios o piedras con la fuerza suficiente para romper el costado de un buque, y una gran ballesta con la que disparaban espolones de hierro montados sobre un tronco, con el que producían enormes daños al enemigo.

También usaban con profusión arpones y garfios con los que atrapar al buque y enfrentarse a él en un enredo mortal del que no pudiese escapar pues, por regla general, el objetivo no era hundir al barco atacado —algo realmente muy difícil—, sino abordarlo y acabar con sus defensores, dada la inmensa superioridad de los caballeros de San Juan en el combate cuerpo a cuerpo.

En 1319 se produjo el primer combate serio, cuando la flota del comendador mayor Albrecht von Schwarzburg, que escoltaba al gobernador genovés de la isla de Quíos, fue atacada por una flota turca. La batalla fue durísima. Seis barcos enemigos consiguieron escapar solo para ser hundidos la mayor parte de ellos durante la noche siguiente. Fue una humillante derrota para los turcos, pero, sobre todo, una sorpresa para la cristiandad que se confirmó en junio del año siguiente, cuando los turcos se presentaron con ocho grandes galeras y bloquearon el puerto de Rodas.

Von Schwarzburg, emparentado con la casa real imperial, no era precisamente un hombre que se arredrara ante las dificultades. Salió a mar abierto con sus cuatro galeras y otros navíos más pequeños que encontró en el puerto y se lanzó sobre la flota de bloqueo. Tras una lucha salvaje, los ballesteros, sargentos y caballeros acabaron con todos los barcos enemigos, que resultaron hundidos o capturados al abordaje, y la totalidad de la fuerza de desembarco, que estaba en una isla cercana, fue cercada y obligada a rendirse.

Con los mamelucos tranquilos, aunque fuertes y poderosos, los enemigos más importantes pasaron a ser los fanáticos *ghazis* —guerreros de la fe—, que gobernaban pequeños emiratos de Anatolia. Los principales eran los karamans, los germaniyans y, sobre todo, los osmanlíes, que agrupaban a los guerreros más ambiciosos. Ese fue el caso de Orhan, un sultán que en 1326 capturó Bursa y en 1329 Nicea, para apuntar después a los Balcanes como objetivo. Muy numerosos, organizados y magníficos combatientes, los turcos se convirtieron a gran velocidad en el poder dominante de la región, sin que les costara mucho empujar a los restos del Imperio bizantino cada vez más hacia el este.

Mientras el poder turco crecía en tierra, y comenzaba a asomarse a un mar más bravío de lo imaginable y frecuentemente azotado por tormentas que se presentaban de pronto, los caballeros de la cruz blanca y la veste roja aprendían más y más cada día que pasaban embarcados para, poco a poco, convertirse en maestros de la navegación.

En 1334 la flota de la Orden estaba preparada para pasar a la ofensiva. Se unió a un grupo de cruzados italianos, franceses, latinos de Chipre y venecianos, y emboscó a la armada de Yakshi, emir de Marmora, junto a la isla de Episkopia, en el Negroponto. La gigantesca batalla naval, en la que se hundieron un centenar de barcos turcos, duró nueve jornadas. Fue un desastre tan grande para los musulmanes que dio a los caballeros de Rodas el dominio del mar por una década. Durante este tiempo, los hospitalarios, ya finos navegantes, pero igual de brutales, agresivos y valientes que siempre, se convirtieron en los reyes del mar, como lo demostró en 1342 el prior catalán Pere-Arnal de Pere Tortes[97], que arrasó en Imbros a la flota turca destruyendo al menos otras cien de sus galeras.

Los agentes del papa Clemente VI en Oriente le informaron en 1344 que el sultán Umur de Aydin estaba dispuesto a armar una flota para transportar un ejército hasta la molesta isla. La llamada del papa para su defensa tuvo una sorprendente acogida y nació una liga de «naciones» latinas, que contó con barcos de Chipre, Venecia y la Orden de Rodas, como ya era conocida en todo el Mediterráneo. Al mando de las veinte galeras de la flota aliada[98] estaba el prior de San Juan en Lombardía, frey Gian de Biandra, que atacó el castillo principal de Umur en Esmirna, arrasó su flota —afirmó haber convertido en cenizas trescientos buques— y dio muerte al año siguiente a Umur, cuando intentó reconquistar la ciudad. Estaba claro que los

---

97 Durante el siglo XIV otros dos españoles ocuparían también el cargo de capitán general de galeras: Raimundo Berenguer, en 1357, y Juan Fernández de Heredia, en 1376.

98 Cuatro del papa, cinco de Venecia, cuatro del rey de Chipre, seis de la Orden de Rodas y una de Nicoló Senucio, señor de las islas de Milos y Paros. Es curiosa la amenaza implícita de Clemente VI al gran maestre Helion de Villeneuve, al comunicarle el 8 de agosto de 1343 la organización de la flota. Le advierte de que: «Algunos hermanos nuestros, cardenales de la santa romana Iglesia, nos han persuadido algunas veces de que el gasto de las cuatro galeras papales debería estar a cargo del Hospital, pues a costa de vuestra religión se podría tener una armada entera cómodamente, ya que muchos afirman que tenéis mayor tesoro que toda la Iglesia de Dios».

caballeros de Rodas se estaban convirtiendo en un problema para la expansión del islam en Europa[99].

La década de los sesenta, a pesar de los daños de la peste, comenzó con muy buenos auspicios. Por primera vez en mucho tiempo, había accedido al trono de Chipre un monarca combativo y dispuesto a que los cristianos recuperaran la iniciativa, e incluso la propia Jerusalén. Era Pedro I, además de buen guerrero, un hombre audaz y comprometido con una causa en la que creía.

La toma el 28 de octubre de 1344 del castillo que defendía el puerto de Esmirna, en Anatolia. En el centro, sobre la galera, Gian de Biandra, prior de Lombardía. La ciudad se mantendría durante más de cincuenta años en poder de la Orden. Obra de Charles Alexander Debacq realizada en 1845. Palacio de Versalles.

---

99   La flota fija de la Orden nunca fue muy numerosa. No pasó de una o dos carracas, entre seis y diez galeras y algunas naves auxiliares menores como galeotas, fustas, jabeques y bergantines. Cuando necesitaban más barcos se los arrendaban a Génova o a Pisa.

Antes de partir a Europa, en 1361, para buscar ayuda e iniciar una nueva cruzada, el rey de Chipre envió ayuda a los armenios, y con el apoyo de una flota de caballeros de San Juan arrasó la base pirata de Adalya, donde los *ghazis* capturados fueron arrastrados por el suelo atados a las colas de los caballos. Sin duda, el rey Pedro buscaba ser conocido y hacerse respetar.

De vuelta a Chipre, cuyas costas estaban siendo atacadas por corsarios turcos, agrupó su armada y se unió a barcos de Venecia y de Rodas, al mando de su nuevo almirante, frey Ferlino d'Airasca. Navegaron hasta Alejandría, donde sorprendieron completamente a los mamelucos. La lucha fue durísima. Los defensores emplearon desde plomo derretido a aceite hirviendo, además de bombas de gas sulfuro y amoniaco y humo. Hasta que un pequeño grupo de atacantes logró forzar la entrada de la ciudad a través de las alcantarillas y abrir una de las puertas de la muralla tras acabar con sus defensores.

La gloria con la que se cubrieron los caballeros de San Juan durante el combate se vio oscurecida por los brutales sucesos posteriores. Los cruzados mataron alejandrinos hasta hartarse y cometieron todo tipo de excesos entre sus víctimas: veinte mil hombres, mujeres y niños. Tal vez el rey Pedro, a pesar de su dureza y crueldad, hubiese podido llevar adelante sus objetivos, pero en 1369 fue asesinado cuando estaba con una de sus amantes.

Alejandría fue sin duda una victoria pírrica, pues las bajas de La Religión durante el ataque y el temor a las represalias turcas provocaron que el gran maestre tuviera que realizar un llamamiento general a todos los caballeros de Occidente para ir a defender la isla. No se produjo, pero sirvió para tomar la decisión de que Rodas contara con una defensa permanente de cien caballeros con sus caballos, armas y criados. Treinta y siete eran de las lenguas de Italia y Alemania y setenta y tres de las de España y Francia, lo que demuestra el papel predominante que comenzaba a tomar España en la Orden.

Posición que se vio plenamente confirmada en 1374, cuando fue elegido maestre el aragonés Juan Fernández de Heredia[100], que ocu-

---

100 Juan Fernández de Heredia, nacido en Munébraga, Zaragoza, en 1310, era capitán de la guardia del papa y un guerrero formidable que combatió en Creçy en 1346 —donde salvó la vida del rey de Francia—, y con sesenta y siete años mató en combate al emir de Patrás, al que decapitó de un golpe de espada. Muy hábil políticamente, subió lentamente hasta el poder, apoyado por amigos que le debían notables favores. Casado dos veces, sus hijos fueron adoptados por su hermano.

paría el cargo de 1377 a 1396. Prototipo del caballero cristiano, buen financiero y administrador, sería un servidor esencial del pontífice de Aviñón[101].

Además de perfeccionar las fortificaciones y el puerto de Rodas, Heredia adquirió Acaya, Grecia, en 1377, y ayudó a los venecianos a recuperar Lepanto, donde cayó en una emboscada de bandas de guerra albanesas, que lo capturaron, y lo tuvieron preso un año. Por entonces estaba en Morea, Grecia, la Compañía Navarra[102], que había llegado en 1378 al acudir a la llamada de Gaucher de La Bastide, prior de los hospitalarios en Toulouse —perteneciente a la lengua de Provenza—, comandante del principado de Acaya y legado de Nerio I Acciaioli, un poderoso mercader florentino. Para su defensa, Gaucher contrató a Mahiot y a los hombres que le quedaban por un periodo de ocho meses, que coincidieron con el periodo de cautividad al que fue sometido el gran maestre.

Tras la liberación de Heredia la Orden abandonó sus puestos en Acaya, al tiempo que el papa de Roma nombraba maestre al prior de Capua, frey Ricardo Caracciolo. Podría haber supuesto un gran problema si no hubiera sido porque el convento se mantuvo fiel a Heredia, consciente de que el islam avanzaba de forma irresistible hacia los Balcanes encabezado por el Imperio turco y el sultán Bayaceto I, que derrotó en 1389 a los cristianos orientales en Kosovo.

Con el estrepitoso fracaso de la cruzada antiturca que había promovido el papa, y a pesar de los éxitos en el mar de los hospitalarios,

---

101 El papa Clemente V se trasladó a Aviñón, un territorio papal adjunto a Francia, en 1309. Roma era peligrosa y, además, desde allí podía intentar reconciliar a Francia y a Inglaterra para que lo ayudaran a preparar otra cruzada para recuperar Tierra Santa. Durante los años siguientes Juan XXII y Urbano V mantuvieron esa misma sede de forma temporal, y Gregorio XI decidió volver a Roma en 1376. A su muerte, en 1378, se produjo el Gran Cisma de Occidente, durante el que hubo un papa en Aviñón, reconocido por Francia, España y el reino de Sicilia, y otro en Roma, reconocido por Italia y otros países. Esta situación se mantuvo hasta 1417, cuando tras una serie de concilios se llegó al acuerdo de elegir a Martín V y destituir a todos los demás.

102 La Compañía Navarra, un grupo mercenario, nació al mando del conde de Beaumont-le-Roger, duque de Durazzo por su matrimonio, y hermano del rey de Navarra, para recuperar este señorío latino. En 1376, tomaron Durazzo y restablecieron el reino de Albania. Luis murió ese mismo año, dejando a la compañía sin trabajo, por lo que se pusieron bajo las órdenes de Pedro IV de Aragón en 1377, y se reorganizaron en cuatro compañías, mandadas por los gascones Mahiot de Coquerel y Pedro de la Saga, y los navarros Juan de Urtubia y Guarro.

la progresión otomana, como una marea imparable, continuó. Bayaceto convirtió a la vieja Adrianópolis —Edirne— en su capital, destruyó los reinos búlgaro y serbio y conquistó Grecia. Palmo a palmo avanzaba hacia Constantinopla.

Desesperadamente los líderes cristianos intentaron organizar un gigantesco ejército dirigido por Segismundo I, rey de Hungría —el futuro emperador del Sacro Imperio—, que pudiese enfrentarse con éxito a la progresión turca. Estaba listo en 1396, el mismo año en que falleció en Aviñón el muy respetado Heredia. Lo formaban principalmente borgoñones, franceses y húngaros, y había en menor medida italianos, alemanes, ingleses, españoles, checos, polacos, moldavos, valacos y transilvanos. Para apoyarlo, la flota de la Orden, al mando de su nuevo maestre, Philibert de Naillac, cruzó los Dardanelos, el Bósforo y el mar Negro para remontar el Danubio y unirse a las escuadras de Venecia y Génova.

Bayaceto, con un contingente de caballería pesada serbia, aplastó al ejército cruzado. Fue un desastre de tal magnitud que la galera de Naillac tuvo que recoger a Segismundo y trasladarlo a Rodas para su protección. Todos los prisioneros fueron ejecutados en una matanza que duró un día entero. Solo se salvaron los trescientos nobles más poderosos y adinerados. La derrota sería el final de los territorios latinos de Grecia, que en los años siguientes caerían en manos turcas uno por uno.

Los hospitalarios intentaron comprar algunas posesiones en el continente antes de que fueran sometidos. Lo intentaron en Mistra, que no les aceptó, y en Corinto, donde fueron bien recibidos. Unos años después el maestre se lo revendería a los bizantinos, cuando llegó un nuevo enemigo que venía del este y las cosas cambiaron.

El 20 de julio de 1402, en la llanura de Çubuk, al noroeste de la actual ciudad de Ankara, en Anatolia, el sultán Bayaceto y su ejército fueron barridos por las hordas mongolas de Tamerlán —Temür Lenk—. La que se conocería como batalla de Angora dejó en el campo treinta mil turcos muertos y llevó al sultán a ser exhibido por toda Asia en una jaula. Un desastre, esta vez de los otomanos, que prolongó aún más la lenta agonía del Imperio bizantino y de los restos del Oriente latino. Pero, sobre todo, un grave problema para los caballeros de Rodas, pues los vencedores alcanzaron Esmirna el 2 de diciembre.

Los doscientos caballeros y sargentos, más los pocos mercenarios de guarnición, poco pudieron hacer ante miles de sitiadores equipados con máquinas de asalto y catapultas pesadas. El líder de los defensores, frey Íñigo de Alfara —de la lengua de Aragón—, animó a sus hombres a una defensa feroz, en espera de la llegada de la flota de sus hermanos. Las crónicas de la Transoxiana[103] dicen que los caballeros combatieron «como demonios enfurecidos», y que resistieron todos los asaltos, mientras los zapadores mongoles minaban los muros y nubes de flechas oscurecían el cielo.

Tras dos semanas de combates, la flota hospitalaria alcanzó Esmirna, pero los sitiadores, en un último esfuerzo, lograron abrir una brecha en las murallas. Mientras comenzaba el tradicional saqueo y la posterior matanza, los últimos defensores se lanzaron al agua para alcanzar las galeras que se habían aproximado a la costa. Muchos lograron subir a bordo, a pesar de la lluvia de proyectiles. Cuentan los relatos que, al verlos escapar, los tártaros utilizaron las catapultas para lanzar sobre la flota las cabezas de los defensores muertos.

La muerte de Bayaceto y la partida de Tamerlán hacia su capital, Samarcanda, dio una tregua a los sanjuanistas, que aprovecharon para construir en la misma costa de Anatolia una fortaleza inexpugnable, el castillo de San Pedro[104], que sirviera de avanzadilla para la Orden y de refugio para los cristianos perseguidos. Pero era evidente que ese periodo de relativa calma no podía durar mucho.

Durante el tiempo en que los mamelucos de Egipto estuvieron sin suministro de madera, pues las flotas de Rodas y los corsarios de Chipre les bloqueaban la llegada de material desde Europa y el mar Negro, las naves de la Orden pudieron atacar las costas del norte de África casi a placer, aunque una vez que los sultanes egipcios tuvieron acceso a los bosques de Cilicia, su poderío volvió a resurgir.

Tanto, que los caballeros tuvieron que llegar a un pacto con Alfonso V de Aragón para detener las incursiones turcas. Se acordó que, si atacaban Rodas, a cambio de cien mil florines de oro el propio rey la socorrería con veinte galeras y doce naves menores y que se quedaría en la isla durante tres meses para defenderla si era necesario. Un acuerdo que le causó a la Orden ganarse la enemistad

---

103   Región histórica del Turkestán, en Asia central, situada entre el mar de Aral y la meseta del Pamir.

104   Conocido como castillo de San Pedro o castillo de Bodrum, hoy en Turquía. Los caballeros comenzaron a construirlo en 1402 de acuerdo con los estándares más altos de la época y terminaron en la época de Pierre d'Abusson, entre 1476 y 1493. Los enormes muros exteriores fueron diseñados por el arquitecto alemán Heinrich Schlegelholt y se fortalecieron con cinco torres conocidas generalmente como la del Inglés, la Italiana, la Alemana, la Francesa y la de la Serpiente. Solimán lo capturó en 1522.

de Génova, su tradicional aliada, y que se vio empañado cuando en 1426 una feroz *razzia* de mamelucos con tropas auxiliares turcómanas redujo a cenizas Nicosia, aplastó al ejército latino de Chipre y capturó al rey, convirtiendo a la isla en un Estado vasallo de Egipto. La Orden era su mayor terrateniente, y de pronto se vio en la ruina, por lo que los orgullosos defensores de Cristo no dudaron en llegar a un acuerdo con los mamelucos en 1440 para evitar ser los siguientes. Chipre, reducido a la impotencia, ya no contaba. Rodas, aislada y sola en el Mediterráneo oriental, estaba a punto de convertirse en el último bastión de la cristiandad occidental.

En cuanto a los caballeros españoles, el siglo XV vería aún un mayor aumento de su participación en la Orden, que, en el caso de Aragón, al ser sus caballeros mercaderes y comerciantes, y estar presentes en todas las áreas del Mediterráneo, era ya muy fuerte. Además, los monarcas aragoneses, desde su intervención en Sicilia en 1282, intentaban expandir el poder de su corona hacia el este, por lo que, al trasladarse la Orden a su sede de Rodas, no es extraño que los caballeros del reino adquirieran cada vez más importancia.

Dos efectos muy interesantes para la Orden supusieron la caída de Granada en manos de los Reyes Católicos y el final de la Reconquista. El primero, que privó a las órdenes españolas de su «misión» de cruzada o guerra con el islam, porque ya no había una frontera musulmana, y las incursiones en el norte de África no eran lo mismo. Un hecho que comenzó a atraer a más y más nobles a la Orden de San Juan, que solo en Castilla tenía a principios del siglo XVI más caballeros que Calatrava y Alcántara juntas, y rivalizaba en poder con Santiago. El segundo, que al convertirse el rey de España en gran maestre de las órdenes «hispánicas», dejaron solos a los priores de Castilla y Aragón —San Juan y Amposta—.

UNA ISLA PARA VIVIR

La peste negra, la terrible plaga que afectó a Europa y casi la dejó sin habitantes, tuvo un terrible efecto también en Oriente, donde la despoblación afectó a todas las áreas y frenó, de golpe, el resurgir cruzado de los años cuarenta del siglo XIV.

En Chipre, solo una fortaleza, San Hilarión, se libró de la epidemia. La isla casi quedó vacía, igual que la mayor parte de las encomiendas europeas, que a finales de siglo no tenían más de un hermano. El reclutamiento, siempre complicado, se hizo muy difícil, y en muchos prioratos la vida conventual desapareció, y los postulantes entraron al noviciado directamente en Rodas[105].

La peste fue grave para la Orden también por dos razones más. La primera, porque a pesar de que la riqueza de los hospitalarios había aumentado con la adquisición de una parte de los bienes del Temple, la pérdida de vecinos en las encomiendas hizo que las rentas se hundieran. La segunda, por la crisis que agravó la ruina de los bancos florentinos en 1340, pues siempre habían apoyado a los hospitalarios. Además, muchos comerciantes de las poderosas ciudades-Estado italianas no estaban dispuestos a mantener un estado de guerra constante con los musulmanes, con quienes hacían magníficos negocios. Se oponían, en ocasiones de forma nada sutil o discreta, a los ideales de cruzada de los hospitalarios y a quienes los apoyaban, lo que obviamente no quería decir que cuando les interesaba —para captar un nuevo mercado, capturar un buen botín o destruir a un rival comercial—, tanto venecianos como genoveses no estuviesen dispuestos a ponerse a la cabeza de la cristiandad.

La conversión de Rodas en una poderosa fortaleza fue paralela a su transformación en un lugar maravilloso en el que disfrutar de la vida. En principio, como era lógico, la vida de los caballeros siguió siendo monástica. Todos los hermanos comían y dormían en el albergue común, y recibían el oficio en la capilla. La totalidad de los albergues formaban un convento. Había constantes actos religiosos —algunos muy solemnes—, y otros de carácter simbólico a los que se prestaba mucha atención, como el acto de profesión de los novicios ante el maestre o la llegada de enviados papales y embajadores.

Antes de 1311 se había ya construido un hospital donde los freires continuaron con la que había sido su primera misión, el cuidado y la atención a enfermos y peregrinos. Un siglo y medio después, el hospital, con más de mil camas, se convirtió en un edificio magnífico, de dos pisos, rodeado de jardines, con una capilla y con unas habitaciones individuales para los caballeros enfermos y para visitantes nobles o de alto rango[106].

---

105   Las otras dos órdenes hermanas lo pasaron peor. Santo Tomás desapareció, y San Lázaro estuvo cerca.

106   La ampliación comenzó en 1440, pero no se terminó hasta 1480. Hoy es un museo, primorosamente conservado.

Por tradición estaba a cargo del prior de la lengua de Francia, y se regía por una *Veneranda Congregazion*, instituida por el Supremo Consejo para su gobierno político y económico; estaba compuesta por el hospitalario, su lugarteniente, dos caballeros grandes cruces y cuatro caballeros de otras tantas naciones elegidos por el gran maestre.

Al frente del mismo había un comendador, cabeza y gobernador de la Sacra Enfermería, y un *prodomo* encargado de facilitar los comestibles de buena calidad que fuesen necesarios, así como la ropa.

De la atención espiritual se encargaban el prior y los vicepriores, mientras que los aspectos sanitarios estaban encomendados a tres médicos principales y tres secundarios, junto con seis cirujanos —tres principales y tres secundarios—. Tanto los médicos como los cirujanos principales eran designados por el gran maestre con un

Rodas arrebatada al decadente Imperio bizantino. La transformación de la isla fue total cuando los caballeros comenzaron a realizar sus obras. Se construyó un gran hospital y un castillo, además de un lienzo de muralla perfectamente diseñado con las últimas técnicas de fortificación. Se puede ver la ciudad protegida por las murallas con los bastiones defendidos por cada una de las lenguas y el puerto amurallado, con dos torres que defienden su entrada, así como una gran puerta que da acceso desde el puerto a la ciudad. Dibujo de Konrad Grünenberg publicado en *Descripción del viaje de Constanza a Jerusalén*, editado hacia 1487.

sueldo anual de 350 escudos. Los secundarios podían ser presentados por los principales como practicantes. Tras ser aceptados por el hospitalario y haber obtenido la graduación en la universidad, eran promovidos al empleo de médico o cirujano secundario con un sueldo anual de 200 y 175 escudos, respectivamente. Además, el hospitalario designaba a seis barberos con sueldos que oscilaban entre los 120 y los 72 escudos anuales, para auxiliar a los cirujanos.

El hospital disponía también, como era habitual en este tipo de establecimientos, de un conjunto de empleados entre los que destacaban el escribano y el *armoriere*. El primero tenía a su cargo el libro de registro en el que se anotaban las entradas y salidas de enfermos y los testamentos. El *armoriere* custodiaba la plata.

Del cuidado de las salas se encargaban los guardianes, que debían mantenerlas calientes, cuando eran necesario, y perfumarlas con *rosmarinum* —romero— todos los días por la mañana y por la tarde.

El sistema de trabajo del personal era el de una semana de guardia y una semana de descanso, mientras que los médicos y cirujanos prestaban servicio dos meses seguidos y descansaban durante cuatro.

El reglamento regulaba con minuciosidad el funcionamiento de la botica o *spezieria,* al frente de la cual había un comendador que ejercía el cargo de comisario durante un periodo de dos años. En ella trabajaban seis laborantes y dos auxiliares que preparaban las medicinas solicitadas mediante receta expedida por los médicos y que se distribuían de manera gratuita. La botica tuvo gran importancia. No solo atendía a la Sacra Enfermería, sino también preparaba medicinas para otros lugares que las necesitasen.

Todos los hermanos debían trabajar de una manera u otra en el hospital, que fue dotado de lujos inimaginables en la Edad Media. Sus camas disponían de los mejores colchones y sábanas de lino. Los enfermos comían y bebían con platos y copas de plata, y, siempre que era posible, se ponía a disposición de los asistidos vino y dos tipos de carnes. Aunque sin que se excusara un nivel de disciplina propio de una corporación en la que primaban los aspectos militares. Por ejemplo, se les retiraba la comida a aquellos enfermos sorprendidos jugando al ajedrez o leyendo romances[107]. Del mismo modo, se establecieron algunos límites a la asistencia a los baños.

---

107   Así aparece en las ordenanzas aprobadas por el Capítulo General celebrado en San Juan de Acre y confirmadas por el gran maestre Hugo Revel en 1262.

Por entonces el baño era, sobre todo, una práctica higiénica que en la cultura oriental ocupaba un lugar relevante como punto de encuentro y esparcimiento, al igual que ocurría en Grecia y Roma. Estas prácticas eran habituales entre los caballeros, que llegaron a disponer de instalaciones adecuadas para ese fin. Aunque debía ser frecuente también acudir a los baños públicos como lugar de esparcimiento, y eso no estaba muy bien visto. De esa manera puede entenderse una norma aprobada en 1300, cuando los caballeros ya se habían establecido en Chipre, mediante la que se les prohibía «acudir a los baños» salvo en caso de necesidad, con conocimiento y autorización de su superior y siempre en grupos de tres o cuatro, sin que se les permitiera comer o dormir en ellos. En el caso de los enfermos la autorización correspondía al enfermero, así aparece en la relación de usos y costumbres de la Orden, lo que demuestra que se trataba de un hábito, no estrictamente higiénico, que era necesario regular.

En el hospital se cumplía siempre la regla esencial de la Orden, y todas las tardes, antes del anochecer, el capellán recitaba la oración de los enfermos. Luego oraba también por los reyes cristianos, por los peregrinos y por los que sufrían cautiverio entre los enemigos de la cruz.

En 1310 comenzó la construcción de la catedral, que en vez de estilo francés fue en esta ocasión de tipo italo-catalán. Lo mismo que el

Patio interior del palacio de los grandes maestres de la
Orden de San Juan de Jerusalén en Rodas.

resto de las iglesias, que reflejaron los estilos góticos de otras zonas de Europa, pues los maestros que llegaban a Rodas procedían de todo el mundo occidental. Además de para los caballeros, trabajaron también para ricos comerciantes y mercaderes, que edificaron magníficas casas, llenas de lujo y comodidades. Ellos fueron los principales responsables, bien apoyados y estimulados por los dignatarios de San Juan, de las obras que convirtieron Rodas en un magnífico lugar en el que residir.

Las empedradas calles de la capital, estrechas para prevenir mejor el calor del verano, estaban llenas de vida. En ellas se mezclaban servidores de la Orden, soldados, marineros y comerciantes europeos, junto a refugiados o mercaderes de Armenia, el Cáucaso o Siria. En sus bazares se encontraban los mejores artículos de los puertos del Mediterráneo, aliñados con el bullicio de las conversaciones en decenas de idiomas.

El convento de la Orden disponía del llamado *collachium*, un claustro que incluía el palacio magistral, la iglesia de los caballeros, la enfermería y los albergues localizados en la *rue des chevaliers* —la calle de los caballeros—, donde a lo largo del siglo se construyó un albergue para cada lengua. Las lenguas «francesas» seguían dominando la Orden, y el número de caballeros continuó aumentando. De los trescientos cincuenta de 1466 se pasó a los cuatrocientos de 1501, y a los quinientos cincuenta de 1514 y, a pesar de algunos incidentes, en general el sistema logró funcionar bastante bien en el seno de esa mini-Unión Europea. Aunque según iban las cosas, y la progresiva captación de riquezas para la Orden fruto de la rapiña y la guerra, podría hablarse también de una multinacional de negocios.

Una gran parte de los freires estaban destinados en misiones de carácter militar en otros lugares, fuera del convento central. En la propia Rodas había varios castillos de protección y vigilancia costera. El principal era el de la bahía de Trianda, que amparaba varios pueblos, y el de Lindos, en una montaña, en cuya guarnición, dirigida por un comendador de San Juan, servían una docena de caballeros, además de sargentos y mercenarios.

La isla disponía de dos puertos. El llamado «de las galeras», protegido por un murallón, era el más externo, estaba situado en una bahía cerrada, en torno a la cual la ciudad se extendía en círculo, su entrada la defendían dos torres: San Juan y San Miguel. La ciudad la protegía una muralla doble con trece torres y cinco bastiones con artillería para poder rechazar las máquinas de asedio del enemigo en caso de un ataque.

Igual que Rodas, Kastellorizon, Kos, Simi y Leros también se reforzaron. En todas ellas se instalaron tropas y se mejoraron las fortificaciones y torres. Las galeras podían refugiarse en sus puertos y abastecerse de agua, armas, alimentos o tripulaciones de refresco.

La vida de los caballeros era realmente una prueba para el cuerpo y para el espíritu. Para promocionarse, los caballeros debían realizar constantes incursiones en territorio enemigo, pues era la forma de lograr ascensos y honores, lo que hacía que rivalizasen a la hora de realizar hazañas y prodigios de valor. La vida en una galera de la Orden no era cómoda para nadie. Los viajes duraban meses, en condiciones inhumanas. Se dormía en el suelo, todos juntos, y solo se tomaba agua, vino y la llamada galleta, una pasta mojada en aceite, más algo de tocino y carne para poder mantener una dieta proteica.

En cuanto a la vida conventual, seguía siendo muy dura. Los caballeros que tenían problemas sufrían unas medidas disciplinarias realmente brutales. Los castigados por sus errores y negligencias solo podían comer en el suelo, disputando la comida a los perros, y una vez al día eran azotados con látigos de tiras de cuero.

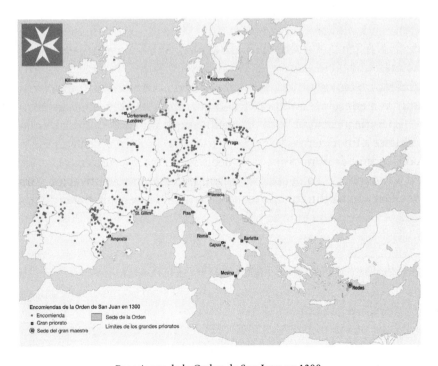

Posesiones de la Orden de San Juan en 1300.

La fornicación, el concubinato o el batirse en duelo eran castigados con más flagelaciones y con confinamientos aún más estrictos. Todos tenían que confesarse y se dejaba muy claro que el único superior espiritual de la Orden era el propio maestre —*servus pauperum Christi et custos Hospitalis Hierusalemis*—.

En Europa las posesiones de la Orden siguieron ampliándose y aumentando su poder financiero. Se intentó hacer un buen uso de las propiedades, para que las encomiendas fueran lo más eficaces posible. Muchos preceptores o comendadores dedicaron su vida a la administración de sus terrenos, por lo que se convirtieron en respetados expertos en finanzas, muy valorados en la sociedad de su época.

Debido a que la guerra se libraba solo en el Egeo o en Andalucía[108], todos los recursos sobrantes del resto de Europa se «invertían» en mantener en condiciones Rodas y las demás islas. Se enviaba comida, la siempre indispensable madera —Rodas tenía madera para la reparación de barcos, pero no para su construcción—, armas y caballos de guerra, pero también dinero, para mantener las fortificaciones y la contratación de mercenarios.

UNA ISLA PARA COMBATIR: LOS TRES ASEDIOS

Aislados y solos en un mar cada vez más hostil, los caballeros de la Orden entraron en el siglo XV con las espadas en alto, siempre alerta, siempre a la espera de un ataque. Todas las medidas que adoptaron parecían encaminarse a un refuerzo de sus propios ideales, como si necesitasen autoconvencerse de su misión: Rodas debía ser la nueva Jerusalén.

Listos para el combate, con una moral alta y una motivación para la lucha extraordinaria, las naves de vigilancia de La Religión[109], con

---

108 La mayor parte de los problemas de lealtad se dieron en España, donde muchos caballeros se implicaban en los conflictos entre los reinos cristianos. En 1367 se autorizó la guerra contra cristianos si era por la defensa de la Orden, de su señor secular o del bien general.

109 La elección en 1421 del noble aragonés frey Antonio Fluvián de la Rivera coincidió con el comienzo del uso del tratamiento de «gran maestre» y el empleo del término La Religión para referirse a ellos mismos. A su muerte, ocurrida el 29 de octubre de 1437, Fluvián dejó una herencia a favor de la enfermería de 10 000 florines de oro.

sus gigantescas banderas con la cruz escarlata de ocho puntas, patrullaban las costas de Rodas y de las islas del Dodecaneso, atentas a cualquier amenaza. Su magnífica red de agentes les permitía estar al día de las actividades de sus enemigos y prevenir las expediciones que se organizaran contra ellos.

Las campañas de depredación de los caballeros corsarios de Rodas irritaban a los gobernantes de los Estados musulmanes ribereños del Mediterráneo oriental, pero la verdad es que no eran capaces de detener sus incursiones. En 1440, dieciocho galeras egipcias enviadas por el sultán Jakmak atacaron Kastellorizon, pero en cuanto fueron avistadas, las atacó la flota de frey Luis de San Sebastián, a pesar de que solo tenía ocho galeras de guerra y unos pocos barcos de apoyo. Cuando se enteró por un prisionero que después se dirigirían a Kos, la interceptó de nuevo, y tras un duro combate les causaron setecientas bajas, por solo sesenta en las filas de la Orden. Ese era el guion más habitual.

Los mamelucos lo intentaron de nuevo cuatro años más tarde, pero esta vez fue un asalto masivo sobre la propia Rodas. La lucha se mantuvo muy equilibrada durante seis semanas, pero en agosto, los defensores comenzaron a ceder ante la presión enemiga. Afortunadamente, cuando los egipcios desembarcaron acababan de llegar a la isla refuerzos de Cataluña y Borgoña. Una brillante salida de los defensores barrió en una batalla campal a los mamelucos, que fueron machacados sin piedad cuando escapaban hacia sus barcos.

El acuerdo entre el sultán y la Orden se aceptó por fin en 1446. El primer asedio a Rodas había fracasado. Realmente los caballeros eran un hueso duro de roer.

Al comenzar la década de los cincuenta, los hospitalarios se enfrentaban a un desafío cada vez mayor. En 1451, Mehmed II alcanzó el trono otomano, y pronto se convirtió en el mayor enemigo de la cristiandad. Había jurado destruir Constantinopla, que tomó en 1453, en medio de una gran consternación que sacudió Europa entera, y después se dedicó con ahínco a terminar con los últimos restos de las posesiones occidentales en Ultramar.

La larga guerra que enfrentó a los turcos con Venecia durante esos años fue vital para la Orden. Le permitió mejorar las fortalezas de las islas del Dodecaneso, apoyar al reino de Chipre, e incluso detener un intento de invasión egipcia. Con una lengua más, la octava, la de Castilla, formada en 1462, el número de caballeros en Rodas alcanzó los cuatrocientos. No obstante, cada vez era más complicado defender los aislados territorios latinos que quedaban y los de la propia Orden, pues el poder turco seguía en aumento.

En 1463 se perdió Lesbos, que los caballeros no llegaron a tiempo de proteger. En 1470, Eubea, donde la flota combinada veneciano-hospitalaria sufrió una lamentable derrota, y en 1479, el sultán atacó directamente Rodas. Había decidido que ya era el momento de acabar con la espina clavada en el costado del Imperio otomano que representaban los caballeros.

El gran maestre, desde hacía tres años, era Pierre d'Aubusson. Un hombre bien preparado, dotado de gran lucidez y notable capacidad de liderazgo. Se dedicó con esfuerzo y trabajo a preparar la defensa. Tras reunir a seiscientos caballeros —el mayor número que jamás había estado en Rodas— y mil quinientos mercenarios, armó y preparó a la milicia y a los marineros que estaban de paso por la isla. Durante meses mejoró las fortificaciones y la artillería y acumuló provisiones y municiones.

El 23 de mayo de 1480 llegaron los turcos. Desembarcó un enorme ejército de sesenta mil hombres en la bahía de Trianda, y una flota de quince galeras bloqueó el puerto. Los mandaba un miembro de la familia imperial bizantina convertido al islam, Misac Paleólogo. El primer objetivo de los atacantes fue el fuerte de San Nicolás, ante el que se instaló una gran batería para poder batir sus muros.

El primer asalto se realizó en cuanto se logró abrir una brecha. Las galeras se acercaron a la costa para desembarcar a sus hombres a ambos lados del fuerte, pero decenas de soldados se clavaron en las cuchillas que se había colocado en el lecho marino y los atacantes vacilaron. Lo suficiente para convertirse en un fácil blanco para los ballesteros y arqueros mercenarios de la Orden y para los disparos de la artillería. A los supervivientes los arrasó una carga de caballería liderada por el propio gran maestre. Al retirarse, los turcos dejaron seiscientos muertos.

Para alcanzar San Nicolás desde la costa de enfrente, los ingenieros turcos levantaron una pasarela de pontones, que fue saboteada por un defensor. Pese a ello, el 18 de junio se produjo el asalto. La feroz batalla que se prolongó desde la medianoche hasta las diez de la mañana del día siguiente dejó en el campo turco otras dos mil quinientas bajas.

Ante el fracaso, Misac ordenó a sus zapadores que comenzasen a minar los muros, y lanzó un devastador bombardeo que obligó a la población civil a refugiarse en los sótanos y en las casas más resistentes. Nunca se había visto nada igual: artillería, fuego griego, flechas incendiarias y todo tipo de proyectiles. Frente a ese huracán de llamas, los cañones de la Orden y un gran *trebuchet,* que lanzó enormes piedras sobre las máquinas y las minas turcas.

D'Aubusson rechazó un intento de negociación, a pesar de que había ya una brecha en la muralla y cuarenta mil hombres esperaban una orden para lanzarse al ataque. Dispuestos a morir en sus puestos, los caballeros de San Juan compensaban su inferioridad numérica con sus armaduras pesadas, pero estaban a punto de ser superados por las hordas que se les echaban encima. Cubierto con una armadura dorada, el propio gran maestre dirigía el ataque, y el líder turco decidió enviar a un grupo armado para asesinarle. Herido tres veces, D'Aubusson, que defendía el muro con enorme valor, hubiera muerto a manos del grupo armado enviado por Misac de no ser por la providencial ayuda que le prestaron varios caballeros. Tras un combate feroz, los hospitalarios expulsaron de las murallas a los turcos, taparon las brechas, e incluso hicieron una incursión sobre el campamento enemigo.

Tres meses duró en total el sitio. Naves napolitanas y un bergantín papal rompieron el bloqueo y, unos días después, los turcos

Fin del asedio turco de Rodas el 19 de agosto de 1480. Grabado de Jean Jacques Frilley realizado en 1840. Muso Carnavalet, París.

quemaron sus tiendas y se marcharon. En total perdieron más de nueve mil hombres y casi treinta mil resultaron heridos o estaban enfermos. El asedio había sido un fracaso estrepitoso. D'Aubusson logró recuperarse de sus heridas y se convirtió en el héroe de Europa. El erizo cristiano seguía amenazando con sus púas afiladas y el sultán estaba dispuesto a intentarlo de nuevo, pero falleció en 1481.

Un buen ejemplo de las volubles e interesadas relaciones que mantenían en esa época cristianos y musulmanes es la historia de Zizim, hermano del sultán Bajazet II y su rival por el trono otomano, en la que también desempeñó un papel protagonista D'Aubusson.

A finales de la Edad Media, Francia era una de las grandes potencias europeas. Había dejado atrás el cruel recuerdo de la peste, la Gran Plaga, y experimentaba una fase de nueva prosperidad económica y recuperación demográfica. En los últimos años del siglo XV, la «tentación italiana» la había llevado a aventuras bélicas más o menos felices más allá de los Alpes, pero también estaba entre sus planes geopolíticos establecerse firmemente en el Mediterráneo. Allí no tenía aliados, salvo que se decidiese a pactar contra natura con la Sublime Puerta. Adelantémonos un poco. Tras la caída de Constantinopla en 1453 en manos del sultán Mehmed II y la unificación de Oriente Medio con Selim I, su hijo, Solimán, logró en 1522 expandir por Europa el dominio otomano. Desde ese momento, el Imperio de los Habsburgo, que ya tenía a Francia como enemiga, se veía obligado a entrar en conflicto directo con los turcos. ¿Qué mejor que unirse turcos y franceses contra el enemigo común?

En 1536, Francisco I y Solimán decidieron dejar atrás sus diferencias y firmar un pacto no ideológico entre dos grandes Estados con religiones diferentes. Causó un cierto revuelo en el mundo cristiano y se calificó de «alianza impía», o «unión sacrílega de la flor de lis y la media luna»... Sin embargo, no cabe duda de que ambas partes tenían un interés objetivo para llevarlo a cabo. Prueba de ello es que esa alianza estratégica y a veces táctica fue una de las más importantes que firmó Francia, y duró más de dos siglos y medio, hasta que se inició la campaña en Egipto que llevó a las tropas napoleónicas a invadir el territorio otomano en 1798.

Los primeros contactos entre franceses y turcos se remontaban varias décadas atrás, y los buscaron estos últimos. Aquí es donde entra en juego Zizim. El escritor Philippe de Commines, diplomático en la corte de Borgoña y Francia, relata que Bayecid II envió una embajada a Luis XI en 1483, cuando a Zizim lo envió preso a Francia el gran maestre D'Aubusson. Una complicada intriga que había comenzado dos años antes.

A la muerte de Mehmed II en mayo de 1481, sus dos hijos, Bayecid y Djem —nombre que los europeos acabarían por deformar en Zizim— se disputaron la sucesión. Djem fue derrotado dos veces. Para escapar a una muerte segura, solicitó asilo en Rodas a D'Aubusson. Este lo recibió, como buen anfitrión, el 30 de julio de 1482, pero no tardó en cambiar de postura y tratarlo como un rehén. Se lo confió a su sobrino, Guy de Blanchefort, que le había sucedido al frente del Gran Priorato de Auvernia, y lo trasladó a Francia en 1483 con el permiso de su soberano. De ahí el intento turco por entrevistarse con el monarca francés.

Luis XI se negó a recibir a los emisarios, pero estos ofrecieron una elevada suma y un gran número de reliquias cristianas para que Zizim permaneciera encerrado en Francia. Luego, Bayecid propuso a los hospitalarios pagar una pensión de 40 000 ducados para la manutención de su hermano y que quedara en custodia, y estos aceptaron.

Tras permanecer en varias encomiendas de las lenguas de Provenza y Auvernia, Zizim terminó encerrado en una torre construida especialmente para él en el extenso Priorato de Bourganeuf. Fue entonces cuando varios gobernantes europeos comenzaron a disputarse al reo, pues consideraron que tenerlo en su poder era un buen medio para presionar a Bajazet y contener la ya incipiente expansión del Imperio otomano.

Al codicioso D'Aubusson todo eso le venía muy bien. En 1486, cuando Luis XI ya había fallecido y el trono lo ocupaba el joven Carlos VIII, con mucha menos personalidad que su padre, inició negociaciones para entregárselo al papa Inocencio VIII. A cambio del título de cardenal, el legado papal en Asia, la entrega de los bienes de las órdenes religiosas militares recién disueltas del Santo Sepulcro y de San Lázaro de Jerusalén y la promesa de no intervenir en los nombramientos de dignidades de la Orden Hospitalaria, Zizim fue cedido al Santo Padre. Dejó Bourganeuf el 10 de noviembre de 1488 y llegó a Roma el 13 de marzo de 1489, donde fue encerrado en el castillo de Sant'Angelo. Bajazet no tardó en proponerle al sucesor de Inocencio VIII, Alejandro VI Borgia, que «liberara a Djem de la angustia de este mundo» mediante el pago de la colosal suma de 300 000 ducados. El papa, horrorizado por tal petición, se negó.

En 1494 volvió a entrar en juego Carlos VIII, cuando llegó a Roma con la intención de que se le confiara a Zizim para realizar una hipotética cruzada contra el sultán en Grecia. El papa puso al preso en manos francesas y a Zizim le abandonó la suerte. Murió en Capua en 1495 en circunstancias poco claras.

El fallecimiento de Djem dejó libre de preocupaciones a Bayecid II, que pudo centrarse en liquidar el despotado de Morea —un molesto enclave veneciano— y a resolver sus problemas en la frontera con Persia; Carlos VIII no pudo ver cómo se llevaban a cabo sus planes, pues falleció en 1498, cuando solo tenía veintisiete años, a causa de un derrame cerebral, pero en 1500, su primo Luis XII, nuevo soberano de Francia, firmó con el sultán un primer tratado mediante el que los franceses obtenían importantes concesiones comerciales en Egipto.

Por su parte, D'Aubusson, ahora flamante cardenal y legado papal, se dedicó a reforzar las defensas de Rodas y a modernizarlas. Instaló nuevas piezas de artillería y encargó el diseño de un sistema de defensa para San Nicolás en forma de estrella —la traza italiana—, que hacía imposible el ataque frontal. Además, intensificó la disciplina de sus caballeros y se encargó de que quedase claro que, al menos en Rodas, vivían en una comunidad de monjes, vestían hábito negro con capucha y pasaban gran parte del día leyendo las Escrituras, trabajando en el hospital o preparándose para el combate.

El primer año del siglo XVI los caballeros eran ya cuatrocientos cincuenta, y se decidió que se podía expulsar a los judíos, a los que se acusaba de haber apoyado a los musulmanes. Lo único que D'Aubusson no logró finalmente fue formar una Liga Santa que llevase la guerra a Oriente y recuperase Jerusalén, pues las luchas en Italia iniciadas en 1494 por la ambición de Carlos VIII acabaron por dividir profundamente a la ya fraccionada cristiandad occidental.

Para el Imperio otomano —y aquí volvemos a que la geopolítica mediterránea dependía solo de los intereses del momento— era un absoluto deshonor y un verdadero insulto la mera existencia ante sus narices del bastión cristiano de Rodas. En 1503 Bayecid se olvidó de sus relaciones con los hospitalarios y volvió a enviar su armada a que atacara las costas de la isla. Luego se dirigió a la pequeña Leros, que solo contaba con un anciano comendador, un hermano de poco más de dieciocho años y un puñado de hombres. Se las arreglaron para engañar a los turcos vistiendo a los habitantes con las vestes rojas de la Orden, pero ese tipo de artimañas no podían durar para siempre. Ni la suerte. Como en Kos, otra de las islas del Dodecaneso atacada en 1506, donde las cinco galeras asaltantes fueron capturadas.

Sí, los turcos fracasaban en sus combates con los caballeros, sin embargo, eran cada vez más agresivos. En 1509, el *Mogarbina*, una nave gigantesca con siete cubiertas equipada con cien cañones y defendida por mil hombres, fue capturada cuando hacía el trayecto de Túnez a Constantinopla. El botín era inimaginable: sedas, plata, oro, telas, cachemir y un volumen enorme de especias. Nada comparado con el espectacular golpe del año siguiente, cuando gracias a los espías de la Orden, cuatro galeras de combate y dieciocho carracas, más algunas rápidas falúas[110], atacaron un convoy con barcos cargados de la vital madera que necesitaba Egipto. La batalla, librada al abordaje, fue durísima. Cuando acabó, cuatro galeras y once transportes estaban en manos de los caballeros de San Juan[111].

Las consecuencias políticas de la victoria de los hospitalarios fueron enormes. La madera estaba destinada a la construcción de una flota con la que expulsar a los portugueses del mar Rojo, y era parte de una alianza entre los mamelucos y los turcos, cuyo interés común era impedir la presencia en el Índico de los agresivos portugueses. Las relaciones entre ambos imperios se enfriaron tras meses de discusiones, y los otomanos acabaron por invadir Egipto y ahorcar, al año siguiente, al último sultán mameluco.

Selim I, el continuador de la labor de Bayecid, era un brillante soldado y lanzó exitosas campañas en Hungría, Moldavia, Persia y Egipto, pero murió cuando preparaba el golpe final contra la Orden. Su sucesor, el joven Solimán, estaba destinado a convertirse en el más grande de los soberanos otomanos, y como a todos los turcos, le molestaba y ofendía tener a un paso de las costas de Anatolia «el nido de avispas de los piratas idólatras». Era imprescindible acabar con Rodas para demostrar que su imperio era una auténtica potencia naval, y él estaba dispuesto a encargarse de ello.

Mientras, en la isla que les quitaba el sueño a los turcos había tres candidatos para convertirse ese año de 1521 en el nuevo gran maestre: frey Thomas Docwra, prior de Inglaterra, frey Andrea d'Amaral, portugués y prior de Castilla, y frey Philippe de l'Isle Adam, prior de Auvernia, que fue finalmente el escogido. Malévolamente el nuevo

---

110   Las carracas eran «naves mancas». Siempre innovadores en todo lo que se refería a tecnología militar, los hospitalarios las emplearon con notable éxito.

111   La flota de Rodas estaba al mando de dos comandantes que acabarían mal entre ellos, el portugués Andrea d'Amaral y Philippe de l'Isle Adam.

sultán otomano le envío una felicitación, y la respuesta del gran maestre fue el equivalente a un reto. Solimán lo aceptó.

Envueltos en guerras internas, los soberanos europeos no atendieron a las desesperadas llamadas de auxilio de los hospitalarios, que sabían que el ataque sería inmediato. Tampoco pareció importarles.

A pesar de la oposición de los venecianos, dueños de Creta, un rico caballero de la Orden pudo contratar allí, como refuerzo, a quinientos ballesteros, pero, sobre todo, al gran Gabriel Tadini de Martinengo[112], el mejor ingeniero militar de su época, que logró llegar a Rodas tras una gran peripecia. En la isla, decidió entrar en la Orden, y su fama le permitió ser nombrado directamente bailío —una forma como otra cualquiera de pagar sus servicios—. De inmediato se puso manos a la obra para mejorar las defensas. Cuando terminó, Villiers hizo recuento. Disponía de buenas fortificaciones, artillería, quinientos caballeros, mil soldados y unos centenares de habitantes con algo de entrenamiento militar.

Los turcos, los mejores organizadores de masas de su tiempo, también prepararon todo a conciencia. El 26 de junio de 1522, se desplegó ante la isla un espectáculo impresionante: ciento tres galeras y trescientas naves de transporte y apoyo. La población se congregó en torno a la iglesia conventual para escuchar la misa, durante la que Villiers bendijo a la guarnición y a todos los habitantes. El gran maestre cabalgó después por la ciudad para infundir ánimos, mientras caballeros, sirvientes, mercenarios y milicianos se situaban en sus puestos. Los caballeros de las diferentes lenguas, cubiertos con sus relucientes armaduras, espada en mano, destacaban en medio de los demás defensores. La moral era alta, y todos confiaban en el apoyo de Dios y la Virgen.

En el campo enemigo se trabajaba con intensidad. Unos sesenta mil campesinos de los Balcanes habían sido enviados a la isla para ocuparse de las obras necesarias para llevar adelante el sitio con éxito. Junto con ellos, ciento cincuenta mil hombres debían aplastar cualquier resistencia. Es posible que, como ellos decían, un caballero de la Orden valiese por veinticinco turcos, pero, aun así, la proporción en esos momentos era de setenta y cinco a uno.

El único problema turco era la moral, pues Mustafá Baja, cuñado del sultán y general al mando, era valeroso pero inexperto. El propio

---

112 Era italiano. Después de trabajar en Rodas construyó las defensas de Melilla que aún pueden verse en la ciudad.

Solimán tuvo que desembarcar en la isla el 28 de julio, con un refuerzo de otros quince mil hombres, todos experimentados, lo que abría aún más la brecha numérica.

Durante el verano, la artillería turca, de mucha mejor calidad que la empleada en 1480, se concentró en las murallas próximas al bastión de Aragón. Los morteros y cañones pesados lanzaron una lluvia de fuego contra las fortificaciones cristianas como nunca se había visto, mientras centenares de zapadores se esforzaban por abrir brechas y minar los muros. Los ingenieros turcos y los mejores expertos en mecánica buscaron con precisión los lienzos de muralla o torres clave[113] e informaron a Solimán de los puntos que era preciso intentar derribar.

A pesar de los esfuerzos de los defensores, el 4 de septiembre, dos minas volaron once metros de muralla en el bastión de Inglaterra, y los turcos se lanzaron como posesos al asalto. El propio gran maestre, rodeado de su séquito, se dirigió a la brecha, en la que los caballeros ingleses, dirigidos por frey Nicholas Hussey, habían construido una barricada como segunda línea defensiva. Aguantó hasta que llegaron los refuerzos y permitieron el contraataque, que dejó el campo lleno de muertos y heridos turcos. A pesar de la derrota, Mustafá ordenó que el ataque continuara. Miles de hombres se lanzaron dos veces más al asalto en columnas cerradas, abrumando a los caballeros, que rodeados por centenares de enemigos vendían cara su piel.

En medio de los escombros, cubiertos de sangre y polvo, los hermanos de frey John Buck, el turcópolo de la Orden, salieron de entre los escombros y repelieron una vez más a los asaltantes. Los reforzaron los alemanes de frey Christoph Waldner von Freundtsein, con un cañón y varios sacres y falconetes, que sembraron de metralla las masas turcas. Los hombres de Mustafá fueron abrasados y destrozados por las descargas y despedazados por los golpes de lanzas, mazas y espadas, pero allí, junto a muchos de sus hermanos y centenares de enemigos, cayeron también Buck y Von Freundtsein. Al final de la jornada, a pesar de que, desesperado, el bajá Mustafá había luchado junto a sus hombres hasta que lo sacaron casi a la fuerza de la línea de combate, el ataque fue de nuevo repelido.

---

113 Fue una auténtica competición de ingenio. Tadini creó una especie de sismógrafo, con parches de tambor y campanas, que se activaba cuando alguien cavaba cerca, lo que servía para detectar minas.

Dispuesto a terminar con la resistencia de una vez por todas, el bajá ordenó un salvaje bombardeo el 24 de septiembre sobre los bastiones de Aragón —muy castigado ya—, Inglaterra —en cuyos muros había ya notables brechas—, Provenza e Italia. No había cesado el bombardeo cuando los jenízaros, las mejores tropas del Imperio otomano, al mando de su *aga*, se lanzaron al asalto contra el bastión de Aragón. La lucha fue espantosa. Enfrentados a centenares de enemigos, el puñado de caballeros aragoneses, catalanes, mallorquines y valencianos combatieron con el valor de la desesperación, entre las ruinas de las murallas y el humo.

Entre escombros y polvo no hubiesen podido resistir de no haber sido por la oportuna llegada del gran maestre con refuerzos. Una vez más, el ataque fue rechazado. Solimán, enfurecido y humillado, veía cómo lo mejor de su ejército era rechazado por los «perros del infierno». Tras ordenar una inspección general se dispuso a ejecutar a su cuñado, que se salvó de morir decapitado de milagro. Cuando el sultán se disponía a levantar el sitio, la llegada de un desertor albanés cambió las cosas. Contó que los caballeros estaban en las últimas y aseguró que no podrían aguantar mucho más sin ayuda. Ahmed Bajá, el nuevo general al mando, propuso al sultán una táctica de desgaste, para hundir la resistencia de los caballeros.

En la ciudad la situación era cada vez peor. La llegada de refuerzos se veía perjudicada por las lluvias invernales y las tormentas, y cada día el número de defensores disminuía. Sobrados de hombres y recursos, los turcos atacaban constantemente y obligaban a los escasos caballeros supervivientes y a sus hombres a permanecer siempre alerta. Los nervios, el cansancio y la falta de sueño minaban día a día la resistencia cristiana. Aunque lo peor ocurrió cuando un sirviente de frey Andrea d'Amaral fue capturado al pretender llevar un mensaje al campo turco, e inculpó a su señor. Amaral negó las acusaciones, pero su actitud derrotista y amargada no lo ayudó. Fue degradado y decapitado, extendiendo el desánimo entre los defensores.

Para entonces las paralelas de los turcos alcanzaban ya los muros de Rodas, y los morteros batían a placer toda la ciudad, que no era más que una ruina. A finales de noviembre los bastiones de Aragón e Inglaterra parecían polvorientas montañas de escombros y, en el de Italia, los daños eran de tal naturaleza que se decidió derribar dos iglesias para formar barricadas. El hábil Tadini di Martinengo, herido en un ojo por una bala, pero recuperado, acompañaba a Villiers, que recorría el campo de batalla arengando y animando a sus caballeros. De nada sirvió que el gran maestre solicitara a las guarniciones de Bodrum y de las islas del Dodecaneso algún refuerzo que rompiera el bloqueo con naves pequeñas y rápidas.

El último asalto masivo turco se vio entorpecido por las lluvias, el barro y la implacable defensa de los caballeros que se agarraban a cada roca, pared o tapia, y no cejaban jamás. Una vez más fue repelido, lo que desesperó a Solimán, que había tenido ya decenas de miles de bajas.

El sultán ofreció esta vez un acuerdo, pero la respuesta estuvo a la altura de lo esperado de los caballeros de la Orden: «Los hermanos de San Juan solo hacen negocios con la espada». Todos sabían ya a esas alturas que su destino, si eran cogidos vivos, era morir empalados, por lo que, a base de agua y pan rancio, flacos como espectros, esperaban la muerte en su puesto, dentro de su armadura, velando sus armas.

Los inicios del invierno fueron muy duros, con nevadas, frías lluvias y vendavales. Los sitiadores sufrían lo indecible, pero para los defensores la situación era desesperada. El gran maestre reunió al Consejo, aunque había decidido luchar hasta la muerte, para informarle de que el obispo ortodoxo y la población griega habían pedido a los caballeros que se rindiesen, para salvar la vida de las mujeres y los niños.

El 16 de diciembre, por fin, llegó ayuda de la mano de frey Nicholas Fairfax —un bergantín con cien arqueros cretenses y vino—, pero ya no podía cambiar nada. La ciudad era un paisaje desolado en el que los defensores, debilitados por el frío y el hambre, aún fueron capaces de repeler un asalto masivo el día 17. La situación era insostenible. La mañana del día 20, consciente de su responsabilidad, el gran maestre solicitó una tregua.

Solimán, impresionado por su resistencia, le ofreció términos muy generosos. Los caballeros podrían abandonar la isla con sus pertenencias, e incluso se les facilitarían los medios para hacerlo. No se obligaría a nadie a que se quedara en Rodas para convertirse, se mantendrían abiertas las iglesias y se eximiría a los habitantes de impuestos durante cinco años, para que la isla se recuperase. Incluso ofreció al gran maestre la posibilidad de pasar a su servicio, algo a lo que, obviamente, Villiers se negó.

La fría noche del 1 de enero de 1523, con la cima del monte Cariane cubierto de nieve y el Mediterráneo oscuro y embravecido, revestidos con sus armaduras y dalmáticas rojas, ciento ochenta caballeros heridos de la Orden Hospitalaria de San Juan de Jerusalén y

Rodas y cuatro mil rodios que preferían la indigencia y unirse a los caballeros a la seguridad bajo el gobierno del sultán Solimán se dirigieron al puerto al ritmo de los tambores, con las banderas al viento. Les esperaban cincuenta naves para trasladarlos a Candia, en Creta. A la carraca *Santa María*, al mando de frey Guglielmo Weston, que sustituía a Gabriel Ducher, su capitán desde 1519, la acompañaban las galeras *Santa María*, de frey Honorato Cibaut; *Santa Caterina*, de frey Teodoro di Saluzzo; *San Juan*, de frey Fernando de la Matta; y *Santa Ana*, de frey Bartolomeo di Montfort. Los galeones *San Buenaventura*, bajo el mando de frey Francesco Benedetes; *Siciliano*, a cargo de frey Giovanni Battista Schiattese; la embarcación *Marieta*, al mando de frey López Cardona; la *Gagliega*, dirigida por frey Giovanni Batista Spinola; la *San Giovanni*, capitaneada por frey Pietro di Curadengo; y la *Perla*, de frey Giovanni Maringo Farfan. Era mariscal de la Orden Jacob de Virieu, gran comendador Melchiore Cossa, almirante Bernardino d'Airasca y capitán general Giraume Carmel. La *Santa María*, nave del gran maestre, en lugar del pabellón de la Orden, enarbolaba una bandera de la Santísima Virgen con su hijo muerto en brazos, en la que se leía: «Tú eres mi último recurso en la aflicción».

Con ellos llevaban la mano de Juan el Bautista y el icono de Nuestra Señora de Filermo, sus más preciadas reliquias. La brillante y heroica defensa no los consolaba de la sensación de derrota. Europa los había admirado asombrada, pero no se había atrevido a ir en su rescate. Ahora abandonaban el hogar que su Orden había poseído durante doscientos doce años, y se lanzaban a una navegación sin destino. A mendigar entre la cristiandad otro lugar desde el que atacar de nuevo a los infieles.

LA GUERRA EN EL MAR

«Treinta galeras fueron enviadas contra Esmirna, repletas de hombres protegidos con armaduras [...]. Estos innumerables francos estaban vestidos de hierro de la cabeza a los pies». Con esta descripción del *Destán de Umur Pachá*, obra turca del siglo XV, podemos imaginar la imagen que los caballeros hospitalarios daban a sus enemigos. Los caballeros de Rodas iniciaron un tipo de guerra en el mar, que luego continuarían en Malta con aún mayor eficacia, basada en el constante acoso al enemigo. Atacar sus naves, destruir su comercio, arrasar sus puertos, almacenes y factorías se convirtió en una rutina que buscaba hacer el máximo daño posible.

Cuando los hospitalarios se instalaron en Rodas, sus pocas naves eran de transporte. La flota de guerra no pasaba de cuatro o cinco galeras ágiles y ligeras, preparadas, ante todo, para prevenir ataques a las costas propias, por lo que la mayor parte de las campañas de depredación y saqueo en territorio enemigo se llevaron a cabo por mercenarios.

Una vez que los propios caballeros empezaron a combatir en el mar todo cambio. No debe olvidarse que eran monjes, y hoy en día su actitud nos parecería de un fanatismo absurdo, incomprensible y brutal. El servicio de armas a bordo de las galeras era una obligación para todos los caballeros de San Juan que se cumplía con la disciplina propia de la Orden, pero pronto se convirtió en devoción, e incluso en algo buscado y deseado, pues era la mejor forma de mostrar el valor y la fidelidad al juramento dado.

Todas las primaveras, las galeras de La Religión, cada vez mejor dirigidas y tripuladas y más agresivas y audaces, comenzaban su campaña de búsqueda y destrucción. Utilizaban pequeñas galeras para atraer a sus víctimas a verdaderas emboscadas y, usualmente, operaban en parejas para darse apoyo mutuo, o en flotillas de tres. Cuando iban solas para actuar en corso, se disfrazaban de galeras turcas —a la «turquesa»—. Así sorprendían a sus presas, que no sospechaban que estaban delante de su enemigo más peligroso hasta que se les echaba encima.

Gracias a su habilidad en el combate cuerpo a cuerpo, los caballeros del Hospital abordaban la galera o barco enemigo y separaban a los supervivientes. Los esclavos musulmanes mantenían su condición, pero en la galera de la Orden, los cristianos eran liberados, y los prisioneros se dividían en dos grupos: los griegos o levantinos se vendían como esclavos —por «cismáticos», a pesar de ser cristianos— y los musulmanes eran, directamente, lanzados al mar por la borda. Las mujeres, si eran atractivas y jóvenes, y los niños, si era posible venderlos, eran perdonados y usados para fines «comerciales» o de otro tipo.

Salvo que la galera fuese un «halcón solitario» y buscara presas en aguas enemigas, disfrazada «a la turquesa», pues entonces no se dejaba a nadie con vida. Todos, desde los remeros a los pasajeros y tripulantes, eran enviados al fondo del mar con su barco, para que no pudieran dar la voz de alerta.

Según avanzó el siglo XIV el tamaño de las galeras de guerra de Rodas aumentó. Los astilleros de la isla, o de los de sus vecinas del Dodecaneso, tenían medios e incluso madera suficiente para repararlas, pero no para construirlas, por lo que se encargaban en Génova o Marsella.

Las galeras evolucionaron a lo largo del final de la Edad Media, y a principios del siglo XV disponían de entre dieciséis y veinte bancos de remos, en grupos de tres, por cada banda. Su volumen se fue incrementando, y a finales del XVI disponían ya de unos veinticuatro. El aumento del tamaño obligó a las tripulaciones a disponer de menos espacio, en un lugar ya de por sí angosto.

Hasta la introducción de las armas de fuego todas iban equipadas con algún sistema para lanzar proyectiles a larga distancia,

0025 Combate naval de Episkopi, en 1323. Las galeras de la Orden, lideradas por el almirante Gerard de Pins, derrotan en el golfo de Taranto a la flota otomana del futuro sultán Orhan Gazi cuando se dirigía a atacar Rodas. Obra de Auguste Etienne Francois Mayer realizada en 1841. Palacio de Versalles.

desde catapultas a grandes ballestas, y llevaban un espolón para atacar de proa.

Su objetivo no solía ser el hundimiento de la galera enemiga, salvo que se tratara de una nave de guerra, sino el asalto, para capturar botín y prisioneros, lo que exigía tener a bordo combatientes decididos y experimentados. En una buena campaña se podía obtener un botín considerable. Los caballeros de San Juan se convirtieron así en expertos en obtener ventajas de la posición estratégica que tenía su isla en el Mediterráneo oriental, y de las necesidades de determinados artículos o productos que tenían sus enemigos, y que, para obtenerlos, precisaban de un intenso tráfico mercante. Eso facilitaba a los caballeros atacar sus líneas de comunicaciones y obtener grandes ganancias.

En la parte técnica, la Orden de San Juan adoptó con un entusiasmo radical las armas de fuego. Los caballeros combatían siempre con una inferioridad numérica dramática, por lo que todo sistema que equilibrase algo las cosas era bienvenido. En 1395 el prior de Cataluña poseía ya bombardas, y a principios del siglo XV todas las galeras de la Orden montaban ya precarios cañones. Posteriormente instalaron sacres, culebrinas y falconetes, para apoyar con su fuego los abordajes. No obstante, las galeras seguían presentando problemas para cargar armas pesadas y seguían basando su eficacia en la maniobrabilidad.

Los caballeros, sin duda, eran por su origen aristocrático y noble hombres acostumbrados a respetar las tradiciones. Estaban profundamente apegados a sus armaduras pesadas, a sus montantes y a sus tremendas espadas de mano y media, con las que en el combate cuerpo a cuerpo, para el que se entrenaban desde niños, eran un enemigo devastador y temible. Sus enemigos lo sabían, y hay multitud de descripciones en fuentes musulmanas que destacan la resistencia de las armaduras de los hospitalarios y la imagen de poder e invulnerabilidad que transmitían sus portadores.

Ese apego a lo tradicional se combinó muy bien con el uso de las armas más modernas. Muchos caballeros, por no decir todos, eran vástagos de familias ricas y pudientes que se podían permitir gastar en sus armas todo el dinero necesario. A mediados del siglo XV sus mercenarios y soldados ya usaban cañones de mano y en la década final emplearon escopeteros. Sabemos que ya en 1531, al poco de llegar a Malta, algunos caballeros tenían pistolas, un arma que, en la época, era casi de ciencia ficción.

Basándonos en los testimonios venecianos, a mediados del siglo XIV una galera de combate *sensile* —sencilla— de La Religión embarcaba la dotación —*equipaggio*— con sus oficiales, la chusma o *ciurma* y los criados. En total, quinientos diecisiete hombres. El personal completo lo constituían los denominados *officiali cavalieri*, los *officiali marinari*, la *gente di capo*, la *milizzia* y la ya citada *ciurma* encargada de la boga.

El mando máximo correspondía al *capitano*, con su segundo, el *lugotenente col nome di padrone*. El *re* era el comandante de los caballeros que se hallaban de guardia. El *cercamar* actuaba como jefe de la artillería y supervisor del amunicionamiento y la pólvora. Los *caravanisti*, hasta cincuenta según las épocas, eran caballeros novicios. Todo este grupo formaba los denominados «oficiales caballeros»; junto con ellos embarcaban dos sacerdotes de la Orden: el *priore*, con responsabilidades referentes a los jóvenes novicios, y el *missionario* o capellán.

Los oficiales de mar eran numerosos. Pertenecían a esta categoría el *piloto* y el copiloto, *compagno di piloto*; el *comitro*, responsable de la maniobra y los remeros con su segundo, el *sotto comitro*; el jefe de artillería, *capo maestro cannoniere*; el contador, *scrivano* o *greffier*, con su *sotto scrivano*; el *chirurgo*, encargado de la sanidad; y el *agozzino*, alguacil de esclavos.

En una categoría inferior se encuadraba a la *gente di cabo* —la maestranza española—, que incluía otros oficios diferentes de los marineros. En ese grupo estaba el *capitano dei marinari*, que no era más que un contramaestre; los tres *consiglieri*, consejeros de los pilotos, gente experimentada en la navegación mediterránea; el *sottocomitto de mezzania*, un tercer cómitre que se situaba en mitad de la crujía y era el verdadero director de boga; el *sottocomitto di silenzio*, especialista en la boga nocturna y silenciosa en puertos o entre formaciones enemigas como observadores infiltrados; los tres maestros carpinteros: el *maestro di ascia*, el *maestro calefato* y el *maestro remolaro*, supervisor este último de los remos; los auxiliares del escribano, el *scrivanetto*, el *paglionere* y el *marinaro in servizio dello scrivano*; y el *barberotto*, un mero sangrador que se ocupaba de las primeras curas.

Los artilleros eran marineros más o menos especializados. La marinería de cabo solían formarla dieciocho marineros de primera clase, cuarenta y cinco de segunda y once pajes, de los que nueve eran proeles —la maniobra de proa en las galeras era fundamental—.

La chusma la componían un centenar de *marinari de remo*; ciento setenta y seis galeotes, *sclavi forzati*, y cincuenta especialistas voluntarios, *buonavogli*.

A todo este entramado había que añadir la llamada *famiglia del capitano*, formada por nueve personas del servicio de los caballeros que atendían la mesa del capitán.

La tropa embarcada, la *milizzia*, al mando de un oficial caballero, el *sotto maggiore*, que contaba con un *sargente*, un *sotto sargente*, cuatro cabos generales —*caporali di galera*— que actuaban como sus auxiliares, cuatro *lanze di galera* —cabos segundos— y un cabo especialista, llevaba entre treinta y cincuenta hombres «espadados» y de diez a veinte ballesteros. También podía embarcar unas ciento sesenta corazas, ciento sesenta gorgueras, ciento setenta cascos y doce ballestas, además de lanzas, jabalinas, hachas y alabardas. Normalmente el capitán y los caballeros que fuesen en el buque llevaban armaduras muy pesadas, hachas, alabardas y sus grandes espadas, en tanto que el resto de los soldados iban equipados de una forma mucho más ligera.

Con Rodas ya perdida, la Orden recibió un encargo realizado unos años antes a un astillero italiano. No se trataba de una galera ordinaria de combate, ni siquiera de una galera fanal o *lanterna*, sino algo diferente. Cuando subieron a bordo y navegó por primera vez, los desmoralizados caballeros, aún dolidos por estar sin una base desde la que continuar con su misión de combatir a los enemigos de Cristo, debieron imaginar que ante ellos se abría un mundo de nuevas posibilidades.

Se trataba de la *Santa Ana*, una nave «manca», sin remos, del estilo de las que dominaban ya el Atlántico y las rutas a la India y América. Más grande que la *Santa Catalina del Monte Sinai*, portuguesa, y que la *Harry Grâce a Dieu*, inglesa, que hasta el momento era el mayor buque de guerra del mundo.

La *Santa Ana* era algo asombroso. Siempre atenta a las innovaciones, la Orden quiso que se hiciese para resistir cualquier ataque artillero. Tenía cuatro mástiles y la quilla metálica. En dos cubiertas podía llevar cincuenta piezas de artillería pesada y muchas más pequeñas, un arsenal para quinientos soldados y cien caballeros y comida para medio año, pues incluso disponía de un pequeño bosque de cipreses y naranjos.

Este palacio de los mares inauguraba una nueva era en la guerra naval, pero los caballeros malteses siguieron aferrados a sus galeras, a las que tanto debían, y de las que tan buen beneficio obtenían.

Sin territorio, pero con su propia soberanía, su convento y la flota, la Orden comenzó el exilio. De enero a mayo se quedaron en Candia, para luego partir hacia Mesina. Tras una complicada navegación en la que no faltaron los intentos de ataque o abordaje, la flota pudo reunirse en el puerto siciliano. Al llegar, los caballeros supieron el destino de las expediciones fletadas por diversos priores para socorrer la isla perdida. La del mallorquín Antonio de Santmarti, gran prior de Cataluña, que había armado un galeón a sus expensas en el que embarcaron navarros, aragoneses, mallorquines, catalanes y valencianos; había sido cañoneado a la altura de Sicilia por una escuadra turca que intentó el abordaje con granadas de mano y proyectiles incendiarios. Tras seis horas de combate lograron huir, gracias a un cambio de viento, y a duras penas llegaron a Bonifacio, para luego con muchas dificultades atracar en Mesi.

El Priorato de Navarra y la Castellanía de Amposta armaron un galeón con armas y municiones que fue interceptado en aguas de Córcega por los turcos y, aunque consiguió escapar, no llegó más allá de las aguas de Messina. El prior de Castilla, frey Diego Álvarez de Toledo, armó una carraca que salió de Cartagena, pero fue atacada por corsarios berberiscos que destrozaron el palo mayor. Un caballero francés fletó tres naves desde Génova y otras tres salieron de Marsella pagadas por seis prioratos de Francia. Todas fueron hundidas en aguas de Messina. En el mismo lugar también pereció la escuadra italiana. Los ingleses, que encontraron al zarpar una gran tormenta, ni siquiera pudieron llegar más lejos de su isla.

En julio los sanjuanistas decidieron trasladarse a Baia, y desde ahí a Civitavechia. A finales de 1523, la elección como papa Clemente VII del cardenal Julio de Medici —uno de los suyos— dio a los caballeros un protector poderoso. Les asignó Viterbo como residencia para la Orden hasta que consiguieran un hogar permanente, y entre otros privilegios les concedió también que el gran maestre fuera guardia del cónclave de cardenales. Cuando el cardenal camarlengo sellaba el cónclave por dentro, el gran maestre lo hacía por fuera, y se convertía en la máxima autoridad en el exterior, con rango de cardenal.

En Viterbo ocuparon el castillo de la Roca que había construido el cardenal Gil de Albornoz en 1534, y con la Colegiata de los Santos Faustino y Jovita como iglesia conventual, estuvieron hasta que se declaró la peste. La muerte de un gran número de caballeros afectados por la enfermedad los obligó a un nuevo traslado. Primero a Corneto, más tarde, en 1527, a Niza, y un año y medio después a Siracusa. Siete años en los que la Orden, aún con sus embajadores y legaciones, se mantuvo errante.

La inestable situación en la que se encontraban obligó a Villiers a viajar a las cortes europeas para intentar conseguir un asentamiento fijo mientras solicitaba apoyo para la reconquista de su territorio. Venecia, que era la mejor situada ante las islas griegas y no pensaba romper la paz con los turcos, se negó a ayudarlos. Igual que lo había hecho durante el cerco de Rodas.

Pero apareció un invitado con el que no se contaba. Mientras los turcos habían creado su inmenso imperio en el Mediterráneo oriental, otro lo había hecho en el occidental de una forma más prudente. Primero con la unión de Castilla y Aragón, luego con la reconquista del reino de Granada y, finalmente, mientras se ocupaba una línea de ciudades en el norte de África que incluía el lejano Trípoli y tomaba Nápoles a los franceses. Una posición que se vio muy reforzada cuando, en abril de 1526, los turcos derrotaron a los cristianos en la batalla de Mohacs y cayó en el combate Luis II el Póstumo, rey de Hungría y Bohemia. Su muerte llevó directamente al trono de emperador a Carlos I de España, ahora dueño de media Europa.

Como no podía ser de otra forma, al chocar los dos imperios en el Mediterráneo, a Carlos I le convenía frenar el poderío naval turco, y qué mejor manera que ceder una base a la Orden para que se ocupara de ello. Malta, una antigua posesión aragonesa de la corona de Sicilia de veintisiete kilómetros de largo por quince de ancho, era la más indicada para hacer honor a su nombre —«refugio», en lengua árabe— y, por qué no decirlo, su única opción. Se la ofreció de manera extraoficial en 1523, al poco tiempo de comenzar su éxodo, junto con todo el archipiélago, e incluso añadió la plaza fuerte de Trípoli. Para los sanjuanistas era una oportunidad de empezar de nuevo.

El 18 de octubre, tras analizar en el Capítulo la idoneidad de las islas y estimar la capacidad y tamaño de sus puertos, la Orden envió a la corte al prior de Castilla, Diego de Toledo —hermano del tercer duque de Alba—, a su ingeniero, frey Tadini y al capellán Antonio Bosio, con el fin de presentar la petición de forma explícita. Contaban con el acuerdo de los caballeros españoles y alemanes y las reticencias de los franceses, pero estaba claro que desde allí podrían dominar las rutas que unían África, Asia Menor y Europa.

El rey, inmerso en la guerra contra Francisco I de Francia y contra la Reforma de Lutero, los recibió solo para confirmarles su ofrecimiento. A cambio de la cesión a feudo perpetuo en nombre suyo y de sus sucesores, pedía que tanto el gran maestre como todos los que se eligiesen después de él le prestasen juramento de fidelidad. Además, se reservaba la potestad de nombrar a los obispos de Malta[114], y exigía que los cargos de almirante de la flota y el de su lugarteniente recayeran a perpetuidad en miembros de la lengua de Italia.

El mayor problema era la cláusula de juramento de fidelidad al rey de España, que atentaba contra el carácter soberano de la Orden y contra su estricta neutralidad en los conflictos entre príncipes cristianos, decretada en el siglo XV por Fernández de Heredia. Aunque era lógica la cautela de Carlos I al estar en guerra con Francia, máxime cuando esa era la nacionalidad de Villiers y de treinta de sus cuarenta y tres predecesores.

Los términos de la cesión supusieron una gran decepción en el Convento, que dejó de lado la idea de quedarse con Malta y volvió a reconsiderar la reconquista de Rodas. Sin embargo, aconsejados por el papa, que sabía de la imposibilidad de organizar la campaña, decidieron seguir adelante con las gestiones.

En julio de 1524, una comisión de la Orden formada por un miembro de cada una de las ocho lenguas viajó a Trípoli para realizar un informe sobre el estado de la ciudad. No les gustó. Las fortificaciones estaban semiderruidas y no podían soportar un ataque de la artillería, salvo que se arreglasen con un elevado coste, que suponía también traer la piedra y otros materiales de fuera. Algo similar le ocurría al puerto, apto para las galeras, pero insuficiente para las grandes carracas. Luego fueron a Malta. La opinión era solo algo más favorable, aunque se veía favorecida por su gran puerto natural, capaz de alojar una flota de un tamaño del que no disponía ningún monarca cristiano hasta entonces.

En cualquier caso, la guerra que mantenían España y Francia dejó en suspenso la decisión. Los caballeros franceses no estaban

---

114   Esa tampoco era una cláusula muy extraña, aunque los freires franceses pensasen acertadamente que era para meter un informador en la sede del Convento. En la práctica, por norma general, los reyes sugerían a la Santa Sede los nombres de los obispos que querían. Lo habían hecho, por ejemplo, Felipe el Hermoso de Francia para hacerse con los bienes de los templarios, y Enrique VIII de Inglaterra, para poder divorciarse de la reina Catalina.

dispuestos a que la Orden sirviera solo como barrera para defender las posesiones españolas.

El 24 de febrero del año siguiente las cosas cambiaron. Francisco I fue derrotado en Pavía, apresado y trasladado a Madrid y, en 1526, para conseguir su liberación renunció al Milanesado, Navarra, Nápoles y al Ducado de Borgoña. Ahora tomar una decisión parecía mucho más sencillo, sobre todo, si continuaba sin haber alternativa[115].

El Capítulo General, reunido en Viterbo en 1527, acordó por mayoría aceptar Malta[116], aunque sin la condición previa del juramento de fidelidad, y ese mismo año el gran maestre viajó a España y fue recibido por Carlos I en Toledo con todos los honores. Desgraciadamente para la Orden la guerra continuó, y con ella la demora de la entrega de la isla. Más aún cuando Clemente VII, que a pesar de que se sentía muy conmovido por la difícil situación de los sanjuanistas no pensaba mejorar sus relaciones con Carlos I, entró a formar parte de la Liga de Coñac junto con Francia, Inglaterra, el duque de Milán, Venecia y Florencia.

Otros dos años pasaron hasta que Carlos I, con graves problemas financieros, consiguió derrotar a los dos ejércitos franceses que había en campaña. El 29 de junio de 1529, ya sin que Francisco I tuviera ninguna esperanza de recuperar Italia, el papa abandonó la Liga y, a cambio de la concesión definitiva de Nápoles y la coronación imperial del rey de España, le fueron restituidos Rávena, Cervia, Módena y Reggio.

Solventados los problemas con Clemente VII, el asunto de Malta continuó su camino. El 18 de julio, ante la inminente y favorable decisión que ponía la isla en sus manos —frey Antonio Bosio había transmitido al gran maestre la noticia—, la Orden abandonó Niza y Villefranche, camino de Siracusa, en Sicilia, con 25 000 escudos de oro para atender a las necesidades más urgentes, donados por Carlos I, que conocía las dificultades económicas por las que atravesaba la Orden.

La flota la componían quince navíos —dos de ellos recién terminados en Villefranche—, cinco galeras, las dos grandes carracas

---

115   Posteriormente Francisco I alegó que al estar preso no le pudo ofrecer a la Orden las cuatro islas de Hyeres, al sur de Francia, como habría sido su deseo. Parecía ya un poco tarde.

116   Mientras duró la guerra entre España y Francia todas las lenguas francesas se negaron a aceptar la decisión.

Santa María y *Santa Ana*, un galeón, el navío *Marieta*, otra nave contratada, tres navíos más armados y dos bergantines. En ellos viajaban el gran maestre, el Convento, caballeros, soldados, marineros y los fieles rodios que habían seguido a la Orden en su exilio para no caer bajo la dominación turca. Además, embarcaron setecientos mercenarios enrolados en Niza. En total, unos cuatro mil hombres aptos para el combate.

El gran maestre Philippe Villiers de l'isle Adam toma posesión de Mdina, capital de la isla de Malta, el 13 de noviembre de 1530. La Orden Hospitalaria de San Juan de Malta quedó así definitivamente estructurada de una forma peculiar, a caballo entre un instituto religioso y un principado absolutista en posesión de múltiples encomiendas y bailiazgos desde Portugal hasta Polonia. Grabado de H. Adlard. Colección particular.

A causa de las tormentas la flota no pudo reunirse en Trapani hasta el 10 de agosto, y el 26 zarpó de nuevo rumbo al archipiélago maltés. Lo rodeó para reconocerlo, pero nadie desembarcó. Después regresaron a Siracusa, donde esperaron la autorización imperial, que se demoró hasta el 24 de marzo de 1530.

Ese día, en Castel Franco de Emilia, Bolonia, el ya emperador desde el 24 de febrero firmó por fin el documento que autorizaba la cesión[117]. El acuerdo incluía también el compromiso de Sicilia de aprovisionar a los caballeros de trigo libre de impuestos.

Los hospitalarios lo aceptaron y el papa Clemente VII lo aprobó por bula el 25 de abril. En contraprestación, la Orden adquirió la obligación de mantener una perpetua neutralidad en las guerras entre países cristianos, y el deber de tributar fue sustituido por la entrega de un halcón el día de Todos los Santos a un subordinado del rey, el virrey de Sicilia.

En realidad, aunque el emperador teóricamente lo mantuviese como un feudo con potestad sobre hombres y mujeres, el vínculo de vasallaje no era más intenso que el que se mantenía con otros Estados de la época —Nápoles, por ejemplo—, que debían jurar fidelidad al papa o al emperador. Lo que sí es cierto es que no era comparable con la soberanía territorial que había mantenido la Orden sobre Rodas. De hecho, para el emperador era una espléndida ganga. Hasta entonces Malta no había tenido para él ningún valor, y desde ese momento se convertía en uno de los mejores baluartes de sus dominios.

La madrugada del 26 de octubre de 1530, Villiers pisó por primera vez el suelo de Malta. Tras él, el Convento, los caballeros y el resto de notables de la expedición. Poco después, la flota al completo —dos carracas, cinco galeras, dos bergantines y seis naves de menor tonelaje— fondeó en el puerto del Burgo, con tres mil hombres a bordo.

El 1 de noviembre los caballeros le entregaron al virrey Héctor Pignatelli el primer halcón. Desde entonces los miembros de la Orden serían conocidos como caballeros de Malta.

---

117   Se conserva un original del acta en la Biblioteca Nacional de La Valeta.

Por gracia del emperador

«La paciencia y la espera no dan más que fuerza y rabia».

Jean de La Fontaine

LA LUCHA POR EL MEDITERRÁNEO

Tras acabar con el Imperio bizantino, los turcos se prepararon para presionar sobre Occidente, tanto en el Mediterráneo como en el valle del Danubio. A finales del siglo xv, ya amenazaban a Hungría, Austria, Bohemia y Polonia, pero en el Mediterráneo occidental, para poder imponer su poder ante los Estados cristianos y atacar a su enemigo más encarnizado, el sacro emperador romano Carlos V, debían solucionar ciertos problemas de índole estratégica que bloqueaban e impedían el desarrollo seguro de sus operaciones militares.

Su primer objetivo no podía ser otro que los caballeros de San Juan, que ahora desde Malta continuaban arrasando el comercio de Levante. Había que destruirlos, y lo primero de todo era acabar con su bastión de Trípoli, que enquistado en la costa africana bloqueaba la comunicación por tierra desde Cirenaica a Argelia. No era un objetivo difícil, suponía una constante sangría de los recursos sanjuanistas, era muy difícil de fortificar debido a la naturaleza arenosa del suelo y resultaba complicado de socorrer por estar tan distante de Malta. Era obvio que en cuanto hubiese un ataque la ciudad caería, y así lo vieron también en la Sublime Puerta.

Una vez tomado Trípoli, el segundo golpe debía realizarse contra el propio archipiélago maltés, el tapón que guardaba la entrada al Mediterráneo occidental. Si se conseguían ambas metas, además de poner a la orgullosa Venecia en un grave apuro que permitiría arrebatarle Chipre, se podría intentar apoyar a los moriscos de Andalucía, y con ello atacar a los españoles en su propio reino.

Lo único que el Imperio otomano no debía olvidar es que tenía otros enemigos al este y el norte, fuertes y peligrosos, que condicionaban su estrategia. Ante ellos también debían estar vigilantes y alerta. Sin embargo, su gran ventaja era que la supervivencia de su imperio no estaba amenazada por los Estados de Europa occidental, ni siquiera por los territorios de los Habsburgo. Tenían absoluta consciencia de que la iniciativa estaba en sus manos. Sus competentes visires, generales y almirantes; el valor, organización y entrenamiento de sus soldados y marinos; sus vastos recursos y sus finanzas en manos de administradores competentes y eficaces les daban una sólida base de la que partir, y su espíritu de conquista y valor les situaba por encima de sus oponentes. Si todo iba como debía, las costas de la Europa cristiana del sur, desde Dalmacia a Gibraltar, las mismas que llevaban décadas siendo asaltadas por los corsarios

Plano de Trípoli en 1510, durante el asedio español. Cuando las tropas ocuparon la ciudad la destruyeron y construyeron una base naval fortificada sobre los escombros. Tras su conquista por los turcos, se convirtió en una de las principales bases corsarias musulmanas.

africanos, iban a sufrir ahora el ataque decidido y eficaz del mayor poder militar del mundo. La espada del islam estaba lista para obtener la victoria.

Para los grandes *reis* berberiscos, las galeras de La Religión eran una pesadilla. Duros, brutales e insensibles a todo, la participación de los feroces corsarios de la Orden en todas las ofensivas y coaliciones que los reinos cristianos organizaban cada cierto tiempo contra los turcos era tan efectiva que se convirtieron en un peligro constante. Claro que tampoco los corsarios del norte de África les iban a la zaga.

Contra todo pronóstico, el primer golpe turco fue contra el propio archipiélago maltés. El 18 de julio de 1551, la flota otomana atacó directamente las bases de la Orden. Primero en Marsamuschetto, después marcharon sobre Birgu y el fuerte de San Ángel. La resistencia de los caballeros fue dura y, sin medios suficientes para tomar las fortalezas o sostener un largo asedio, los turcos se retiraron.

No fueron muy lejos. Las naves de Sinan Bajá, acompañadas por las de Salah Rais y el terrible corsario Dragut, marcharon a la vecina isla de Gozo. El castillo de Gozo estaba al mando de un caballero de la Orden, Gelatian de Sessa, de la «lengua» de Italia, que tras aguantar un bombardeo intenso fue consciente de que no podía resistir mucho más y se rindió. Para la población de aquella pequeña isla fue el fin. Casi seis mil de sus habitantes fueron apresados y convertidos en esclavos, y todo el terreno arrasado y prácticamente despoblado.

Tras este brutal golpe a los odiados caballeros, el siguiente se dirigió contra Trípoli, cuyo gobernador era el francés frey Gaspar de Vallier, que disponía de treinta caballeros y algo más de seiscientos mercenarios calabreses y sicilianos[118].

Trípoli, conquistado en 1510 por los españoles, había sido un puerto corsario de segunda fila, a pesar de encontrarse en una buena posición, y la exitosa ocupación cristiana había evitado el nacimiento de un nuevo nido de piratas. Durante veinte años su guarnición lo había defendido con firmeza, bloqueando por tierra el camino de Alejandría a Argel, especialmente durante el periodo en el que España controlaba también Túnez y el poderoso fuerte de La Goleta. En 1530, al mismo tiempo que el emperador Carlos donó Malta y

---

118 Algunas fuentes dicen que disponía de seiscientos caballeros, pero es un disparate. No los había ni en la propia Malta.

FR: RE: JEAN: HOMEDE: QVARENTE - SIXIEME: GRAND MAITRE

Juan de Homedes, de la lengua de Aragón, gran maestre de 1536 a 1553. Durante su mandato la Orden fue disuelta en Inglaterra por Enrique VIII y desprovista de todas sus posesiones. Su dirección recibió múltiples críticas, por lo que no extrañó que uno de los caballeros de la lengua de Francia presente en la caída de Trípoli, Nicolás de Villegagnon, futuro explorador del Brasil, denunciara públicamente su lamentable actuación durante el tiempo que duró el asedio.

otras pequeñas islas a los caballeros, les cedió también Trípoli. Si Malta no les gustó, la ciudad norteafricana ya directamente les horrorizó. No obstante, disponía de un puerto aceptable, que podía ser útil a las naves corsarias de la Orden para entorpecer las líneas de comunicación entre los puertos de Berbería y los turcos de Estambul y el Egeo.

Tras cercar el castillo y establecer tres baterías con doce piezas cada una, los turcos abrieron fuego, dañando las defensas exteriores y obligando a la guarnición a refugiarse, sin opción de oponer nada parecido. Sorprendentemente, junto con la flota turca iba el embajador de Francia ante el sultán Solimán, Gabriel d'Aramont. Se había unido a ella con dos galeras y una galeota, supuestamente a petición del gran maestre de la Orden, que había solicitado que no se ocupase la plaza, por no ser los caballeros objetivo de la alianza turco-francesa contra los Habsburgo. Por supuesto los duros capitanes Sinan y Dragut no estaban dispuestos a detener su ataque, y cuando el embajador francés amenazó con ir a Estambul y pedir el apoyo del propio sultán, los jefes de la expedición turca le impidieron salir al mar y lo retuvieron hasta que la plaza cayera.

Mientras, en la ciudad sitiada la resistencia no estaba siendo muy heroica. Los mercenarios italianos se rebelaron en el castillo, por lo que Vallier comenzó a negociar la rendición. Se entregaron finalmente el 15 de agosto ante Sinan Bajá, tras solo seis días de bombardeos. Los caballeros, la mayoría de las «lenguas» de Francia, Provenza y Auvernia, fueron devueltos a Malta por la intervención del embajador francés, y se les dejó marchar en sus galeras, mientras que los mercenarios fueron esclavizados. Como premio por su actuación, Murad Agá, comandante desde 1536 de los jenízaros del puesto de Tajura[119], fue nombrado *pashalik* —gobernador— de la ciudad capturada.

El papel de D'Aramont fue ampliamente criticado por el emperador Carlos y por el papa Julio III, pues se le culpaba de haber empujado a los turcos contra la ciudad y haber participado en el banquete de celebración de la victoria. España acusó a Francia ante toda la cristiandad de colaboración con los turcos, lo que a la larga favoreció al emperador, pues la mayor parte de Europa, tanto católica como protestante, acabó por denunciar la postura del monarca francés. No le

---

119   Tajura, a solo veinte kilómetros de Trípoli, fue fortificada por los turcos.

importó, sabía que la pérdida de la ciudad en la costa libia debilitaba la posición de España, que se quedaba sin su última posición en el Mediterráneo oriental[120].

Cuando llegó a Malta, Vallier fue juzgado y considerado culpable. Lo despojaron de su hábito de la Orden y de la cruz, aunque se sabía que la actuación del gran maestre Juan de Homedes, de la «lengua» de Aragón, había sido lamentable, actuando en contra de los principios básicos de los caballeros de San Juan.

Tras la caída de Trípoli, Francia ya no podía ocultar sus miserables intenciones, y el rey mandó a la flota de galeras de Marsella unirse a los turcos. Unas órdenes que, avergonzados, los capitanes franceses cumplieron.

En 1553, Dragut fue nombrado por el sultán Solimán bey de Trípoli y gobernador de la nueva provincia turca de Tripolitania. La ciudad se convirtió en un importante centro corsario desde el que coordinar e impulsar nuevos ataques en el Mediterráneo. A Dragut le enviaron tropas y material para reforzar la plaza y convertirla en una poderosa base. Con su nueva flota, en 1558, asaltó Reggio di Calabria, llevando a Trípoli a toda la población cautiva. En la acción estuvo acompañado de nuevo por D'Aramont, que tuvo el «honor» de ser el primer diplomático de la Europa cristiana que participó en una operación destinada a esclavizar a miles de habitantes del Viejo Continente.

Con la pérdida de Trípoli también se agravó la crisis cristiana. Envuelto en una durísima guerra contra Francia en el frente norte —Picardía y Flandes—, y también en Italia, el joven rey de España Felipe II, que había sucedido tras su abdicación a su padre el emperador, no podía atender a su nuevo y poderoso enemigo. A pesar de que ese mismo año, una flota corsaria al mando de Pialí Bajá cayó sobre Menorca, haciendo esta vez daño a la propia España y, a partir de entonces, las incursiones en el Levante español se incrementaron de forma espectacular.

Una situación que obligó finalmente a Felipe II a solicitar al papa Pablo IV, y a sus aliados católicos, la formación de una expedición que

---

120   En 1450 las naves de Alfonso V de Aragón ocuparon la isla de Castellorizon —Kastelorizo—, junto a la costa continental turca, la posición más oriental en manos de un monarca español en la historia, y Cefalonia fue tomada por el Gran Capitán en 1500. La primera fue conquistada por los turcos en 1461, y la segunda cedida generosamente a Venecia, su anterior propietario.

recuperase la perdida ciudad africana. Victorioso en San Quintín, y liquidado el pleito con Francia sobre Italia con un claro triunfo español ratificado en 1559 con la Paz de Cateau-Cambresis, el rey de España estaba, por fin, libre para actuar en el Mediterráneo. Tras largas negociaciones se logró formar una coalición con Génova, los territorios españoles de Nápoles y Sicilia, Florencia, el papa y la Orden de Malta. El mando de la poderosa flota se le entregó a Giovanni Andrea Doria, sobrino del gran Andrea Doria que, muy anciano, colaboró con la organización de la primera flota aliada cristiana que combatía contra «el turco»[121].

Desgraciadamente, aunque estaba comprobado que las expediciones con galeras realizadas en invierno solían fracasar, la impaciencia y la necesidad de impedir que el corso tripolitano y turco arrasase en primavera las costas italianas provocó que, finalmente, la flota combinada cristiana, cuya fuerza estimada estaría entre cincuenta y sesenta galeras y de cuarenta a sesenta naves menores[122], partiera el 10 de febrero de 1560 y se dirigiese hacia Trípoli.

Nada salió bien. El mal tiempo impidió que pusieran proa directamente hacia el sur y tuvieron que refugiarse en Malta. La expedición desembarcó cerca de la ciudad, y todo se complicó aún más. No había agua suficiente, faltaba la comida, comenzaron las enfermedades —con las que se perdieron alrededor de dos mil hombres—, y una tormenta dañó las galeras. Los capitanes, temerosos de que se produjera un desastre como el de Argel, embarcaron y se dirigieron a la isla de Djerba —para los castellanos, el archipiélago de Los Gelves—, que tomaron con facilidad. Don Juan de la Cerda, duque de Medinaceli y virrey de Sicilia, ordenó que se construyese una fortificación, que se comenzó a levantar en marzo.

Pialí Bajá, almirante de la flota turca, había recibido la orden de dirigirse contra los cristianos en enero, un mes antes de la partida de Doria. Junto a él navegaban al menos ochenta y seis galeras, fustas y galeotas —el grueso de todas sus naves— que, tras preparase

---

121 Murió poco después, con noventa y cuatro años.
122 Carmel Testa, que tuvo acceso a los archivos de la Orden, detalla con precisión su composición en su obra *Romegás*: cincuenta y cuatro galeras, siete bergantines, diecisiete fragatas, dos galeones, veintiocho veleros comerciales y doce barcos pequeños.

cuidadosamente, avistaron Djerba el 11 de mayo, después de una espectacular travesía que los llevó a su destino, con vientos favorables, en solo veinte días.

La sorpresa de su llegada fue total. Atrapados sin un plan de batalla claro, los comandantes de las fuerzas cristianas no supieron cómo reaccionar. Para Pialí Bajá fue uno de los triunfos más fáciles de su vida. Con la flota cristiana desorganizada y las dificultades que tenían para escapar hacia el oeste por tener el viento en contra, los turcos los barrieron en solo unas horas.

En la fortificación estaban aún los dos mil soldados españoles de Álvaro de Sande y buena parte de los caballeros, que contuvieron el primer asalto de las tropas de Pialí Bajá, pero a los tres días llegó Turgut Reis con refuerzos y se organizó un sitio en regla. La resistencia fue notable. Sande aguantó tres meses, hasta que fue privado de los pozos de agua que abastecían la fortaleza.

Según Giacomo Bosio, cronista oficial de la Orden de Malta, cuando Djerba se rindió el 31 de julio, Pialí Bajá se llevó a Estambul a cinco mil esclavos y prisioneros, incluyendo a Sande[123] y a otros grandes capitanes como Sancho de Leyva y Berenguer de Requesens. Antes los obligó a levantar con los restos de los caídos cristianos la siniestra Burj al-Rus —torre de las Calaveras—, que se mantuvo hasta 1848, cuando el cónsul británico protestó y se ordenó derruirla y enterrar los restos humanos en el cementerio católico.

Respecto a las cifras de bajas de ambos bandos, aunque no se conocen a ciencia cierta, puede llegarse a una conclusión: los turcos perdieron apenas un millar de hombres y unas pocas galeras, pero el desastre cristiano fue terrible[124]. Solimán podía estar orgulloso, pues su imperio había alcanzado el cenit de su poder en el Mediterráneo y llevado el miedo a las costas de España e Italia, donde las gentes, aterradas, aguardaban el siguiente golpe.

---

123   Una vez liberado tras el pago de un fuerte rescate, Álvaro de Sande participaría valientemente, cinco años después, en la lucha por Malta.

124   El coronel John F. Guilmartin —sin duda uno de los mejores especialistas del mundo en guerras renacentistas—, en su moderno trabajo *Gun Power and Galleys*, basándose en interesantes análisis de los datos y de la realidad de lo que podían tener los cristianos en la zona, cuantifica las bajas de la flota en nueve mil hombres. Aproximadamente dos tercios serían «chusma» —galeotes que estaban de remeros—, lo que con las bajas de la guarnición deja las pérdidas de combatientes en poco más de cinco mil efectivos.

EL PRIMER FRACASO

Al principio de su llegada a Malta, los caballeros se mostraron muy disgustados por la rica y hermosa isla que se habían visto obligados a abandonar, pero pronto se dieron cuenta de que, por su posición en el medio del Mediterráneo, su nueva base era un buen lugar desde el que bloquear las rutas navales que comunicaban el este con el oeste, y un excelente punto de apoyo para combatir al corso norteafricano y turco.

Tras la caída de Trípoli y el ataque a la propia Malta y a Gozo, De Homedes pensó que se preparaba un asalto en toda regla con el objetivo de acabar con la Orden, y que el viejo Solimán, arrepentido de haber perdonado la libertad y la vida de los caballeros, deseaba eliminarlos de la alineación cristiana de una vez por todas.

En previsión de lo que se veía venir, se reforzó el castillo de San Ángel, en Birgu, y se ordenó la construcción de dos más: San Miguel, en Senglea, para proteger el Burgo, y el modernísimo fuerte de San Telmo, bajo el monte Sciberras. Este último con traza italiana, lo más avanzado que había en el mundo en ingeniería militar. Los trabajos se realizaron de forma intensa y se logró tenerlos listos en menos de seis meses. A la larga, esas construcciones serían las que decidirían el resultado de la campaña de 1565.

Los dos adversarios mantuvieron una cierta paz durante los años siguientes a la toma de Gozo, aparte de los habituales intercambios de golpes entre los corsarios de ambos bandos. Hasta que, en 1557, el nuevo gran maestre de la Orden, Jean Parisot de la Valette, ordenó incrementar los ataques contra los musulmanes, uniéndose a la expedición contra Trípoli que, como ya hemos adelantado, acabó en el desastre de Los Gelves. Al mismo tiempo, ante el temor de que los turcos volviesen a caer sobre Malta, solicitó a los caballeros de toda Europa que estuviesen listos para ir a la isla, a colaborar en su defensa.

Fue un incidente protagonizado por frey Mathurin d'Aux de Lescout-Romegas, tal vez el mejor comandante de galeras corsarias de Malta, lo que acabó por despertar la ira del todopoderoso sultán. Cuando patrullaba con sus naves cerca de Cefalonia, poco después de vencer a sus enemigos en el peñón de Vélez de la Gomera, sorprendió a una pequeña flotilla turca al mando de Bairán Ogli Reis. No era nada nuevo, un episodio más de la lucha sorda, oscura y brutal que los freires mantenían con sus contrincantes islámicos a lo largo y ancho del viejo *Mare Nostrum,* pero sí era inusual que una de las galeras contara con doscientos jenízaros dispuestos a presentar batalla.

Los de Malta tardaron cuatro horas de salvaje lucha en resolverla a su favor, como sucedía casi siempre, y apoderarse de la embarcación. Lo que encontraron allí superó todo lo imaginable. La galera era propiedad de Kustir Aga, el jefe de los eunucos del harén del sultán y, además de llevar entre sus pasajeros a los gobernadores de El Cairo y Alejandría, y a una de las doncellas de Mirmah, la hija favorita del sultán —lo que ya suponía un rescate considerable—, transportaba un inmenso botín de más de 80 000 ducados. Una fortuna digna de un rey[125]. Solimán, al enterarse de lo ocurrido, apremiado por la indignación que había entre sus consejeros, favoritas y eunucos del harén, y ofendido por la humillación sufrida, decidió aplastar de una vez por todas a los «malditos perros del infierno» y arrasar su isla.

Por entonces, a De Homedes le había sustituido Jean Parisot de la Valette. El gran maestre supo rápidamente por su servicio de información que se preparaba algo grande en Estambul, y que el objetivo era Malta. Tal vez, preocupado por las duras medidas que debía adoptar para la defensa —tácticas de tierra quemada, destrucción de pozos de agua, evacuación de la población civil, acumulación de víveres y municiones, adecuación de las fortificaciones o recluta de mercenarios—, el proceso de preparación fue muy lento. La estimación de que los turcos no llegarían antes de junio fue un error. El 18 de mayo una inmensa flota enviada por Solimán estaba a la vista. Contaba, según Bosio, con ciento noventa y tres naves, entre las que había ciento treinta y una galeras, siete galeotas, seis grandes galeras, ocho mahonas de transporte, once veleros con provisiones y tres más para los caballos. Los buques habían embarcado un tren de asedio de sesenta y cuatro piezas, entre ellas cuatro enormes cañones que disparaban balas de ciento treinta libras y un gran pedrero que arrojaba proyectiles de siete pies de circunferencia. Un material con el que se podía demoler de manera contundente cualquier cosa construida por el ser humano.

Sobre las tropas turcas, exageraciones aparte, nos quedamos con la cifra del capitán Vincenzo Anastagi, enlace con Sicilia, que estimaba las fuerzas enemigas en veintidós mil hombres, una cifra

---

125   Era más de lo capturado por los corsarios ingleses a España en una década.

similar a la de muchos otros escritos de la época —sin contar los refuerzos berberiscos—. Por su parte, Bosio habla de un total de unos treinta mil, número similar a los veintiocho mil quinientos citados por Francesco Balbi de Correggio, un arcabucero que desembarcó con las tropas enviadas desde de Sicilia, en su obra *La verdadera relación de todo lo que ha sucedido en la isla de Malta*[126].

Para los hombres de la Orden, los números de Balbi dan una cifra de solo quinientos cincuenta caballeros, mientras que Bosio habla de un total de ocho mil quinientos defensores. Aunque gran parte de estos fuesen malteses, sin formación militar, la cifra de caballeros sigue pareciendo baja, y hoy en día se considera que con sus sargentos es posible que fuesen algo más de setecientos.

La flota turca ancló frente a la bahía de Marsamxett, muy cerca del Gran Puerto, y al parecer hubo discrepancias entre el visir Lala Mustafá y el almirante Pialí Bajá. Pialí quería conquistar el moderno fuerte de San Telmo para fondear su flota de galeras, que de otro modo tendría que estar constantemente expuesta a los embates del mar, en tanto que el visir prefería tomar Mdina, la vieja capital, situada en el interior —donde estaba el núcleo principal de la caballería de la Orden—, para luego conseguir rápidamente, en un nuevo asalto terrestre, San Ángel y San Miguel.

Construido en la punta del monte Sceberras sobre una antigua torre de vigilancia a partir de un proyecto anónimo de 1543[127] que debía ya estar muy terminado cuando una década después se hizo cargo de las obras el ingeniero español Pedro Pardo, San Telmo bloqueaba la entrada de la bahía. Muy distinto de la fortaleza que puede verse en la actualidad, contaba con cuatro baluartes y una tenaza a los que se les había agregado posteriormente un elevado caballero en la parte posterior, cuya función era cubrir el edificio principal con fuego de artillería. A pesar de que meses antes de iniciarse el asedio se había reforzado por su lado más expuesto con un revellín destinado a evitar que el enemigo pudiese flanquearlo, entre sus defectos, además de la práctica ausencia de fortificaciones exteriores, estaba la

---

126 Se habla con frecuencia de cuarenta y ocho mil o más turcos, algo a todas luces exagerado. Con la capacidad de las galeras del siglo XVI, que solían llevar entre setenta y ciento ochenta hombres, parece claro que las cifras de Balbi son demasiado elevadas. Algo menos de veinticinco mil hombres —más unos seis mil corsarios venidos de África— podría ser una cifra real.

127 Se conserva con esa fecha en el Archivo General de Simancas.

falta de poternas para efectuar salidas al nivel del foso y que no tenía aspilleras, lo que llegó a suponer un grave problema para los defensores a la hora de disparar sobre los atacantes.

Al final fue Pialí Bajá el que impuso su idea, pues calculó que San Telmo apenas resistiría un par de días. El 24 de mayo los gastadores otomanos comenzaron a abrir trincheras de aproximación en la dura roca a unos 400 metros del fuerte, hacia la contraescarpa del foso. Plantaron enseguida dos baterías con veintiún cañones y siete morteros de asedio, y desataron un devastador fuego cruzado sobre la posición cristiana. La defendían quinientos soldados españoles de dos compañías del Tercio Viejo de Sicilia a las órdenes de los capitanes Juan de la Cerda y Gonzalo Medrano, que habían llegado

Jean Parisot de la Valette, apodado Parisot, se unió a la Orden en la lengua de Provenza y combatió en su juventud durante el sitio de Rodas. Gran maestre desde 1557, su éxito en Malta en 1565 fue de una importancia capital para la Orden. Obra de François Xavier Dupré realizada en 1835. Palacio de Versalles.

ya entrada la primavera[128], y alrededor de cien caballeros y personal sanjuanista de «Estado Mayor». Sus órdenes eran resistir a toda costa, en espera de que llegaran los refuerzos prometidos por el virrey de Sicilia.

La lucha fue terrible, los bombardeos alcanzaron una intensidad que se no vería hasta siglos después, y sobre los tres baluartes más expuestos cayó un diluvio de fuego que los dejó convertidos en un montón de escombros. Pero su guarnición rechazó todos los asaltos, en medio de escenas sobrecogedoras, rodeados de cadáveres que nadie recogía. Entre los restos humeantes de los lienzos derruidos, machacados por los disparos de la artillería, los supervivientes, como espectros, casi sin comida, municiones ni agua, se mantuvieron combatiendo en las brechas.

El 2 de junio Dragut llegó con sus galeras y expresó su absoluta desaprobación por las operaciones iniciadas. Señaló que debían haberse aislado las fortificaciones del resto de la isla antes de iniciar el ataque a San Telmo, pero que, como había comenzado el sitio, tenían que continuarlo con el mayor despliegue de fuerza posible.

Incrementado el número de trabajadores, la excavación turca consiguió rebasar el fuerte por el este camino del revellín. Era su primer objetivo, y lograron tomarlo el día 3 con un silencioso asalto nocturno. El día 17 fue herido Dragut, que moriría antes de ver la caída de San Telmo. El sábado 23, víspera de San Juan Bautista, los turcos lanzaron un brutal asalto sobre las ruinas. En la feroz lucha el gobernador de la fortaleza, fray Melchor de Montserrat, de la lengua de Aragón, murió de un arcabuzazo en el adarve; los siguientes en caer fueron los capitanes De la Cerda, Medrano y Miranda, este último abatido también de un tiro de arcabuz mientras trataba de rechazar a los atacantes pica en mano postrado en una silla por una herida que le impedía caminar. El anciano Juan de Guaras, caballero de la lengua de Aragón y bailío de Negroponte, en Grecia, se arrojó con su alabarda contra los jenízaros y luchó hasta caer decapitado. Dueños los turcos del caballero que dominaba el fuerte, los escasos defensores vivos comprendieron que estaban perdidos. El

---

128 A su llegada a Malta, Medrano era alférez y la compañía la dirigía el capitán Andrés Miranda; al pasar este a realizar funciones ordenadas directamente por el virrey de Sicilia García Álvarez de Toledo, Medrano fue ascendido. A pesar de ello, Miranda combatió en San Telmo junto a sus hombres, como soldado particular.

italiano fray Francesco Lanfreducci, conforme a las órdenes, emitió una señal luminosa para informar al gran maestre de la caída de la posición. Acto seguido, en palabras de Balbi de Correggio: «Los supervivientes se retiraron hacia la iglesia, mas como vieron que al entrar degollaban sin ninguna lástima a los que se rendían, saltaron a la plaza y allí con grandísimo valor acabaron sus vidas muy bien vendidas».

Apenas un puñado de caballeros —Balbi habla de seis— logró escapar a nado[129]. Los cadáveres de los defensores fueron arrojados al río para que la corriente los llevase al lado cristiano, con el pecho abierto en cruz a golpes de cimitarra. Furioso, La Valette ordenó que se les cortara la cabeza a todos los prisioneros y se enviaran a los turcos lanzándolas con los cañones. La lucha era el horror en estado puro.

La noche del 5 de julio, tras varios intentos frustrados, lograron desembarcar seiscientos hombres de refuerzo al mando de Melchor

Sitio de Malta. Captura del fuerte de San Telmo, a la izquierda, el 23 de junio de 1565. Obra de Matteo Perez d'Aleccio realizada en 1567. National Maritime Museum, Greenwich.

---

129   Los turcos perdieron casi seis mil hombres, entre ellos miles de los mejores combatientes de la guardia jenízara, que eran difíciles de reemplazar.

de Robles, maestre de campo del Tercio Viejo de Sicilia y caballero del hábito de Santiago, que habían llegado a bordo de cuatro galeras enviadas por el virrey de Sicilia. Junto con la compañía de tercios viejos españoles viajaba otra de italianos escogidos y ciento cuarenta caballeros voluntarios de toda la cristiandad. Para entonces, Pialí Bajá, que había sido herido en la cabeza durante el asedio de San Telmo, continuaba alejado de la primera línea y todos los ataques lanzados por Mustafá al resto de posiciones cristianas habían fracasado ante la obstinada resistencia de sus defensores.

Los turcos que habían cercado Birgu, en la península de Senglea, montaron su tren de asedio de sesenta y cuatro piezas pesadas y lanzaron un bombardeo, que no sería igualado en intensidad hasta el siglo xx[130]. Lograron así la destrucción de uno de los bastiones de la ciudad. Mustafá ordenó entonces dos asaltos masivos el 7 de agosto, uno contra el fuerte San Miguel, defendido por Melchor de Robles, y el otro contra el conocido hoy como Post of Castille, en la misma Birgu, donde los caballeros habían levantado una segunda fortificación interior que los otomanos desconocían y que acabó siendo una trampa mortal para cientos de sus soldados.

Los atacantes consiguieron atravesar las defensas de las murallas e incluso La Valette se unió a los combatientes en primera línea. Cuando parecía todo perdido, una salida de la caballería de la guarnición de Mdina atacó por la retaguardia el campamento turco y llevó el caos y la destrucción a sus filas, arrasando incluso los hospitales y asesinando a los enfermos y a los heridos. Creyendo que habían llegado nuevos refuerzos de Sicilia, el ataque otomano fue suspendido cuando estaba a punto de alcanzar la victoria.

Un último incidente se produjo el día 11, cuando un morisco español logró pasar al campo turco y le dijo a Mustafá que los refuerzos eran de apenas cinco mil hombres. Envalentonado, el visir reunió lo mejor que le quedaba y marchó contra las tropas españolas. La vanguardia, al mando de Álvaro de Sande, el veterano de Los Gelves, cargó contra los turcos al verlos llegar, con solo una compañía de curtidos soldados de los tercios. Los hicieron retroceder y luego, mientras intentaban embarcar, los persiguieron en una sobrecogedora cacería.

---

130 Balbi asegura que durante el asedio se dispararon en total ciento treinta mil proyectiles de cañón de todos los calibres.

Una vez más se lanzó un asalto masivo contra la ciudad entre los días 19 y 21 de agosto. La situación de los defensores era tan desesperada que el Consejo de la Orden decidió abandonar la ciudad y retirarse al fuerte San Ángel. La Valette, convencido de que los turcos ya debían estar muy quebrantados, se opuso.

El día 30, aun sabiendo que una gran expedición de refuerzo no había podido llegar el 28 como estaba previsto y que regresaba a Sicilia, el fuerte San Miguel resistió varios asaltos más.

El jueves 6 de septiembre llegaron noticias de que las naves enviadas por Felipe II estaban en las proximidades de Malta. Los turcos, muy debilitados, iniciaron los planes para retirarse. La mañana del 7, por fin, nueve mil seiscientos hombres —lo que se conoció como el *Gran Soccorso*— lograron desembarcar como auxilio en la bahía de San Pablo, en el extremo norte de la isla, al mando del propio García de Toledo. Después, la flota, dirigida por Álvaro de Bazán, la rodeó para desafiar a las naves turcas fondeadas, antes de regresar a Sicilia.

En tierra, los tercios españoles formaron sus cuadros y emprendieron una marcha contra los turcos, que ahora sabían que todo había acabado. El 8 comenzaron a embarcar la artillería. El 12 de septiembre las últimas naves turcas dejaban la isla rumbo al este. Su derrota había sido demoledora, la mayor de su ejército desde la de Ankara, ante Tamerlán el Grande, en 1402[131].

Malta quedó arrasada y costó décadas que se recuperase. Un tercio de sus habitantes había muerto y la Orden de San Juan estaba reducida al 70 % de sus caballeros, pero su defensa había detenido en seco cualquier posibilidad otomana de romper «el tapón» que protegía el acceso de los otomanos al Mediterráneo occidental. El triunfo, recibido en Europa con una alegría incontenible, demostraba que los turcos no eran invencibles.

A pesar del éxito, la isla no hubiese podido aguantar otro ataque en los años siguientes. Tampoco se produjo. El Imperio otomano, a pesar de sus reservas de hombres y medios, ya no lo tenía tan fácil. Sus pérdidas habían sido muy altas, y la muerte del sultán Solimán en 1566, enfermo de peste —como muchos soldados de su ejército— durante el sitio de la ciudad húngara rebelde de Szigetvar, evitó que pudieran devolver el golpe.

---

131   Bosio dice que cayeron unos treinta mil turcos, Balbi da la cifra de treinta y cinco mil, pero es poco probable que superasen los veinte mil. Muchos, como pasaría en Lepanto, eran irremplazables.

LA NUEVA CAPITAL

En diciembre de 1565 llegó a Malta, enviado por el papa Pío IV, el ingeniero Francesco Laparelli, que había trabajado con Miguel Ángel Buonarroti en la gran cúpula de la basílica de San Pedro de Roma. Su misión era evaluar la situación en la que habían quedado la ciudad y sus defensas, con el fin de que el papa proporcionara algunos fondos para su reconstrucción.

Laparelli entregó su informe a los caballeros el 3 de enero de 1566 y no pudo ser más deprimente. Las fortificaciones de Birgu, Senglesa y San Elmo habían sufrido tanto que necesitarían cerca de cuatro mil obreros trabajando las veinticuatro horas al día durante al menos un año solo para terminar las reparaciones básicas. Su recomendación era dejarlo todo como estaba y construir una fortificación nueva.

A pesar de numerosas objeciones y obstáculos, logró convencer a los caballeros que, tras recaudar todo el dinero posible de los países católicos de su entorno, dieron el visto bueno para continuar con el proyecto.

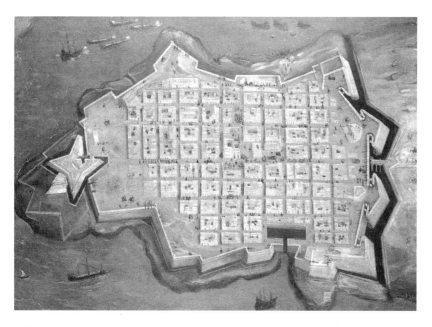

La Valeta, la nueva capital de la isla tras el ataque turco. Obra de Matteo Perez d'Aleccio realizada en 1567. National Maritime Museum, Greenwich.

El plan que propuso Laparelli era construir en la península de Sceberras, a espaldas del fuerte de San Telmo y frente al Burgo, la antigua capital, que se había rebautizado con el nombre de Vittoriosa, una gran edificación que fuera a la vez lugar de residencia, fortaleza y convento de los hospitalarios. La situaría en la parte más elevada y, en el resto de la meseta, erigiría la ciudad. No se lo aceptaron por temor a un posible ataque, que la dejaría totalmente desprotegida.

El segundo proyecto consistió en edificar todo el conjunto en la meseta, explanando todo lo posible[132]. La ciudad, de 1500 metros de largo por 800 de ancho, tendría un patrón de rejilla que permitiera a la brisa del mar circular con mayor facilidad en verano y se la dotaría de un sistema de drenaje que pudiera evacuar el agua de lluvia. Para acceder al puerto las calles bajarían en pendiente, lo que también dificultaría la subida a un posible ejército atacante. En cuanto a las murallas, debían rodear la ciudad a ambos lados de un nuevo e inexpugnable fuerte de San Telmo, que se debía empezar a construir cuanto antes en la punta de la península.

La idea recibió el visto bueno del Capítulo y, en la reunión que este tuvo el 14 de marzo se decidió que la nueva ciudad tuviese el nombre del gran maestre, ya que a él se le debían los esfuerzos por construirla.

El jueves día 28, dos semanas después, se puso la primera piedra de La Vallette. Durante los cinco años siguientes se levantaron murallas y torres e iglesias y palacios que también pudieran servir de bastiones, hasta completar una ciudad única en el mundo solo pensada para fines militares.

En abril Felipe II envió al ingeniero que había servido con su padre el emperador, y que ahora trabajaba para él, Giovan Giacomo Paleari Fratino, para que comprobara los planos de las fortificaciones. Le parecieron correctos los cuatro baluartes y las dos torres que custodiaban el lado que daba hacia el interior de la isla y dio su visto bueno para la propuesta final, de la que se levantaron los planos el 18 de junio. Ese mismo año, Laparelli, insatisfecho porque no le habían nombrado caballero a pesar de sus esfuerzos[133], abandonó Malta y dejó la responsabilidad de las obras al maltés Gerolamo Cassar, su principal ayudante

---

132   Se había previsto hacerlo por completo, pero resultaba demasiado costoso en dinero y tiempo. La solución, dejar muchas de las calles con escaleras, fue uno de los errores del proyecto, pues dificultaba el traslado de los cañones en caso necesario.

133   Pensaba hacer una carrera militar, pero no debía saber cómo se las gastaban los hospitalarios.

en la isla, también ingeniero y arquitecto militar. Cassar, además de tener más facilidad para comunicarse con los habitantes[134], conocía a la perfección el terreno y las fortificaciones anteriores, pues había trabajado en las reparaciones de la muralla durante el sitio de 1565.

Ocho mil personas, entre malteses e italianos, trabajaron sin descanso —incluidos los días festivos por especial dispensa del papa— para levantar los principales edificios. Las piedras de las murallas derribadas por los turcos fueron reutilizadas y las galeras hicieron continuos viajes en busca de materiales a Sicilia e Italia. Incluso remontaron el Ródano hasta Lyon, en Francia, para conseguir cañones de sus famosas fundiciones.

Cassar, además de completar las fortificaciones se dedicó a proyectar el espacio interior. Diseñó el Palacio del Gran Maestre, para el que se reservó una superficie en el centro de 600 metros cuadrados[135];

El Albergue de Castilla, en La Valeta, oficina en la actualidad del primer ministro de Malta, es un buen ejemplo de la arquitectura barroca de la isla. Fue construido con piedra caliza en la década de 1570 para alojar a los caballeros de la Orden de San Juan de las lenguas de Castilla y Portugal.

---

134 Había nacido en Burgo en 1520.
135 El Palacio del Gran Maestre era una copia, a mayor tamaño, del Palacio Farnesio de Roma, que había sido la residencia del papa Pablo III —Alejandro Farnesio—.

los conventos e iglesias y los edificios necesarios para el día a día de los caballeros: panaderías, molinos, aljibes, almacenes y albergues[136]. El principal problema que se presentó fue el económico. Para resolverlo, el gran maestre envió embajadores a las principales cortes europeas para recaudar fondos. El papa prometió 15 000 escudos, el rey de Francia 140 000 libras, el de Portugal 30 000 cruceiros y Felipe II, 90 000 libras. Aun así, cantidades totalmente insuficientes, pues solo las murallas de la ciudad estaban presupuestadas en 235 000 escudos.

Lo siguiente fue pedir a todos los comendadores de Europa que aportaran el máximo posible de efectivo, aunque tuvieran que vender sus pertenencias o sus muebles. El dinero obtenido tampoco cubrió las necesidades. Según cuentan las crónicas, el gran maestre no se separaba de los obreros, e incluso comía con ellos. Como no había dinero para pagarlos, mandó acuñar monedas de cobre de 1, 2 y 4 taris —los mismos valores que antes se acuñaban de plata— solo para su uso en la isla. A medida que llegaba el dinero, el tesorero de la Orden las cambiaba. Ese es el significado de la cita *«non aes sed fides»* —más vale la palabra que el vil metal—, que aparece en muchas de las monedas de Malta.

Se echó mano de préstamos, como los 50 000 escudos a dos años, sin intereses, que obtuvo el comendador frey Mendoza del príncipe de Éboli, Rui Gómez de Silva, muy amigo del gran maestre y afecto a La Religión y, finalmente, se decidió iniciar una masiva campaña de corso. Con las galeras salió también Romegás, aunque tuvo que armar algunas de su propio bolsillo.

De la Vallette falleció el 21 de agosto de 1568 de un derrame cerebral, sin poder ver terminada su obra. El epitafio que le dedicó su secretario, *sir* Oliver Starkey, el último caballero de la lengua inglesa[137], era un perfecto resumen de su vida:

---

136   Los albergues, uno para cada rama o lengua de la Orden, se construyeron como auténticas residencias palaciegas.

137   Los hospitalarios habían sobrevivido en Inglaterra a la disolución de los monasterios y comunidades religiosas ordenadas por Enrique VIII, quien, como su padre, había sido nombrado protector de la Orden en 1511. Parecía que el rey había tomado la idea de convertir al priorato inglés en una real institución similar a las órdenes militares españolas y usarla en la defensa de Calais, pero la Orden se resistió a ello, por lo que Enrique VIII la disolvió y se anexionó todas sus posesiones. El 7 de mayo de 1539, el día que acudieron los alguaciles a ocuparlas, murió en el enfrentamiento su último gran prior, William Weston. Más tarde, el rey mandaría ejecutar a otros tres caballeros, *sir* Thomas Dingley, *sir* Adrian Fortescue y *sir* David Gonson. Aunque la reina María Tudor restauró la Orden en 1557 y le fueron devueltos sus territorios, con la llegada de Isabel I al trono en 1559 volvió a ser disuelta.

Aquí yace La Vallette.
Merecedor de eternos honores,
El que una vez fue látigo de África y Asia,
Y el escudo de Europa,
De donde expulsó a los bárbaros con sus santos brazos,
Es el primero en ser enterrado en esta amada ciudad,
De la que fue fundador.

Dos días después del fallecimiento del gran maestre, Laparelli regresó a Malta para retomar la dirección de las obras. Tampoco debió de llegar esta vez a un acuerdo sobre su futuro con el Consejo, porque dejó la isla a principios del año siguiente y ya no volvió[138].

Mientras, en Chipre, los turcos habían atacado la isla y los venecianos eran ahora los que luchaban a brazo partido para que no se la arrebataran.

«LA MÁS ALTA OCASIÓN QUE VIERON LOS SIGLOS»

En mayo de 1571, cuando en La Valeta se producía el traslado formal del Convento de la Orden desde Burgo —uno de los momentos más importantes de las obras—, el papa formó la Liga Santa para combatir contra los turcos, que tras la toma de Chipre se volvían a mostrar amenazantes. Dadas las circunstancias, no podía extrañarle a nadie que los hospitalarios se unieran a ella rápidamente.

El 9 de septiembre la flota de los caballeros participó en la primera de las operaciones de reconocimiento para la armada de la Liga, puesta a las órdenes de don Juan de Austria, hermanastro de Felipe II. La dirigía Gil de Andrade, de la lengua de Castilla, que con algunas de las más rápidas galeras españolas y maltesas navegó hacia el este en busca de las naves enemigas. Tras varias semanas en el mar, sus buques de exploración vieron velas de naves musulmanas en la costa, cerca de Corfú; se aproximaron lo más posible y dedicaron unos días a localizar con precisión el grueso de la flota turca. Luego regresaron a toda velocidad a Mesina. El informe era muy claro: había al menos ciento cincuenta galeras, todas bien equipadas para la

---

138   Murió en Creta por la peste en 1570, a la edad de cuarenta y nueve años.

batalla, y más de trescientos barcos de otros tipos, entre fustas, galeotas y naves menores.

El mismo día que don Juan recibía la noticia, Alí Bajá ya sabía que se había formado la Liga Santa y que su flota se concentraba en Sicilia. Dio la orden de abandonar el Adriático[139] para evitar que la flota cristiana le encerrase en un mar poco propicio si las cosas se torcían y se dirigió con sus barcos, bordeando la costa, rumbo sur, hacia el estrecho de Otranto. Es evidente que conocía muy bien el poder de la flota a la que se enfrentaba[140].

Con todos esos datos el núcleo principal de la armada cristiana llegó el 18 de septiembre a Punta Stilo, Italia, donde se quedó cuatro días en espera de que mejorase el tiempo. Las galeazas, muy poco marineras, se habían quedado retrasadas y hubo que enviar a varias galeras para remolcarlas. Luego todos pusieron proa a Corfú, con buen tiempo y magnífica visibilidad. Allí les esperaba la vanguardia de Gil de Andrade, que por causa del mal tiempo no había podido salir a explorar. Lo hizo dos días después.

Otros dos días tardó en regresar una de sus fragatas para comunicar que la flota turca se encontraba en el golfo de Lepanto. Había llegado allí el día 20, pero no estaba en tan buenas condiciones como pudiera pensarse. Los combates en el Adriático habían sido duros y las pérdidas considerables, aunque a los almirantes turcos les daba igual. Como los cristianos buscaban una batalla decisiva, de aniquilación, que dejara claras las cosas de una vez por todas, ninguno de los dos bandos iba a dar marcha atrás. El 23 de septiembre una fuerte tempestad se abatió sobre Malta. En media hora, tres de las cuatro galeras de la Orden que estaban amarradas en el puerto se hundieron sin que fuera posible socorrerlas ni salvar a ninguno de los trescientos remeros que estaban a bordo. La tormenta también afectó a las fortificaciones y a la ciudad, donde fallecieron al menos

---

139 Los turcos se comportaron en Corfú de forma salvaje. Incendiaron la ciudad después de cometer todo tipo de atrocidades con la población civil, y tras arrasar los campos, asesinaron a cinco mil de sus habitantes. Aun así, no lograron tomar la fortaleza veneciana.

140 Kara Khodja fue enviado a Mesina para averiguar con qué fuerza contaban los cristianos. Aprovechando el luto por la muerte de la hija de Colonna, con su galera pintada de negro, pasó por delante de toda la flota de la Liga Santa y contó con cuidado sus barcos: doscientas tres galeras, seis galeazas, setenta fragatas y veintiocho navíos. Solo cinco galeras menos y cinco navíos más que los que formaban la relación enviada a Felipe II. Eso es un trabajo bien hecho.

otras seiscientas personas. Para paliar los daños, Felipe II regaló a la Orden dos galeras poderosamente armadas, y el papa entregó la chusma necesaria para otra que se estaba terminando en Nápoles. Serían las tres galeras que zarparían hacia Lepanto.

La mañana del domingo 7 de octubre, cuando se disolvió la ligera neblina matinal, las tres galeras de La Religión —la *San Juan*, al mando del español frey Alonso de Tejada, la *San Pedro* y *Nuestra Señora de la Victoria*— ocuparon su puesto de combate en el extremo derecho del cuerpo central de la flota cristiana. Por privilegio papal, la capitana de Malta debía ir tras la capitana del sumo pontífice o podía retirarse de la línea, pero españoles y venecianos no estaban ese día para tonterías. Les traían sin cuidado sus prebendas y la colocaron de manera que cerrara la formación del grupo de seis galeras,

Frey Mathurin d'Aux de Lescout-Romegas. Miembro de una familia de la nobleza francesa de Armañac, se incorporó a la Orden en 1542 y sirvió la mayor parte de su vida en las galeras. Pronto se convirtió en el terror de los musulmanes en el Mediterráneo con sus ataques a lo largo de la costa de Berbería, el Levante y el mar Egeo. A petición del papa, incluso libró una breve pero feroz campaña contra los protestantes hugonotes en el sur de Francia. Autor anónimo. Museo de Auch, Provenza.

cuyo mando se encargó al veneciano frey Pietro Giustiniani, prior de Mesina. Además, los sanjuanistas no solo navegaban a bordo de sus propios buques. Muchos de ellos estaban repartidos entre la flota aliada, como el prior de Hungría, frey Gabriel Serbellone, general de la artillería; frey Vicenzo Caraffa, consejero de guerra de don Juan; frey Juan Vázquez Coronado, capitán de la galera del propio don Juan y frey Gil de Andrada, comandante de una de las escuadras de galeras, ambos del consejo de Su Alteza; el Bravo Romegas, director de la escuadra pontificia; frey Gaspar Bruni, al mando de la capitana del papa; frey Pagano y frey Andrea Doria, hermano y sobrino respectivamente de Gian Andrea; o el español frey Francisco de Guevàra.

Sobre las 7:30 ambas flotas, ya frente a frente, se prepararon para un combate que prometía ser duro. La turca, favorecida ligeramente por el viento, navegaba desplegada en una línea de batalla norte-sur ligeramente escalonada. Su ala, en el extremo norte, dirigida por Chuluk Bey, virrey de Alejandría y conocido por los cristianos como Sirocco, contaba con dos galeotas egipcias y sesenta galeras. En el centro, al mando del propio Alí Bajá, estaba la fuerza principal, con ochenta y siete galeras, y a su izquierda las sesenta y una galeras del corsario Uluch Alí. Tras ellos una reserva comandada por Amurat Dragut Rais, con cuatro galeras y un escuadrón mixto de veintidós galeotas. Al igual que había hecho don Juan, galeras de diferentes procedencias estaban mezcladas entre sí, de forma que egipcios, argelinos, turcos anatolios, turcos de Tracia y Grecia, albaneses, búlgaros y levantinos deberían vencer o morir, juntos. Los de Alí Bajá eran una fuerza muy equilibrada y sin fisuras, lo que en principio les daba una notable ventaja.

Las galeras de Barbarigo, en el ala izquierda cristiana, fueron las primeras en tomar contacto con el enemigo. Su división estaba situada frente a la punta de Scropha, próxima a la costa y a la izquierda del despliegue de la flota combinada. En el centro, donde se esperaba todo el peso del combate, se encontraba don Juan de Austria, en su galera de fanal, la *Real*. Contaba con dos galeazas venecianas y sesenta y dos galeras, entre las que se encontraban las tres sanjuanistas. Su derecha la ocupaba Gian Andrea Doria, en la *Capitana de Génova,* con sesenta y siete galeras, y la retaguardia la cerraba Álvaro de Bazán, en la *Capitana de Nápoles*, con otras treinta galeras más.

A las 9:00, la flota turca comenzó a moverse. Lenta y rítmicamente los remos entraron en el agua y, de forma majestuosa, las galeras avanzaron mientras se desplegaban los pendones verdes del islam y Alí Bajá ordenaba izar el estandarte del profeta.

Enfrente, a tan solo seis kilómetros de distancia, los buques cristianos hicieron lo mismo. Las banderas cristianas —el león de Venecia, la cruz de Saboya, la cruz de ocho puntas de San Juan, las barras de Aragón y, en manos de don Juan, el estandarte bendecido de la Liga Santa— tremolaron dispuestas para la lucha.

Barbarigo fue el primero en entrar en combate, desde ese momento, los arcabuceros españoles que combatían en las naves italianas, mezclados con las tripulaciones venecianas, pontificias o napolitanas, comenzaron a dejar a su paso, galera tras galera, un rastro de muerte y destrucción.

Sobre las 11:40, el centro, que dirigía don Juan de Austria, comenzó a su vez el enfrentamiento contra las galeras turcas. Para entonces ya hacía rato que el ala izquierda veneciana se batía con rabia y fiereza. En el medio de las dos líneas, la *Sultana* de Alí Bajá se estrelló contra el costado de babor de la *Real*, obteniendo una pequeña ventaja al alcanzar casi la altura de la cuarta bancada, pero la artillería giratoria de la capitana de la Liga Santa y los cañones situados más arriba arrasaron a los jenízaros que estaban en las bordas y evitaron el asalto. La durísima lucha entre las dos galeras se prolongaría durante más de una hora y media, mientras ambos bandos mandaban en apoyo de sus jefes, que se enfrentaban en una feroz carnicería, más y más hombres.

Desde la retaguardia, Álvaro de Bazán mandó refuerzos al centro, y dos de sus galeras, la *Esperanza* y la *Fe*, ambas venecianas, hundieron las naves turcas enviadas por Amurat Rais en apoyo de Alí Bajá. Al mismo tiempo, sobre las 12:20, una de las galeras españolas destrozó la nave otomana que amenazaba con acabar con la resistencia de la *Real* y, cuando los últimos turcos fueron expulsados de la capitana cristiana y los primeros soldados de la Liga Santa saltaron sobre la cubierta de la *Sultana*, la batalla entró en una nueva fase.

Los dos primeros asaltos cristianos fueron rechazados, aunque llegaron hasta el mismo palo mayor, igual que lo fueron otros dos de la capitana de Pertau Bajá a la *Real*, que la acabó dejando en manos cristianas con decenas de cuerpos a bordo muertos y mutilados. A partir de ese momento la suerte de la *Sultana*, rodeada, quedó decidida. Los soldados de los tercios la abordaron por un costado, cortaron los estandartes y limpiaron la cubierta a golpes de espada, pica y disparos de arcabuz.

Media hora antes, aproximadamente a las 12:00, en el ala derecha, el hábil corsario argelino Uluch Alí había conseguido romper la formación de Andrea Doria. Por el amplísimo hueco dejado por el genovés se colaron las veinticuatro galeras berberiscas, olvidándose de las de Doria y dirigiéndose a toda velocidad hacia el centro. Alí sabía que, de esa forma, sus experimentados capitanes, con mayor capacidad de maniobra, podrían apoyar a la *Sultana* con total impunidad y dar el golpe decisivo a los cristianos.

El centro lo cerraba la capitana de Malta, la *San Juan*, totalmente lacada en negro, que habían rechazado brillantemente el primer asalto turco al comienzo de la batalla. Ahora Uluch Alí se lanzó con sus galeras sobre ella y sus dos compañeras pintadas de rojo, la *San Pedro* y *Nuestra Señora de la Victoria*. Como si Alá les hubiese servido en bandeja una oportunidad de venganza por la derrota y humillación tras el sitio de 1565, los corsarios norteafricanos atacaron como lobos a sus odiados enemigos. Si abordar una

0034 La batalla de Lepanto. Marcada con la letra I, la *San Juan*,
galera capitana de La Religión. Grabado atribuido a Juan de
Ledesma realizado hacia 1670. Rijksmuseum, Ámsterdam.

galera de Malta podía ser sencillo, dada la superioridad numérica, tomarla era otra cosa.

La lucha fue atroz, superados en una proporción de seis contra uno, los caballeros de la capitana de Malta, sus sargentos, escuderos y auxiliares murieron en sus puestos luchando en medio de una horrible hecatombe, entre aullidos de los que caían, humo, llamas, disparos de arcabuz y el sonido de los aceros. No hubo piedad ni se concedió cuartel. Solo tres caballeros, todos gravemente heridos, sobrevivieron. Entre ellos, Giustiniani, al que dieron por muerto.

A pesar del aparente éxito de Uluch Alí, todo estaba ya decidido. En el momento en el que se disponía a lanzarse hacia el centro, la batalla principal había concluido. Álvaro de Bazán, que había visto perfectamente la maniobra, taponaba la brecha con eficacia, impidiendo que lograra su propósito, y luego cargó con fuerza contra el centro de Alí Bajá. Los experimentados tercios españoles se encargaron también en esta ocasión de terminar el trabajo.

En torno a las 13:20 todas las galeras turcas de la división central habían sido tomadas o destruidas y sus hombres comenzaban a rendirse en masa. En un acto de desafío, Uluch Alí izó en su nave el pendón capturado a los caballeros[141], pero no era más que un gesto. Al ver que no iba a poder remolcar a la desarbolada galera maltesa, cortó los cables y la dejo al pairo, dando orden a sus últimas naves de seguirle en su retirada. Poco después un escuadrón de Doria, dirigido por *La Guzmana*, una galera fanal de Nápoles, se acercó tanto a las naves que huían que tras un duro combate en el que cayó su capitán, pudo recuperar los restos de la *San Juan*.

En total, es posible que entre veinticinco y treinta galeras de Uluch Alí consiguieran escapar, pero con el viento en contra, sus remeros tenían que hacer un gran esfuerzo. Poco a poco, las de Doria les fueron dando alcance junto a la isla de Oxia. Allí cayeron la mayoría, y es posible que finalmente Uluch Alí solo lograse escapar con ocho, a las que se unieron a lo largo de la tarde unas pocas más. Entre ellas el grupo que se llevó la única nave cristiana capturada, el *Águila Dorada y Negra*, de Corfú, cuyo capitán, Pietro Bua, que se rindió, fue despellejado vivo en la fortaleza de Lepanto. Allí lo condujeron un grupo de diez o doce galeotas que escaparon de la batalla.

---

141   El estandarte, llevado a Estambul, sería el único trofeo obtenido por los turcos.

Pasadas las 16:00, don Juan de Austria era ya consciente de que la victoria obtenida era absoluta. En total ciento setenta galeras turcas habían sido abordadas y capturadas, o destruidas y hundidas. Las bajas turcas ascendían a unos treinta mil hombres y más de tres mil estaban prisioneros. Se habían liberado entre diez mil y quince mil cautivos cristianos. Las pérdidas en las filas de la Santa Liga eran de siete mil a ocho mil hombres y solo diez galeras habían sido hundidas.

Cuando la flota triunfante partió hacia su refugio de Petalas, empujada por un fuerte viento sur, dejó atrás un espectáculo dantesco de cuerpos destrozados. Entre ellos los de setenta de los ciento noventa caballeros de la Orden que habían participado en el combate.

Tras Lepanto se comenzaron otras dos campañas. La de 1572 acabó de forma decepcionante y los venecianos, disgustados, al ver que no se hacían progresos rompieron la alianza y pactaron con los turcos. La del año siguiente tuvo que iniciarse solo con las fuerzas combinadas del papa, Malta y España, que incluía a las de Nápoles y Sicilia. El objetivo más ansiado era Argel, la principal capital de los corsarios de Berbería, que, ante la amenaza, comunicada por los espías franceses en la corte española, se había reforzado apresuradamente con todo lo que el bajá Arab Ahmed pudo encontrar y con varios miles de jenízaros.

Cuando se supo que en Argel se conocían las intenciones españolas, se fijó Túnez como objetivo que, en cualquier caso, no era una mala elección. La flota, con don Juan de Austria al mando, tomó la ciudad sin grandes problemas y dejó en ella una guarnición de más de siete mil hombres con pertrechos, artillería, municiones y un equipo de zapadores e ingenieros para mejorar las fortificaciones.

En Estambul, el nuevo golpe recibido con la caída de la ciudad norteafricana fue recogido con enorme preocupación. Hubo destituciones y castigos y se ordenó preparar de inmediato un contragolpe. El responsable de la expedición que debía recuperar Túnez era Kilich Alí, que se presentó ante sus puertas en julio de 1574, con doscientas galeras, treinta galeotas y cuarenta naves de transporte, que llevaban en total cinco mil marinos y cuarenta mil soldados al mando de Sinane Bajá. Tras una dura resistencia, la guarnición española, sobrepasada en número de forma abrumadora, perdió el fuerte de La Goleta el 23 de agosto y la propia Túnez el 13 de septiembre. Sin embargo, como había sucedido en Malta, las pérdidas turcas fueron estremecedoras.

Tras otra expedición infructuosa para recuperar Túnez, la guerra languideció. La flota cristiana se limitó a patrullar las islas y costas de Italia y a evitar que los turcos se adentrasen en el Tirreno o se aventurasen más al oeste. Solo los duros e implacables caballeros de Malta siguieron mostrando una actitud ofensiva contra los turcos, pero eran tan pocos que sus golpes, aunque brutales, apenas eran un picotazo para el poderoso Imperio otomano. Buen ejemplo de estas actividades fue la expedición contra los castillos de Patras —Río— y Lepanto —Antírrio—.

Por las fronteras del imperio

La larga guerra por el dominio del Danubio entre el Imperio germánico y la Sublime Puerta en los años finales del siglo XVI y primeros del XVII había reavivado las ansias de rebelión de las comunidades cristianas de los Balcanes contra el dominio turco. La situación interna del Imperio otomano era, en apariencia, más propicia para ello que cuarenta años antes, pues la indolencia de los sultanes que sucedieron a Selim II, muerto en 1574, el desgaste militar por las constantes guerras contra Persia en el frente oriental y contra la cristiandad en el occidental, el deterioro económico provocado por la inflación y las revueltas internas de Anatolia hicieron que los otomanos llegaran a finales del siglo XVI en una situación de debilidad muy alejada del esplendor de los tiempos de Solimán el Magnífico. Distintos grupos de interior del imperio —eslavos, albaneses y griegos—, en especial de la fachada adriático-jónica, consideraron llegado el momento intentar un levantamiento contra sus dominadores con ayuda de algún príncipe o república occidental, en especial, del imperio y de la monarquía hispánica, pero también de Estados italianos como Saboya, Mantua, Parma o Florencia. Así, entre 1595 y 1597 Atanasio I de Acrida estuvo al frente de la revuelta de los habitantes de Chimarra —Himarë—, en el sur de Albania, y pidió ayuda militar a las autoridades españolas de Nápoles. Ante la falta de respuesta, viajó a Nápoles, donde permaneció unos meses. En junio de 1598 marchó a la corte de Praga del emperador Rodolfo II, que le dio una ayuda económica y una carta de recomendación para su sobrino y primo Felipe III. La misma ruta de Praga a Madrid siguieron unos meses después los cuatro embajadores griegos que, llegados a la corte en fecha incierta del año 1600, probablemente después del verano, se presentaron como emisarios de las provincias de Epiro, Tesalia, Macedonia y Elada.

Propusieron un levantamiento generalizado de sus provincias que debía empezar por la ciudad de Prevesa, que se comprometían a entregar a las fuerzas españolas que acudieran a socorrerlos. Los embajadores quisieron enmarcar el levantamiento en el ámbito de la guerra danubiana, por lo que propusieron que se invitara a Mihai Viteazul, vaivoda de Valaquia, a tomar los pasos al sur de Belgrado, que impediría el retorno a Grecia de los soldados turcos estacionados en Hungría y Transilvania. Pidieron, además, que Jorge Basta, conde de Huszt, estradiote albanés natural de Roccaforzata —Apulia—, que había hecho carrera militar en Flandes junto con Alejandro Farnesio y en 1597 había sido enviado a luchar en Transilvania contra Segismundo Báthory, se pusiera al frente del levantamiento.

Aunque las circunstancias políticas y militares eran favorables a una empresa antiturca de envergadura, los deseos de los griegos chocaban con la realidad. Los grandes enfrentamientos hispano-otomanos quedaban atrás en el tiempo y la tregua firmada por Giovanni Margliani[142] en 1578 —renovada en los años siguientes— había traído una cierta paz al Mediterráneo. Además, la rebelión de Flandes, la guerra contra Inglaterra, la intervención en las guerras de Francia y la incorporación de Portugal a la búsqueda de nuevos horizontes habían desplazado el centro de atención de la corte de Madrid al Atlántico, lo que había contribuido al afianzamiento de esa paz.

Las grandes expediciones navales habían dejado así paso a una lucha pirática de asaltos y saqueos de puntos costeros del Imperio otomano, fomentados por los reinos de Nápoles y Sicilia, pero, sobre todo, protagonizados por las galeras de las órdenes militares de Malta y de San Esteban. Esta última, fundada el 1 de octubre de 1561 por Cosme I de Médici, primer gran duque de Toscana, con la aprobación del papa Pío IV, ya había estado presente en el sitio de Malta y en la batalla de Lepanto, y se dedicaba principalmente a la defensa de las costas mediterráneas contra piratas turcos y africanos.

Por lo general, los rebeldes balcánicos no veían con buenos ojos estas acciones. La inactividad bélica de las dos últimas décadas del XVI había provocado una relajación de las medidas defensivas de los turcos, a los que estas actividades militares ponían sobre aviso.

---

142 Espía y diplomático a sueldo de Felipe II.

En un memorial de 1606 los rebeldes de las provincias del Epiro-Tesalia aseguraron que las tomas de Lepanto y Patras por las galeras de Malta en 1603 y de Prevesa por las San Esteban en 1605 habían servido para despertar a los turcos y desbaratar su plan de revuelta.

En realidad, el origen de la expedición de los caballeros de Malta contra los castillos no tuvo —sus acciones no solían tenerlo— motivos altruistas; estuvo en la escasez de trigo que había en su isla tras la mala cosecha recogida en Sicilia, el granero que utilizaban de manera

Alof de Wignacourt, de la lengua de Francia, gran maestre desde 1601 hasta 1622. Mandó construir las fortificaciones costeras y el acueducto con el que llevar el agua directamente hasta La Valeta. La financiación en ambos casos corrió casi exclusivamente a cargo de los beneficios del corso. Obra de Caravaggio realizada en 1607. Museo del Louvre, París.

habitual, el verano de 1602. Para remediarlo, su maestre general, Alof de Wignacourt[143], envió cuatro galeones a Bolo —Tesalia— y a otros cargaderos otomanos para hacer alguna presa que lo transportara, pero el mal tiempo hizo que solo pudieran coger unas 3500 toneladas a algunos caramuzales. De ellas, apenas 2000 llegaron a La Valeta, porque las restantes les fueron confiscadas en Siracusa y Augusta, donde una tormenta desvió dos galeones. Ante la necesidad acuciante de trigo, el gran maestre decidió atacar ambas fortalezas, en las que había abundancia de grano según le habían informado sus espías. Tras estudiar sus defensas y hablar con los informantes, el consejo decidió acometer la empresa. Se aparejaron cuatro de las galeras de la Orden, mientras que la quinta quedó en Malta para las necesidades que pudieran surgir. A ellas se añadió un galeón de La Religión y dos de Wignacourt, una tartana, cuatro fragatas y dos naves arrendadas. Esta pequeña flotilla de catorce embarcaciones se hizo a la mar los días 7 —las naves redondas— y 9 de abril —las galeras—. La mandaban el comendador Juan Luis Beaufort, de la lengua de Auvernia, encargado de desembarcar con el estandarte, y como sargentos mayores, el comendador Señorín Gatinara, del balío de Santa Eufemis, en Italia, capitán de la galera *San Phellippe*; el caballero René Rivery-Potonville, de Francia; y el comendador Juan de Salazar, natural de Esquivias, Toledo.

A 50 millas del puerto de La Valeta se toparon con un caramuzal turco cargado de grano que traían de Levante unos barcos de Palermo. Los caballeros no dejaron pasar la ocasión y lo remolcaron a puerto. Volvieron a salir y entre los días 16 y 17 llegaron a las islas Equínades, desde las que enviaron caiques y fragatas para explorar el terreno. Por un griego capturado cerca de Lepanto supieron que los castillos eran tal y como se los habían presentado en Malta, por lo que decidieron continuar con la empresa. Dividieron la flota en dos partes, cada una compuesta por dos galeras, dos fragatas y algunos navíos auxiliares, y dejaron galeones a retaguardia, a la espera de la señal de ir a puerto a cargar el botín. Con una fuerza total de doscientos caballeros y ochocientos soldados, cada grupo se dirigió

---

143   Nacido en 1547 en una familia francesa noble, el 10 de febrero de 1601 fue elegido 54.º gran maestre de la Orden, puesto que ocupó hasta su muerte en 1622. Ha pasado a la historia por las torres defensivas costeras que mandó construir y por el acueducto que lleva su nombre, que provee de agua a La Valeta. Durante su gobierno, en 1614 los turcos hicieron un nuevo intento de apoderarse de la isla, pero fueron rechazados.

a uno de los castillos, a cuyas puertas se presentaron antes del alba del domingo 20 de abril. Aunque fueron descubiertos por los defensores, los sanjuanistas no encontraron dificultad alguna en volar con pólvora las puertas, colocar las escalas en los muros y entrar en las plazas con relativa facilidad. Solo el agá de Lepanto ofreció cierta resistencia, pero al final tuvo que claudicar. Las bajas de los atacantes fueron mínimas, dos caballeros y ocho soldados, sin contar los heridos, más numerosos. Una vez controlados los castillos, los galeones

El florentino Leona Strozzi, hijo de Filippo Strozzi y Clarice de Medici, que ingresó en la Orden en 1530, era una buena muestra del tipo feroz de caballeros que la integraban durante esos años. Nombrado capitán de las galeras de Malta en 1536, abandonó el cargo cuando murió su padre dos años después en la batalla de Montemurlo, para refugiarse en Francia con sus hermanos. Fue embajador de la Orden en Constantinopla en 1544, comandante de la marina francesa y nuevamente capitán de las galeras de la Orden en 1552. De azarosa vida, murió en el asedio de Scarborough, Inglaterra, el 28 de junio de 1554.

se acercaron a embarcar el grano. Aunque los turcos intentaron impedir la maniobra desde tierra con ataques continuos de infantería y caballería, la acción conjunta de la artillería de los barcos y la capturada los mantuvo a raya.

Inmediatamente los caballeros se pusieron a buscar el trigo que habían ido a cargar, pero pronto supieron por los griegos que habitaban la zona que ese año también había allí gran carestía, que los almacenes, habitualmente llenos, estaban vacíos y que buena parte de las guarniciones turcas habían salido a requisar grano por la región. Decidieron, por tanto, embarcar la artillería de las dos plazas en el galeón de la Orden y en otras dos naves —en total, setenta y seis piezas de mayor o menor calibre— y llevarse trescientos noventa y dos esclavos. Después de cuatro días de estancia y de que los castillos resultaran arrasados, supuestamente por un incendio que se declaró debido a la combustión espontánea de la munición, el jueves 24 los asaltantes embarcaron de regreso a Malta. Conscientes de que el éxito militar no resolvía el problema de la carestía de alimentos que les había llevado a Levante, las cuatro galeras, los galeones y la tartana del gran maestre siguieron en dirección sur, mientras el galeón de la Orden y las dos naves que llevaban la artillería capturada ponían rumbo a La Valeta. Las galeras avistaron la isla de Sapienza, frente a la bahía de Modona, al rayar el alba del 1 de mayo y descubrieron cinco caramuzales fondeados a una milla de la ciudad. Al divisarlos, tres de ellos se pusieron al socaire de la fortaleza, pero los caballeros lograron capturar los otros dos, cargados con 1400 toneladas de trigo y provistos de veinte pequeñas piezas de artillería. Con estas nuevas presas las galeras pusieron proa hacia La Valeta, adonde llegaron el día 7. Dos galeones, la tartana y las dos fragatas del gran maestre aún siguieron durante un tiempo surcando aquellos mares para detrimento del enemigo.

EN TODO SU ESPLENDOR

En 1573, cuando empezaba a decaer el conflicto naval contra los turcos y las defensas de La Valeta ya tomaban forma, se le agregaron los edificios que representaban el lado menos militar de la Orden. Primero, la iglesia conventual de San Juan Bautista, diseñada también por Cassar, con su suelo pavimentado en forma de mosaico con las lápidas de cientos de caballeros muertos. Después, en 1575, un nuevo hospital, la Sacra Infermeria —la Sagrada Enfermería—, construido cerca del puerto para facilitar que el desembarco de los enfermos y heridos se hiciera directamente desde las naves[144].

Gracias al hospital la labor asistencial no se abandonó en la capital —para los caballeros, hacer el servicio era una parte integral de los doce meses que duraba su noviciado—. Su tamaño, organización y eficacia eran impresionantes, y lo situaban a la cabeza de los estándares europeos de la época. La práctica de disponer una cama por cada enfermo, por ejemplo, algo que la Orden había mantenido

Lope de Vega con hábito de caballero de la Orden, concedido por el papa Urbano VIII en 1627. Obra de Juan van der Hamen realizada en 1629. Colección particular.

---

144   Se copiaba su situación del de Rodas, sin tener en cuenta dos inconvenientes: estaba demasiado expuesto al siroco africano y lejos del centro.

desde los tiempos de Jerusalén, no se hizo general en Occidente hasta pasado el siglo XVIII.

Al frente de la institución, un caballero enfermero que ejercía el puesto durante dos años se ocupaba de toda la organización, pero no de la administración, que corría a cargo de los capellanes. Su obligación era disponer de sábanas limpias, medicamentos suficientes, alimentos en buen estado, coordinar las visitas médicas y determinar el personal civil y religioso necesario para atender a los enfermos. Sus médicos —generalmente griegos, rodios, malteses o españoles— estaban formados en sus universidades de origen, pero a partir de la creación de las cátedras de Medicina y las de Cirugía y Anatomía que implantó el gran maestre español Nicolás Cotoner en 1673, la Orden se aseguró la formación de sus propios doctores, que debían tener una experiencia mínima de seis años para poder ejercer solos.

Era norma que tres doctores y un cirujano durmieran en el hospital toda la noche. Además, se empleaba a cinco físicos y otros tantos cirujanos que estaban un mes de servicio y se solapaban durante tres días con el equipo que los sustituía para poder informar del estado de los pacientes. Todos los doctores tenían la obligación de reunirse una vez al mes para contrastar sus diagnósticos. Aun así, el hospital se mejoró con una ampliación en 1660, y quedó ya estructurado de forma definitiva en once salas de reposo que admitían un total

Combate de las flotas combinadas veneciana y holandesa contra los turcos en la bahía de Focea en 1649. Obra de Abraham Beerstraaten realizada en 1656. Rijksmuseum, Ámsterdam.

de trescientas camas, una sala de cirugía, otra de medicina, dos departamentos aislados para enfermos contagiosos y mentales, dos terrazas para convalecientes, la capilla del Santísimo Sacramento, dispensarios, biblioteca, lavandería y un edificio de oficinas de servicio. Una distribución similar al gran hospital que la Orden del Espíritu Santo —siempre favorecida por los papas— tenía en Roma, y con el que competía. Una enorme labor que, a finales del siglo XVIII, había conseguido aumentar el índice medio de vida al 80 % de la población maltesa[145].

Desde el momento que se consideró La Valeta como algo propio, se renunció a recuperar Rodas —una idea que de vez en cuando rondaba las reuniones del Capítulo—, y se aceptó Malta como sede definitiva para la Orden. De la misma manera, y como se había hecho más o menos hasta entonces, se decidió también utilizar el corso como forma principal de conseguir ingresos y mantener vivo el espíritu de cruzada. Aunque de una forma un poco particular, más como tendencia a continuar con la buena vida que para recuperar los utópicos Santos Lugares de Palestina.

De hecho, desde el punto de vista administrativo, la Orden tuvo que adaptarse esos años a una difícil situación financiera motivada por los enormes gastos que originaba la construcción de la capital y sus interminables obras públicas y el grave quebranto de prioratos y encomiendas, que trajo consigo la aparición del protestantismo en el norte y centro de Europa. A la pérdida de las ya comentadas posesiones inglesas, se unieron poco después las de Dacia, Brandeburgo y Bohemia, estas últimas tanto por la reforma protestante como por el avance terrestre de los turcos, que ahora se habían desplegado por el este y amenazaban a la propia Viena.

La solución fue, además de dictar una serie de decretos que regularan sucintamente el comercio marítimo, y por supuesto los impuestos[146], reforzar la flota y salir a navegar. Aunque hubiese tregua,

---

145 Con el portugués Pinto de Fonseca de gran maestre, en 1771, las enseñanzas que se impartían se vieron ampliadas al fundar la Universidad de Medicina de Malta, que tomó como modelo la de Bolonia. Los estudiantes podían utilizar la biblioteca, abierta en 1687, y obtener su título después de un examen privado y otro público en el que se realizaba una exposición sobre un tema médico.

146 Se encargó de ello el gran maestre francés Jean Paul de Láscaris-Castellar, que ejerció el cargo de 1636 a 1657. Durante su mandato tuvo que luchar también contra el afán expansionista de Luis XIV.

año tras año, sin interrupción, las galeras de San Juan cruzaron las aguas del Mediterráneo, protegiendo y defendiendo de las armadas turcas y los corsarios berberiscos tanto las costas cristianas del sur de Europa como el comercio marítimo[147]. Pero sobre todo haciendo presas. Incluso, como hacían las galeras francesas de la Orden, a pesar de que fueran sicilianas y navegasen por el propio canal de Malta[148].

En la época del auge corsario, Malta se convirtió en el mayor mercado de esclavos para galeras de la cristiandad. Su abundancia permitía la selección de los más aptos como galeotes, mientras que los demás se destinaban a servir en el hospital, en casas y haciendas particulares, en la construcción —siempre había algún palacio que edificar—, o se revendían a otros países de su entorno.

Tanto en el siglo XVI como en los siguientes, la esclavitud, lejos de ser condenada por la Iglesia católica o por el islam, era ética y estaba perfectamente regulada por leyes bien definidas. En los archivos de Malta, consta que los caballeros llegaron a esclavizar desde niños de dos años a ancianos de setenta. Su número fluctuó con el tiempo. Según datos oficiales de la Orden, en 1632, por ejemplo, el número de esclavos personales ascendía a 649, y los que estaban en galeras a 1284. Estos últimos ascendieron a 2300 en 1664 y a más de 10 000 en 1710, pero ya eran solo alrededor de 1000 en 1749. Un número que se redujo tanto en 1765 que la Orden tuvo que comprar a 120 en las costas de Oriente.

El lucrativo comercio que mantenían los caballeros, y el que se hacía también con las numerosas esclavas, les dejaban magníficos beneficios. Hombres y mujeres se donaban como regalos, se vendían y se alquilaban a todos los países. Como los cien esclavos que se le enviaron al papa en 1662 para su escuadra, las decenas de mujeres que se le regalaron a la virreina de Nápoles entre 1637 y 1655 o todos los que adquirió en la isla durante el siglo XVII la armada inglesa para su flota del Mediterráneo.

---

147   Combatieron en Caramina en 1587, Catelnovo de Morea y Hammand de Túnez, en 1601, Santo Mauro, en 1625 o Trípoli y la Goleta de Túnez, en 1639.

148   Lo había autorizado Lascaris, que tuvo que echarse atrás cuando se amenazó con incautar los bienes de la Orden en Sicilia.

Ansias de expansión

A la Orden no le faltaron tampoco ocasiones en esta época para ampliar sus propios territorios —si entendemos como tales sobre los que ejercía «soberanía»—, pero los grandes maestres estaban más interesados en llevar una vida cómoda y amasar una inmensa fortuna que en embarcarse en aventuras. Ese fue el caso de Lascaris, al que cuando Isaac de Razilly, lugarteniente general de Acadia, en Nueva Escocia, le propuso en 1635 fundar allí una encomienda, le negó cualquier suma de dinero para organizarla.

Dos años después, a costa de su propio bolsillo y de los beneficios de la encomienda de Troyes, en Francia, los pasos de Razilly los seguiría el bailío Noel Brulart de Sillery, que fundó cerca de Quebec una capilla, un convento, un hospicio y alguna casa para alojar a los indios convertidos[149]. La Orden tampoco lo consideró conveniente y le retiró su apoyo.

Tuvo más suerte el caballero Philippe de Longvilliers Poincy, que, en 1650, en calidad de gobernador de las Antillas francesas, se dirigió también a Lascaris para que solicitase a Luis XIV la cesión a la Orden de algunas islas menores en el Caribe, en su calidad de patrón y protector de las colonias francesas. El gran maestre, que probablemente vio más posibilidades de hacer negocio en esas aguas que en los solitarios bosques canadienses, lo hizo por medio de su embajador en Francia —el bailío de Souvré—, y al año siguiente el monarca les «otorgó» las islas de San Cristóbal, San Bartolomé, San Martín y Saint Croix, en las pequeñas Antillas —pasaron a denominarse Antillas Maltesas—, a cambio de la nada despreciable suma de 120 000 libras tornesas. Un contrato que firmó Longvilliers en nombre de la Orden, el 24 de mayo de 1651.

Hablemos un poco de alguna de las islas. Saint Croix —o Santa Cruz, como la llamaron los españoles—, por ejemplo. Con 207 kilómetros cuadrados, rodeada de arrecifes, paisajes coralinos, aguas claras y peces tropicales, que constituye un verdadero paraíso para la práctica del buceo.

Hoy es un condado y distrito constituyente de los Estados Unidos con el estatus de territorio no incorporado y carece de representante

---

149   Hoy el lugar donde estuvo la hospedería de Brulart de Sillery es el Ayuntamiento de Quebec.

en el Congreso, pero la historia de la mayor de las Islas Vírgenes, como la de gran parte de las islas caribeñas, está llena de sorpresas. Su territorio, cuya capital, Charlotte Amalie —un nombre dado en recuerdo de Carlota Amalia de Hesse-Kassel, reina consorte de Dinamarca y Noruega—, se encuentra en la cercana isla de Saint Thomas, ha formado parte de España, Gran Bretaña, Francia, Dinamarca, los Estados Unidos y de la Orden de Malta, que tuvo allí una presencia más que simbólica.

Cuando Cristóbal Colón llegó el 14 de noviembre de 1493, la isla estaba habitada por indígenas arawaks y caribes. Los enfrentamientos entre españoles y caribes se sucederían durante más de un siglo, hasta que los españoles consideraron la isla improductiva y la abandonaron. Durante el siglo XVII llegaron colonos holandeses e ingleses, que pronto se enfrentaron entre ellos por el control del territorio. Finalmente, los holandeses abandonaron también la colonia y se la dejaron a los ingleses, cuya presencia se mantendría hasta 1650, cuando sus asentamientos fueron considerados un peligro y destruidos por los españoles, que poco después se vieron a su vez desplazados por los franceses. Fue entonces, durante ese periodo de dominación francesa, cuando el control, posesión y soberanía plena de la isla, que formaba parte de la jurisdicción de Saint Kitts, pasó a manos de los hospitalarios.

Una galera de Malta. Obra de Lorenzo Castro realizada
hacia 1680. Galería de Pintura de Dulwich.

214

Una de las cláusulas de la venta de las islas hacía referencia a que los comparadores se encargarían de las deudas que tuviesen los propietarios de negocios con los habitantes y, casualmente, eso era lo que tenía Longvilliers, enormes obligaciones pecuniarias con los colonos que pasaron inmediatamente a los nuevos administradores. No contento con eso, intentó convencer al gran maestre para que preparara un contrato similar por Guadalupe y Martinica y que la Orden dejara todas las islas a su cargo, pero se equivocó. Se mostró

Nicolás Cotoner y de Oleza, nacido en Mallorca en 1608, fue elegido gran maestre en 1663 como sucesor de su hermano Rafael. Durante su mandato se continuó con la decoración de la iglesia de San Juan, con la ampliación del hospital y se terminó la línea de murallas que unía Burgo, Senglea y Conspicua, que desde entonces se conoció como La Cotonera. Falleció el 29 de abril de 1680. Obra anónima realizada en el siglo xix. Museo de la Orden de San Juan, Londres.

demasiado ambicioso y Lascaris se dio cuenta de que actuaba de mala fe, por lo que mandó a Charles Huault Montmagny para reemplazarlo. Fue una mala elección, porque nunca pudo llegar a ejercer el cargo. Longvilliers puso tantas pegas que Montmagny, que quería ser discreto, aunque teóricamente era el gobernador, se trasladó a Cayonne, una aldea de San Cristóbal, a esperar que muriera para sustituirlo sin montar un escándalo. Irónicamente Montmagny enfermó y murió el 19 de agosto de 1648, a los sesenta y cinco años de edad, mientras que Longvilliers falleció mucho después, el 11 de abril de 1660, a los setenta y seis.

A pesar de que en 1653 Luis XIV afianzó aún más la autoridad de los caballeros en las cuatro islas, al concertar con ellos un tratado por el que conservarían su soberanía solo con pagar 1000 coronas a cada nuevo rey de Francia, la presencia hospitalaria en esa parte del mundo no duraría mucho. Lo que tardó Nicolás Cotoner en terminar con una experiencia que no producía más que gastos e incómodas situaciones morales y políticas[150].

Fue bajo su mandato, en 1665, cuando la Orden finalmente vendió su Imperio caribeño. Lo compró la Compañía Francesa de las Indias Occidentales, empresa mercantil fundada por las cartas de patentes del 27 de agosto de 1664, cuyo objeto era «navegar y negociar en la zona que abarca desde el cabo de Buena Esperanza, los mares orientales y en toda la India», y que disponía del monopolio sobre el comercio de la región por un periodo de cincuenta años. Se había creado con el objetivo de competir con las dos grandes compañías de las Indias Orientales rivales, la inglesa y la holandesa[151].

---

150 Durante algo más de una década, hasta 1665, la Orden de Malta fue la potencia soberana de la isla, muy alejada de Europa y del Mediterráneo. En esos años, cinco grandes maestres actuaron como soberanos absolutos de la isla: Jean de Lascaris Castellar, de 1653 a 1657; Martín de Redín y Cruzat, de 1657 a 1660; Annet de Clermont de Chaste-Gessan, durante algunos meses de 1660; Rafael Cotoner y de Oleza, de 1660 a 1663; y Nicolás Cotoner, de 1663 a 1680.

151 En 1733 la Compañía Danesa de las Indias Occidentales y Guinea, establecida en Saint Thomas en 1672, obtendría Saint Croix de la Compañía Francesa de las Indias Orientales y, en 1754, Saint Thomas y Saint Croix fueron vendidas al rey de Dinamarca, convirtiéndose en colonias reales danesas. Pero cómo acabaron en manos de los Estados Unidos ya es otra historia. En la actualidad, en las reseñas turísticas locales que caen en manos de los visitantes que acuden al reclamo de sol y playa, se alude tímidamente a la presencia de la Orden de Malta como entidad soberana de la isla entre 1653 y 1665. Pocos saben a qué hace referencia, la mayoría buscan rápidamente el plano de las tiendas libres de impuestos.

A partir de ese momento la Orden de Malta abandonaría sus pretensiones sobre el Caribe y Sudamérica y se replegaría íntegramente al continente europeo[152].

MOMENTOS DE CONFUSIÓN

La guerra de sucesión española afectó mucho al microcosmos que formaba la Orden, que empezó a mostrar desavenencias entre sus miembros según la posición que mantuvieran hacia los contendientes. El valenciano Ramón Perellós, 64.º gran maestre perteneciente a la lengua de Aragón, que había sido bailío de Negroponte, apoyó sin ninguna duda, como la mayor parte de los caballeros de las lenguas hispánicas, la opción borbónica. Por contra, el gran prior de Castilla y León y elector de Tréveris, Carlos José de Lorena, optó por la austracista, y hasta su voto en la Dieta fue fundamental para que el pretendiente Carlos III obtuviera la corona imperial en 1711, lo que motivó que se le incautaran las rentas que obtenía por su priorato castellano.

Unas diferencias que aumentaron cuando acabó el conflicto y que terminarían marcando todo el siglo, pues la paz firmada en Utrecht alteró para siempre el mapa de Europa y sacudió directamente a Malta y a los hospitalarios. Máxime cuando se rompió el pacto feudal entre la Orden y la monarquía española, y la soberanía real de la isla pasó primero a manos de Saboya y, en 1720, a Austria.

Tampoco ayudó el desarrollo de los nacionalismos de los Estados europeos. Cuando las nuevas ideas recalaron en la isla, la discordia reinó primero entre los caballeros y luego entre ellos y sus súbditos malteses. Hasta el punto que a mediados del siglo XVIII cada grupo tendía a significar su nacionalidad dentro de la Orden. Los italianos mediante el largo de su espada, los franceses con su indumentaria negra, en contraste con los colores más

---

152　La Orden tampoco permitió al caballero de Turgot, hermano del futuro ministro de Marina francés, nombrado en 1774, Jacques Turgor, colonizar a partir del siglo XVIII la Guayana, de la que era gobernador. Lo que quizá sí fuera un enorme error político.

Felipe de Borbón-Vendôme. Biznieto de Enrique IV, fue nombrado prior de la lengua de Francia en 1666, a la edad de once años, y en 1678 recibió el título de gran prior, reservado a los descendientes de la familia real. En la enorme torre del Temple, sede del Gran Priorato en París, que hasta la Revolución estuvo exento del pago de impuestos y era lugar de asilo para los deudores insolventes, llevó la más fastuosa y a menudo escandalosa vida. Amigo de las letras, muchas de las leyendas que unen a los caballeros de San Juan con los templarios se escribieron en su época. Obra de Jean Raoux realizada en 1724. Fabre Museum, Montpellier.

vistosos de los trajes españoles, y los alemanes por sus rojos talones. Los franceses llegaron a regirse por el horario de París, una hora más tarde que el maltés. Como dijo el viajero y ministro de la Iglesia presbiteriana escocesa Patrick Brydone en su libro publicado en 1773 *A Tour through Sicily and Malta, in a Series of Letters to William Beckford, Esq. of Somerly in Suffolk*: «Los hospitalarios tenían, sobre todo, apariencia de *gentleman* y hombres de mundo».

Las disensiones más importantes se generaban entre los caballeros de justicia, atados a los privilegios de nacimiento y ciertos códigos de conducta, y los caballeros de gracia, generalmente adeptos de las ideas nuevas del Siglo de las Luces. Unas diferencias que al final también se manifestaron con la tensión entre los obispos de Malta —a veces a favor de la política seguida por el gran maestre— y el clero popular, con unas ideas muy distintas, o los propios malteses, que empezaban a no estar muy de acuerdo con el aspecto absolutista —e incluso racista— de la Orden.

Sin embargo, se continuaba al mismo tiempo combatiendo contra los corsarios berberiscos. Buena prueba de ello es que en 1701 Perellós logró crear de la nada una escuadra con el propósito de oponerse a los barcos de alto bordo de las potencias musulmanas y defender su propia base con baterías flotantes móviles. Los dos primeros buques, el *San Juan* y el *Santiago* se fabricaron en Tolón, el más moderno de los astilleros del Mediterráneo. El *San Juan*, considerado el navío insignia, montaba sesenta y seis cañones y tenía una dotación de seiscientos hombres; el *Santiago* era más pequeño, con cincuenta y cuatro cañones y trescientos hombres. Los ingenieros navales de la propia Orden, con asesoramiento francés, fueron capaces de construir el *Santa Catalina* con el mismo porte que el *Santiago*. A esos tres se sumó también en 1701 un cuarto buque no planificado, el *Santísima Virgen del Pilar y San José*, que el gran maestre sufragó de su propio bolsillo.

Para dirigir la escuadra, dependiente del gran maestre y del Soberano Consejo, se creó la Congregatione dei Vasselli, compuesta de un venerable gran cruz y de cuatro comisarios, uno por cada nación. El mando operativo lo ostentaba el comandante de los navíos, elegido por el Consejo por cinco años.

Se intentó encontrar una táctica combinada que permitiera utilizar juntos navíos y galeras. No dio resultado debido a sus muy distintas necesidades y a la imposibilidad de llevar a cabo una dirección unitaria de las operaciones, por lo que galeras y navíos actuaron por su cuenta; los segundos, de manera independiente, si su poder de fuego se lo permitía, o en flotilla.

Las presas de los nuevos buques se sucedieron con éxitos tan sonados como la captura del *Rosa de Túnez*, de cuarenta cañones, que se incorporó a la flota de navíos melitense con el nombre de *Santa Cruz*, en 1706; el hundimiento de la capitana de Trípoli por el *San Juan* en 1713; el apresamiento de *La Media Luna* por el *Santa Catalina* ese mismo año o la captura de los tunecinos *Sol de Oro* y *Puercoespín* por el *San Jorge*, en 1721. En 1723 entre el *San Juan* y el *San Vicente* se tomó a la vicealmiranta de Túnez y las acciones ya incluso llegaron a extenderse al Atlántico, como la realizada en 1725 entre cabo Espartel y cabo San Vicente, a la que, de 1742 a 1752 seguirían otros nueve cruceros por esas aguas hasta entonces nunca visitadas por naves de La Religión.

En 1732, entre el *San Antonio* y el *San Jorge*, se llegó a capturar a la galera sultana del convoy que iba de Constantinopla a Egipto, y al año siguiente, tres navíos argelinos menos poderosos, pero bien artillados.

Formando escuadra, los navíos de la Orden colaboraron también eficazmente con las flotas de sus aliados; con la española, en el socorro de Oran, en 1707, donde el lugarteniente de los navíos, frey Antonio Francisco de Castel Saint Pierre, cubrió con su fuego el desembarco de caballería e infantería que permitiría salvar la plaza, que se perdería sin embargo al año siguiente; con la de Venecia, en los años 1715 y 1716, en las operaciones contra los turcos de Morea y Corfú.

Incluso con ocasión de la guerra con Marruecos, el 14 de marzo de 1775, por mediación de su embajador en España frey Fernando de Melgarejo, la Orden ofreció a Carlos III el servicio de dos navíos y de la escuadra de galeras, propuesta que el monarca agradeció pero no aceptó, pues consideraba que sus fuerzas bastaban; aunque sí le envió a Melgarejo una carta en que dejaba «al arbitrio del señor gran maestre el emplear separadamente las suyas del modo que gustare contra las potencias africanas, mediante el instituto de su Religión».

Llegó un momento en que la lucha contra el Imperio otomano, las hazañas bélicas sanjuanistas y el espíritu de cruzada parecían ya muy desfasados en la Europa de la Ilustración. De hecho, salvo para colaborar con la armada española en su constante guerra contra los piratas del norte de África[153], parecía que las obligaciones militares de los caballeros eran cada vez menos necesarias, incluso suprimibles, desde que la Orden comenzó a tener malas relaciones con la Santa Sede, y algunas de las potencias europeas, a las que pretendían tratar de igual a igual, comenzaron una política de acercamiento con la Sublime Puerta. Venecia, por ejemplo, firmó un tratado de paz con los turcos en 1669, motivado por la caída de Candia, que había sido atacada en 1648 por culpa de una de las incursiones de los caballeros, y Francia renovó en 1740 el antiguo acuerdo de paz de Francisco I.

Y todo eso sin contar con la prosperidad excesiva de sus imponentes posesiones, que, al acumular las riquezas obtenidas durante siglos, ponían en peligro la disciplina y la austeridad de los caballeros como orden religiosa en un momento en que ya no había vocaciones y los grandes monasterios europeos caminaban rápidamente hacia su extinción.

El canto del cisne

A la muerte del gran maestre Ximenez de Texada en 1775, fue elegido para ocupar su puesto el noble Emmanuel de Rohan-Polduc, emparentado con los Borbones de Francia, que se decidió a llevar a cabo una serie de iniciativas que acabarían por provocar grandes cambios en la Orden[154]. Pero primero se ocupó de lo más importante, el déficit financiero.

El Capítulo de 1776 estableció que solo hubiera tres clases de hermanos. De ellas, solo una, la principal, debía presentar pruebas de nobleza: los caballeros. A las otras dos, los conventuales y obedientes capellanes —sacerdotes—, y a la de los sargentos, servidores de armas, no se les requirió ser nobles, aunque en general, al final de su carrera se les ennoblecía en ambos casos con el título de caballeros de gracia magistral.

---

153   Hasta el 14 de septiembre de 1782 Carlos III no concertó un tratado de paz con los turcos, que le garantizaba la libertad de comercio y de navegación en las aguas que dominaban. El Imperio otomano se comprometía a su vez a facilitar el acercamiento de España a las regencias berberiscas de Argel, Túnez y Trípoli.

154   Entre otras mejoras, promovió la creación de una cátedra de Matemáticas y Navegación en la Universidad de Malta, disciplinas que consideraba imprescindibles para la estrategia naval, y ordenó reforzar las defensas de la isla con el fuerte Tigne —en Silema, hoy rodeado de apartamentos— y la torre de San Luciano, donde se colocaron baterías de artillería.

A pesar de las leyendas, los caballeros de muy alta alcurnia eran raros: las mejores familias —aparte de las casas reales— no necesitaban las posesiones de La Religión para situar a sus jóvenes. Los aspirantes generalmente pertenecían o bien a casas de antigua nobleza, pero a menudo oscuras y pobres, o a «nuevas familias», ansiosas de promoción social.

Convertirse en caballero era un asunto complejo y costoso; se debían observar varios decretos y estatutos citados en manuales, que ayudaban a los aspirantes a prepararse para la admisión y la vocación, y los guiaban a lo largo de sus vidas. La heráldica y la genealogía eran aspectos cruciales del proceso de compilación de la evidencia de nobleza de un candidato y en los manuales se presentaban muchos de los detalles del escudo familiar. La Biblioteca Nacional de Malta aún conserva una gran colección de manuscritos sobre genealogía y heráldica que fueron propiedad de los hospitalarios. Eso refleja la importancia que tenían para los nobles los signos de identidad personal y familiar.

Aunque para la nobleza la riqueza era esencial para mantener un estilo de vida adecuado, el dinero no era tema de conversación. Los grandes nobles y aristócratas hacían gastos extravagantes en ropa, recepciones o financiación de diversas obras de arte y arquitectura para mantener su nivel. Así, los ingresos familiares se utilizaban principalmente para pagar costosas bodas, funerales, dotes y cargos militares para los hijos menores. Entre estos últimos estaba ingresar en la Orden, y eso fue lo que aprovechó Rohan. La admisión de un joven cadete representaba un alto coste: antes de su profesión, el hermano debía pagar la tasa de ingreso, cuyo importe dependía del grado en que fuera admitido. Para caballeros y pajes, 250 ecus de oro[155]; para cargos menores, 100 ecus de oro; para capellanes y sargentos, 200 ecus de oro; para los caballeros de obediencia, 100 ecus de oro; para caballeros de devoción, 400 ecus de oro.

Tras pagar la tarifa establecida los nuevos miembros recibían una pequeña cruz de oro de ocho puntas para que la usaran, lo que atestiguaba su nuevo estado. Una vez verificada las pruebas de nobleza por la Oficina del Conservador de Pruebas de Nobleza y Pureza de Sangre, se pagaba además un pequeño impuesto: 5 ecus de oro los mayores de edad, y 15 los menores.

---

155   Un escudo de plata —ecu— valía ¼ del de oro, que se cambiaba por 24 libras tornesas.

Como la antigüedad era esencial para una rápida promoción, los padres procuraban que sus hijos fueran admitidos en la Orden cuanto antes. En la segunda mitad del siglo XVIII, la admisión de menores se convirtió en la práctica general: por ejemplo, para las dos principales lenguas francesas, Provenza y Francia, los menores representaban el 73 % y el 90 % respectivamente de candidatos. La mayoría no habían cumplido los 6 años, y la mitad de estos sin ni siquiera tenían 2 años. Así, tanto a la hora del bautismo como para hacerse hospitalario, el compromiso religioso se convirtió en una práctica social. Como los católicos de todas las condiciones bautizaban a sus hijos para que se beneficiaran de la gracia redentora desde su nacimiento, la nobleza incurría en costosos gastos para garantizarles la antigüedad en la Orden, a la espera de futuras prebendas y honores.

Es fácil imaginar el choque que esperaba a estos jóvenes, ataviados desde muy pequeños con el título de caballero y viviendo libremente con sus familias, cuando a los 18 años debían enfrentarse a las exigencias de las caravanas en alta mar en una estrecha isla del Mediterráneo de clima africano, donde la mayoría de los dignatarios de la Orden eran ancianos. A pesar de ello, las familias continuaron invirtiendo sumas considerables para que uno o más de sus hijos fueran admitidos y tuvieran un futuro venturoso. La tragedia para la Orden y sus caballeros fue que las cortes europeas, aunque empleaban a estos jóvenes en diversas comisiones, se escandalizaron de su vida disoluta, así como de su relativa ineficacia, sin hacer diferencia entre antiguos profesos y nuevos no profesos.

Igual que a los freires, Rohan dividió a las hermanas en nuevas clases según su nacimiento. Eran pocas, pero protagonizaron un sonado escándalo.

En 1786, el gran maestre propuso que se les asignara un fondo independiente del circuito financiero de la Orden que sirviese también para mantenerlas y pagarles sus rentas. El origen iba a ser la dote de 2000 libras que cada aspirante debía pagar para incorporarse a la Orden de la misma forma que lo hacían los caballeros. El 22 de noviembre de 1788, se aprobaron las dotes y la jerarquía de las hermanas:

Una primera clase, las profesas, cuyo número se fijó en solo 10 miembros, debían vivir en comunidad para recibir 400 libras al año.

Para la segunda clase, las novicias, igualmente con prebendas, se fijó su número en 20. Solo podían pasar a la clase precedente por orden de antigüedad a la muerte de una de las profesas.

La tercera clase se denominó de coadjutoras. Con prebendas limitadas, podían pasar a ser novicias en las mismas condiciones que las anteriores.

Finalmente, se estableció una cuarta clase mucho más numerosa de aspirantes a hermanas supernumerarias. En ella debían ingresar las jóvenes que lograran pasar determinadas pruebas, pero que, sobre todo, pagaran una importante dote. Su futuro era subir con paciencia los tres escalones precedentes para llegar un hipotético día a hermana profesa.

De inmediato hubo cerca de 400 inscripciones. Las familias con posibles esperaban así poder «colocar» a las jóvenes que no podían casar —un padre llegó a ofrecer 40 000 libras para que aceptaran a su hija ciega[156]— y, mediante su celibato, conseguir los «honores de la Cruz».

Fue tal el bochorno, que no se tardó en rectificar el procedimiento y prohibir que llevaran la cruz de Malta aquellas que aún no hubiesen sido definitivamente aceptadas. Pero ya era demasiado tarde. El comendador d'Hannonville, de regreso de una visita de las propiedades en Lorena y Champagne, escribió:

> He visto señoritas que llevan nuestra cruz. Dicen que forman parte del capítulo de hermanas hospitalarias de Malta y han pagado 2000 libras para utilizar nuestro símbolo sin tener que cumplir ninguna de nuestras obligaciones[157].

El asunto de las hermanas vino bien para mejorar las finanzas, pero contribuyó a extender la pérdida de respeto por la Orden y la sensación de que los antiguos ideales de los monjes guerreros se vendían por unas cuantas monedas.

La falta de fondos obligó también a que se presionara a las encomiendas diseminadas por toda Europa para que aumentaran sus ingresos y para que enviaran a Malta la cantidad que correspondía, cosa que no todos hacían[158]. En ese sentido, el nuevo

---

156 Archives du Departament du Rhone, 48H, 686.
157 Archive National de Paris; M916, n.º 117.
158 Los impuestos que exigía la Orden a las encomiendas eran muy altos y numerosos: 30 % sobre los beneficios de la producción, 50 % sobre la venta de caballos y burros, etc. En muchos casos no se enviaban para poder mantener un nivel de vida más elevado.

Código que estableció Rohan en el Capítulo de 1776 era muy claro: persecución de los morosos y pérdida de todos los derechos dentro de la Orden.

La razón para presionarlos de esa forma era simple. A finales del XVII, ni las encomiendas ni sus titulares poseían muchos lujos, pero todo había cambiado desde mediados del XVIII con el enorme incremento de las rentas. Muchos de los caballeros que no las enviaban eran comendadores de apenas treinta años de edad que actuaban como señores feudales y cuyos ingresos, entre 8000 y 10 000 libras anuales, eran superiores a los de un coronel o un general[159].

Una vez saneadas las finanzas, Rohan intentó reformar el gobierno de la Orden, en interés de la oligarquía caballeresca, para abolirla como institución religiosa y reconvertirla en una institución nobiliaria, exclusivamente militar. Para ello intentó la exclusión de sargentos y capellanes del Capítulo General[160]. Evidentemente hubo protestas, y la propuesta de Rohan se desestimó en cuanto capellanes y sargentos formaron un bloque frente a los caballeros, que estaban en minoría, pero comenzó a sembrar la desconfianza entre ambos grupos.

A pesar de que Rohan intentó en todo momento encauzar la economía de la Orden, bajo su mando continuó la ruinosa práctica que habían mantenido los anteriores grandes maestres de gastar disparatadas sumas de dinero en fortificaciones. A él se debía la construcción del moderno fuerte Tigne y el reemplazo de la torre de Santa Lucía por el más actual fuerte Rohan —cada gran maestre quería ponerle su nombre a algo—.

Era todo un poco absurdo, porque para guarnecer la enorme fortaleza que se había construido durante siglos, Napoleón Bonaparte —al que nadie podía achacar que exagerase en cuestiones militares— ya había estimado que se necesitarían quince mil hombres, más del doble de los que los caballeros hubiesen podido reunir nunca.

---

159 Gracias a cosas como esas aumentó de manera desorbitada el número de solicitudes para formar parte de los hospitalarios y se anexionaron otras órdenes, como la de San Antonio de Viena, que en 1776 poseía cuarenta encomiendas —la mayoría de ellas en Francia—, y disponía de unas rentas de cerca de 200 000 libras.

160 En 1777, con él de gran maestre, los caballeros absorbieron la antigua Orden Hospitalaria de San Antonio de Viena. A partir de entonces la Orden de Malta adoptó como soporte de sus armas la doble cabeza de águila imperial, que le había sido concedida a la de San Antonio por el emperador Maximiliano I.

Rohan desde luego lo sabía. Hasta su fallecimiento, trató de construir un pequeño pero moderno ejército profesional que denominó Congregación de la Guerra, en el que además de a los trescientos sesenta y dos caballeros de que disponía, intentó integrar reclutas malteses con experiencia militar y soldados y oficiales mercenarios europeos.

La Congregación, como no podía ser de otra forma, seguía tanto en estética como en organización el modelo del ejército francés. Disponía de un batallón de guardia, un regimiento de infantería regular de mil doscientas plazas —la mayoría de sus integrantes se reclutaron en Aviñón, Córcega y Marsella entre desertores y vagabundos—, un pequeño regimiento de caballería y un aún menor número de compañías de artillería que debían de encargarse de las baterías de todos los baluartes. Todo a un precio desorbitado.

El ejército de tierra se complementó con la ya clásica armada de la Orden, que como siempre construía sus barcos en el astillero de Seneglea. Todavía destacaban por los trabajos de buena calidad

Captura de un barco turco de Cartago. En 1723, con la mediación del marqués de Bonnac, embajador francés en Estambul, se firmó un tratado entre la Orden de San Juan y la Sublime Puerta, donde se excluía a los Estados berberiscos. Marcó el fin de las hostilidades entre La Religión y el Imperio turco. Obra de autor anónimo, pintada entre 1710 y 1720. Museum of the Order of St. John, Londres.

de su porte y la labor de sus carpinteros, muy buscados en toda la cuenca del Mediterráneo, pero ya no eran ni la sombra de antaño.

En 1798 —después de vender dieciesiete años antes la mayor parte de la flota al reino de Nápoles al considerarla ya poco necesaria—, disponía de dos navíos de línea de sesenta y cuatro cañones, el *San Zacharia* y *San Giovanni*; dos fragatas, una de cuarenta cañones denominada *Santa Elizabetta* y otra de treinta y seis, *Santa María del Pinar*; y cuatro galeras. Tanto el *San Zacharia* como la *Santa María del Pinar* se acercaban a los cuarenta años de servicio y ya no eran adecuados para nada que no fuera patrullar por el puerto.

De cualquier forma, ni estaba completa la tripulación de ninguno de los buques, ni los caballeros parecían capaces de reunirla. Todos los hombres del ejército regular de que disponía la armada eran dos batallones de infantería de marina, uno para los navíos y otro para las galeras. En total, el ejército regular de Malta podía ascender, como mucho, a los siete mil efectivos.

Dignatarios de la Orden de San Juan a finales del siglo XVIII. Obra de Antoine de Favray realizada hacia 1770. Museum of the Order of St. John, Londres.

En caso de conflicto había que añadirle la milicia, que la formaban todos los varones de entre dieciséis y sesenta años y estaba mal organizada y peor armada. La componían la Milicia Urbana y la Milicia del Campo, cada una dividida en regimientos bajo el mando de un caballero ayudado por oficiales, sargentos y cabos profesionales. Cada unidad de la milicia se dividía en regimientos —once, más un batallón suelto—, y estos a su vez en compañías de cien hombres.

Salvo en uno de los regimientos, que estaba a tiempo completo y se denominaba pomposamente Infantería Ligera de Voluntarios, los milicianos malteses no recibían paga. Realizaban el servicio de armas de forma ocasional y, en esas condiciones, se suponía que tenían que ayudar a los artilleros a disparar las piezas. En teoría —y es increíble que pudieran llegarse a tener en cuenta para entrar en combate, por mucho que sus descendientes actuales hablen de sus grandes logros— cerca de nueve mil hombres más, con mínimos conocimientos militares.

Damas de los caballeros de Malta con su sirvienta. Obra de Antoine de Favray realizada hacia 1770. Museum of the Order of St. John, Londres.

¿Y qué había pasado con la antigua labor asistencial? Pues que los hospicios para peregrinos habían cesado su función hacía ya tiempo y solo algunas encomiendas —pocas— mantenían la costumbre de ayudar a los pobres y necesitados[161].

Tampoco se combatía. La última expedición oficial de La Religión contra los Estados berberiscos de África tuvo lugar el 6 de mayo de 1784. Un navío, dos fragatas y cuatro galeras de la Orden se unieron a las flotas española, portuguesa y siciliana en la guerra contra la regencia de Argel. A partir de que España firmara la paz con Argel, en 1785, los caballeros ya no atacarían más a los berberiscos, salvo para defender algún convoy, y eso en contadas ocasiones. De hecho, ese mismo año, previendo que se avecinaban tiempos peores, Carlos III decidió fundar de forma unilateral un mayorazgo hereditario con las encomiendas del Priorato de Castilla y León a favor de su hijo, el infante Gabriel de Borbón.

La decadencia de la Orden trajo consigo una pérdida del respeto que tenía entre las naciones de Europa, reflejada en una constante y creciente injerencia externa en los asuntos de los caballeros. Principalmente de la mano del papa, que siempre había disfrutado de una supremacía nominal sobre todo lo referente a los sanjuanistas, y que le habían obligado con dificultades a mantenerse a distancia.

A pesar de ello, y de que el valor de una fortaleza como Malta era evidente para todas las potencias de Europa, no hay pruebas de que nadie tuviera el deseo de arrebatar la isla a los caballeros. De todas las naciones mediterráneas de alrededor, solo Francia podía decirse que fuera un Estado con algún poder. Venecia, Génova y el Imperio otomano eran cada vez más débiles en el mar, y había poco temor de un ataque de cualquiera de ellos y, aunque España prestó gran atención a su flota en la segunda parte del siglo XVIII, las relaciones eran buenas y no había señales de peligro. Gran Bretaña sí había adquirido cada vez mayor interés por el Mediterráneo, pero la mayoría de su atención se dirigía de momento a España y Francia, al menos, mientras los caballeros mantuvieron su neutralidad.

---

161   Uno de los pocos ejemplos de caballero que mantuviese la tradición hospitalaria es el de Antonio María de Bucareli, virrey de Nueva España entre 1771 y 1779, que fundó un hospital y un hospicio para pobres en México. Ver nuestra obra, *Los años de España en México*.

Por muy decadentes y débiles que estuvieran, tenían poco miedo de ser molestados. Europa todavía respetaba las reliquias de un glorioso pasado de seis siglos de incesante guerra contra los musulmanes. No se dieron cuenta de que esos vestigios del ayer se convertían por sí mismos en su propio anatema.

Fueron años en los que la Orden se transformó. Ya no eran un grupo de caballeros que se distinguían por combatir contra el infiel, sino por ostentar una «nobleza generosa», y eso, en los tiempos que se avecinaban, no podía traer nada bueno.

El mundo que vivimos

«El autor del Espectáculo de la Naturaleza cayó en un error que le puede pasar a cualquier principiante».

François-Marie Arouet, Voltaire

DESIDIA Y DECADENCIA

La convulsión que produjo en Europa la Revolución francesa de 1789 sacudió de inmediato a la aristocrática Orden de Malta, que se encontraba en pleno declive. Estaba claro que una orden obsoleta de ricos caballeros cuyos miembros se elegían exclusivamente a partir de las filas de la nobleza iba a atraer la atención de los revolucionarios. Mucho más cuando tenía un carácter internacional que se oponía a las nuevas ideas de marcado carácter nacionalista y, además, su organización monástica dejaba una amplia huella que ayudaba a identificar a los caballeros con la Iglesia.

Cuando Jacques Necker, director general de las finanzas revolucionarias, en la angustia económica del otoño de 1789, hizo un llamamiento para una contribución voluntaria de los propietarios de tierras, la Orden le dio un tercio de los ingresos de sus encomiendas francesas, sin embargo, poco después se comprometió también a darle un crédito de 500 000 francos a Louis XVI para ayudarle en su huida —que terminó de manera desastrosa en Varennes—, lo que la convirtió en enemiga declarada de la Revolución.

En julio de 1791 la Asamblea Constituyente declaró que la Orden era una potencia extranjera que poseía bienes en Francia —tenía allí más de la mitad de sus fondos y propiedades— y, como tal, era susceptible de ser gravada con todos los impuestos que recaían en los nacionales. Inmediatamente después, se aprobó un decreto que despojaba de la nacionalidad francesa a cualquiera que perteneciese a una orden de caballería que exigiera pruebas de nobleza.

El paso siguiente fue ya un ataque en toda regla. El 19 de septiembre de 1792 la Convención decretó la abolición de la Orden, la incautación de todos sus bienes, la pérdida de sus privilegios y la supresión de sus rentas. Luego hizo lo mismo en Italia, cuando la Asamblea Nacional francesa ocupó gran parte del territorio y puso en duda la existencia de los Estados Pontificios y todo lo relacionado con estos —incluida la consideración que tenía Malta como Estado soberano—. Hubo alguna mención a la indemnización que debían recibir los caballeros expoliados, pero como la condición necesaria para otorgarla era la residencia en Francia, y eso era algo muy peligroso para un noble en esas fechas, no hubo que realizar ningún desembolso.

Finalmente, a partir de 1797, desde el momento en que tanto el general Napoleón Bonaparte como el Directorio que gobernaba la Francia republicana pusieron los ojos en Egipto y en Oriente, lo que suponía también interesarse por Malta, la isla misma se convirtió en un excelente objetivo que disponía de riquezas en abundancia y permitía controlar el Mediterráneo para atacar a la flota británica.

Por eso, dos años antes, en vista de la que se le venía encima, y ante la encrucijada que se le presentó al gran maestre Emmanuel de Rohan cuando el rey de las Dos Sicilias le pidió que abandonara la neutralidad y se uniera a la coalición contra Francia, la Orden comenzó a buscar ayuda en Rusia.

A pesar de su hostilidad ya tradicional hacia la Iglesia católica, al Gobierno ruso le preocupaba aún más la situación en la que se encontraba Europa, por lo que el recién coronado zar Pablo I se mostró bien dispuesto a ofrecer al pontífice, a la Orden y a todas las fuerzas conservadoras de Occidente la ayuda necesaria para detener cuanto antes la marea revolucionaria. Aunque también es cierto que a esa razón se sumaban dos menos altruistas: el interés romántico del zar por los caballeros de San Juan y la necesidad rusa de encontrar una salida al Mediterráneo, que convertía a Malta en un suculento objetivo. Algo que ya había buscado en 1720 el zar Pedro I[162].

---

162 Esa es una de las principales razones de los enfrentamientos de Rusia con Ucrania: la ancestral búsqueda de una salida al Mediterráneo por la península de Crimea.

Claro que a la Orden tampoco le venía mal ese acercamiento, puesto que buscaba la forma de recuperar las seis encomiendas del Gran Priorato de Polonia, fundado en 1774 y anexionado por Rusia cuando en 1793 se produjo el reparto del territorio polaco entre la zarina Catalina II, el rey Federico Guillermo II de Prusia y el emperador de Austria, Francisco I[163]. Rohan no ignoraba los peligros a los que tendría que enfrentarse si entraba abiertamente en la influencia de cualquier potencia, pero la situación exigía decisiones drásticas y el zar era el único que en esos momentos parecía lo suficientemente fuerte como para protegerlos.

Las conversaciones entre Rusia y Malta no tardaron en llegar a oídos franceses. El 8 de abril de 1796, Jean-Andre Caruson, embajador en la isla, escribió a Charles-François Delacroix, que todavía era su ministro de Exteriores, para confirmarle las informaciones respecto de las relaciones secretas entre Malta y Rusia —a cambio de las comentadas encomiendas en Polonia— para compensar los bienes perdidos en Francia.

Exactamente dos meses después, el 8 de junio, como el Régimen del Terror parecía llegar a su fin, y el nuevo Gobierno que se había hecho con el poder en Francia se mostraba más transigente, Jean François Cibon, representante de la Orden en París, decidió comunicar al ministro que el gran maestre solicitaba la suspensión de la venta de las propiedades hospitalarias, tanto en Francia como en Bélgica, donde el Directorio, después de anexionarse el país, también había dispuesto que se incautasen los bienes sanjuanistas.

La propuesta ni siquiera fue tomada en consideración, por lo que ambas posiciones parecieron ya irreconciliables. La Orden se mostraba demasiado beligerante hacia las nuevas ideas y contraria al orden europeo que se intentaba establecer, opuesto en su naturaleza a su propia constitución y esencia. Además, numerosos caballeros se habían trasladado a Coblenza, en Renania, para enrolarse en

---

163 En 1609 el príncipe Janus de Ostrog dejó en testamento a la Orden sus posesiones en Polonia si no tenía hijos ni cuñados que pudieran heredarlas. Eso sucedió en 1672 y la Orden disfrutó de ellas hasta 1701, que apareció un presunto sucesor de los cuñados de Janus que estaba apoyado por el rey de Polonia. El caso no se resolvió a favor de los hospitalarios hasta 1776, gracias a la intervención de Prusia y Rusia. Prusia obtendría a cambio el reconocimiento del bailío protestante de Brandeburgo, cuyo *herrenmeister* era desde 1762 el príncipe Augusto Fernando, hermano menor de Federico II el Grande.

el ejército antirrevolucionario de Luis José de Borbón, príncipe de Condé, primo del rey, y, en julio de 1791, el tesoro del Gran Priorato de Francia había destinado una importante contribución a ayudar a Luis XVI en su fallida huida. Todo eso el Gobierno no estaba dispuesto a perdonarlo.

Aun así se pensó en nombrar un embajador en toda línea que sustituyese a Cibon, para que pudiera manejar directamente todo lo referente a ese complicado asunto. El 19 de noviembre, después de que Francia se negase rotundamente a admitir como tal al conde Toussaint de Bloisse d´Hannonville, el puesto recayó en Antonio Valdés y Fernández Bazán, que había abandonado su cargo como ministro de Marina de España el año anterior. Se buscaba así que, puesto que Manuel Godoy —el primer ministro español y mano derecha de Carlos III— y el Directorio iban a firmar ese mismo año una alianza contra los ingleses, se olvidasen de Malta.

Fue todo lo contrario. Rohan se encontraba ya muy enfermo y, para Francia, la presencia del nuevo embajador era una oportunidad de colocar como gran maestre a alguien sobre quien se pudiera influir sin problemas. ¿Qué mejor que un aliado español?

Se pensó directamente en Godoy, que fue tentado por el embajador francés en Madrid, el general Dominique-Catherine Pérignon[164], para que ocupara el puesto, pero a Godoy no le gustó mucho la idea. Ni pensaba dejar la corte cuando España había puesto sus miras en Portugal y empezaba a organizarse su reparto, ni le apetecía lo más mínimo tener que hacer frente al voto de castidad que conllevaba el cargo.

El 14 de julio de 1797 falleció Rohan. No sabemos si conocía las intenciones de Francia para hacerse con Malta en posible connivencia con España, pero en cualquier caso había dejado cerrado el concordato que pondría a los sanjuanistas y a su territorio bajo el protectorado de Rusia. El tratado final lo habían firmado en San Petersburgo, entre el 4 y el 15 de enero, el príncipe Alexander de Kovrakin, canciller del Imperio ruso, en nombre de Pablo I, y el bailío Jules René, conde de Litta. A cambio de devolverle a la Orden los territorios de

---

164 El general Pérignon había sido teniente coronel de la Legión de los Pirineos, en la que estuvo destinado en 1792, durante la guerra con España. Se mantuvo como embajador en Madrid entre 1795 y 1798. Fue el verdadero artífice de la firma en agosto de 1796 del Tratado de San Ildefonso, que unió los destinos de España y Francia.

Polonia que poseyera en la zona de Ostroh[165], el soberano ruso se permitía la creación de un Gran Priorato que él mismo dirigiría.

Para sorpresa de todos, cuando se reunió el Capítulo, la sucesión de Rohan recayó en el barón Ferdinand Von Hompesch zu Bolheim, gran prior de Brandeburgo y durante veinticinco años embajador ante la corte imperial de Viena, un caballero alemán muy preocupado por el contagio de las ideas revolucionarias entre sus hermanos, al que se le consideraba el asesor más importante del emperador Francisco II, que, lógicamente, se volvió hacia Austria con la intención de obtener la protección del imperio[166]. Ese cambio brusco indujo al Directorio a prever la influencia austríaca en el futuro de la Orden, y ya no le hizo falta más. Ahora las opciones de Francia se reducían solo a las dos que le habían ofrecido a Bonaparte: comprar a la isla o conquistarla. Se decidió seguir su consejo y conquistarla.

Desde el momento que Napoleón supo que el Directorio le daba la razón, urgió para hacerse cuanto antes con la isla, basándose en el peligro que implicaría la presencia rusa, o peor aún, lo que ocurriría si se establecía una base naval británica en el archipiélago. Su petición vagó sin rumbo por los despachos, sin tenerse demasiado en cuenta, hasta que los jacobinos dieron el 4 de septiembre el golpe de Estado que terminó con el gobierno moderado prorealista.

El día 13, desde su cuartel general de Passariano, junto a Venecia, Napoleón repitió su petición al nuevo Gobierno, esta vez con el apoyo del vicealmirante François de Brueys. Decía en su informe:

> Solo cuatrocientos caballeros y un regimiento de quinientos hombres son la defensa de La Valeta. Los habitantes, que suman más de cien mil, sienten hastío de los caballeros, que no piensan ya en vivir y morir por la fe. Nosotros ya les hemos confiscado todos sus bienes en Italia. Con la isla de Saint Pierre, que nos ha cedido el rey de Cerdeña, Malta y Corfú, seríamos los amos del Mediterráneo.

---

165 La región de Ostroh pasó a ser rusa en 1793; volvió a manos polacas entre 1919 y 1939 y en la actualidad forma parte de Ucrania.

166 Una teoría no probada que recogen algunos historiadores de la Orden, entre ellos Manuel Íñigo y Miera en su *Historia de las órdenes de caballería*, publicada en 1863, defiende que Hompesch, con una enorme deuda contraída al confiscarle los bienes que poseía en Alsacia, fue comprado por el Directorio. Se le habría nombrado gran maestre para que entregase a Francia los Estados de la Orden a cambio de una fuerte indemnización.

No dejaba de tener razón, sin embargo, no podía actuar a placer. Su fama tras la campaña realizada en Italia y las victorias obtenidas ante los austriacos le mantenían en la cúspide del poder, pero aún estaba lejos su proclamación como emperador.

El problema era buscar una razón para la invasión, de cara a una posible corriente de críticas dentro del país. A falta de otra cosa, el nuevo ministro de Exteriores francés, el controvertido clérigo y diplomático Charles Maurice de Talleyrand, optó por echar mano de un agresivo discurso contra la República atribuido a Rohan y publicado en octubre de 1793 en la *Gaceta de Lugano*. Luego fijó la fecha de la expedición para la primavera de 1798, pero como le dijo con firmeza a Bonaparte: «A condición de no comprometer otras operaciones ya determinadas»[167].

Parecía una operación fácil. Los franceses sabían perfectamente que los verdaderos enemigos de los caballeros eran las clases altas de

La isla de Malta a mediados del siglo xviii, aún en posesión de los caballeros de la Orden. Obra de Alberto Pullicino realizada hacia 1754. Colección particular.

---

167   Las cosas cambiaron un poco cuando Bonaparte derrotó ese año al ejército austriaco del archiduque Carlos, el hermano del emperador, y este se vio obligado a pedir la paz con los franceses a 100 kilómetros de Viena. El tratado se firmó el 17 de octubre de 1797 en una posada de Campo Fornio, hoy Campofornido, Italia. Demostraba la victoria de la República francesa sobre la primera coalición monárquica europea, que pretendía contener la expansión de la revolución de 1789, y permitía a Francia, además de empezar a redibujar el mapa de Europa, obtener todas las posesiones austriacas en el mar Adriático.

la isla y los marinos malteses. Los primeros, porque habían sido excluidos de las labores de gobierno y un maltés no podía entrar en la Orden. Los segundos porque la guerra contra los berberiscos les impedía comerciar libremente.

En diciembre Bonaparte envió a varios agentes a La Valeta para buscar partidarios de la causa republicana entre caballeros y malteses. Encontró rápidamente un numeroso grupo de adeptos entre los caballeros que habían formado el círculo anticlerical de los años setenta y ochenta. No obstante, de los doscientos caballeros franceses, la mayoría se mostraron realistas inabordables, dispuestos a defender Malta hasta su último aliento. Quizá, pensó, no fuera tan sencillo.

El 12 de abril de 1798, el Directorio firmó la orden que permitía a Napoleón y a su Ejército de Oriente ocupar la isla. Lo podía hacer con las mismas fuerzas con que pensaba ocupar Egipto y, además de conseguir efectivo, que siempre era necesario, le serviría para obtener una extraordinaria base de retaguardia con la que proteger su expedición. Poseer Malta, junto al resto de pequeñas islas del Mediterráneo ya citadas, formaría la red de estaciones navales que la flota necesitaba para sus operaciones.

El 19 de mayo, empujados por un mistral que permitió despistar a los navíos ingleses que vigilaban Tolón, el gran puerto francés del Mediterráneo, la flota de Bonaparte zarpó para unirse a las escuadras que esperaban en Córcega, Génova y Civitavecchia.

La formaban trescientos cuarenta y ocho buques entre unidades de guerra, transporte y apoyo, divididos en cuatro convoyes, a las órdenes de Brueys. Sabía que debía «pasar» por Malta, en concreto por el puerto de La Valeta, la plaza mejor fortificada y de mayor tamaño de todo el Oriente europeo, para poder «reabastecer» a los cerca de treinta y ocho mil oficiales y soldados que viajaban a bordo.

Pero Brueys no era el único que conocía la primera parada de la expedición. También habían sido informados los caballeros afines a la República que habían reclutado los agentes de Napoleón, que se ocuparon de tranquilizar a Hompesch diciéndole que las diversas escuadras reunidas en Tolón y los puertos italianos eran parte de una gran flota que desembarcaría en Irlanda. O Hompesch realmente no se enteraba de nada o prefería no hacerlo, porque a partir de entonces dio orden de reforzar las defensas, pero por si eran los ingleses los que atacaban la isla.

LA ISLA DORADA

Al anochecer del día 6 junio los malteses avistaron las velas de la vanguardia del gran convoy que se dirigía a Egipto. Su llegada provocó una enorme inquietud, que indujo al gran maestre a convocar al Consejo de Guerra. Los franceses, sorprendidos por la beligerancia de la población, le informaron de que no debía temer ninguna acción hostil y, felizmente tranquilizado, no llegó a proclamar el estado de sitio para que las guarniciones —entre tres mil cien y tres mil seiscientos defensores según estimó el propio Bonaparte— acudieran a sus puestos de combate. La verdad es que las afirmaciones galas se habían visto reforzadas por la opinión de gran parte de los siete miembros del Consejo —tres de ellos franceses, Bardonenche, Tousard y Tailly, que formaban mayoría con el bailío portugués Francisco de Sousa—.

Las primeras embarcaciones que pudieron entrar en la bien defendida rada de La Valeta fueron pequeños buques averiados a los que los caballeros no pudieron negar auxilio. Sus tripulaciones expresaron todo tipo de declaraciones de amistad de la República para con la Orden, pero pese a ello, Hompesch no pareció quedar muy convencido. Mucho menos cuando la tarde del 8, Caruson le informó de la petición del general Louis Charles Desaix, al mando hasta que llegase Bonaparte, de entrar en el puerto con ochenta buques. Alegaba que llevaban veintidós días en el mar y necesitaban realizar la aguada y reabastecerse de víveres.

El 8 de junio, varias naves de la Orden que volvían de combatir a cinco corsarios argelinos pasaron al lado de la escuadra francesa sin ningún problema. Sorprendentemente, eso confirmó al gran maestre sus buenas intenciones.

Von Hompesch, previa convocatoria del Consejo, se negó al día siguiente, en virtud de un convenio de 1768 y del artículo 13 del Tratado de Utrecht firmado por todas las potencias europeas en 1715. En ambos casos se prohibía recibir en los puertos malteses a más de cuatro buques de cada potencia de los Estados cristianos que estuviesen en guerra entre sí. Fue la última petición francesa, esa tarde llegó el grueso de la flota con Bonaparte. Si hacemos caso a lo que contó Felipe Amat, representante del rey de España ante el gran maestre: «Había más de 300 buques, entre ellos 15 potentes navíos de línea, 19 fragatas y muchas bombarderas y cañoneras».

La proclama del general francés a sus tropas, que anunciaba sus intenciones, tardó en hacerse pública poco más del tiempo necesario para redactarla. No podía estar más clara: «El gran maestre nos niega el agua que necesitamos, mañana, al despuntar el alba, la armada desembarcará en toda la costa accesible para tomar la isla».

Mientras se resolvían las cuestiones políticas, los embarcados se apiñaban en las bordas para contemplar la abigarrada ciudad y no salían de su asombro. El por entonces comandante de batallón Charles Morand, que posteriormente sería general y conde del imperio, quedó impresionado con el lugar:

> La ciudad de La Valeta está protegida por una increíble masa de fortificaciones, que deben haber costado una inmensa suma. El puerto que guarda dentro de sus muros es uno de los mejores del universo. Cubierto con trescientos barcos y toda la grandeza de banderas que ondean en el aire, góndolas que se deslizan por las olas, lanchas elegantemente pintadas decoradas con banderines, llenas de damas en todas sus galas. Franceses, malteses, soldados, marineros, generales, caballeros, sacerdotes, oficiales, trasladados a remo en admirable confusión. De la ciudad a los barcos, de los barcos a los muelles… Las multitudes se apiñan en las calles y plazas, en los muelles, en los cafés. Imagínense el bullicio, los gritos, la confusión, los vestidos, el ruido, los rostros de hombres de todas las naciones mezclados.

El domingo 10 de junio, a la hora indicada por Napoleón, desembarcaron quince mil soldados en dos brigadas, al mando del futuro mariscal Jean Lannes. La primera, sin planes de ataque inmediatos, en la bahía de San Pablo, al norte de la isla, a dieciséis kilómetros de la capital, para asegurar la playa, rodear las torres Wignacourt y Qawra y controlar el reducto de Perellos, con las baterías Arrias y Dellia.

Bonaparte pensaba que la sola visión de la abrumadora fuerza de invasión les haría izar la bandera blanca a los malteses, sin embargo, el impetuoso Lannes prefirió luchar a negociar y atacó sin dudar las posiciones enemigas. Su columna avanzó sin oposición por un camino estrecho bordeado por muros de piedra que llegaban a la altura de la cintura, y que eran un rasgo común de la isla. A ambos lados el terreno era desigual, con afloramientos rocosos y arbustos raquíticos, lo que permitió un primer despliegue. Más allá, el camino ascendía por un cerro que dominaba la bahía y llegaba a Wignacourt.

En total, la pequeña escaramuza duró apenas un par de horas. Todos los fuertes se rindieron. Bonaparte enfureció y ordenó a Lannes que regresara a bordo.

La columna quedó al mando del general Vaubois. Tomó el camino de la capital y encontró al regimiento de infantería de Malta, a las órdenes del bailío Giovanni Tommasi. Lo dispersó rápidamente y sus restos se retiraron para resguardarse tras los muros de La Valeta. La segunda brigada, a las órdenes de Desaix, que llegó a la bahía de San Julián, también derrotó sin apenas problemas a los grupos de voluntarios que se encontraban por la zona. Mientras, una tercera división, al mando del general Reynier, capturó sin un solo disparo la vecina isla de Gozo después de asegurar la integridad de los lugareños y sus propiedades. Se suponía que allí había una guarnición de unos dos mil trescientos hombres al mando de frey Mesgrigny de Villebertin, al que acompañaban otros seis caballeros franceses. Por causas desconocidas, pero fácilmente imaginables, tres de ellos quedaron heridos nada más iniciarse el desembarco. El resto convencieron a la población de que no iniciase una resistencia que a la

Napoleón Bonaparte desembarca en Malta en 1798. A Bonaparte no le ocupó más que unas horas redactar las reformas que permitieron a la isla pasar de la Edad Media a la Edad Moderna. Litografía de Charles-Etienne Gudin realizada en 1800. National Maritime Museum, Greenwich.

larga sería funesta, y le entregaron a Reynier los castillos de Gozo y Cambray, junto con ciento cuarenta cañones y miles de fusiles, a cambio de que a ellos les dieran salvoconductos.

A las 07:00, antes de que la noticia del desembarco llegase al Consejo, Von Hompesch recibió una carta de frey Bosredon de Ransijat, secretario de finanzas de la Orden. Le decía que su compromiso al tomar los votos era solo para combatir contra los turcos y que él jamás levantaría las armas contra otros cristianos. De manera similar actuó Amat, que disuadió a los caballeros de las lenguas de Castilla y Aragón para que permanecieran en sus aposentos si se producían combates. El único que no lo hizo fue frey Francisco Cotoner, gobernador del fuerte Ricasoli, que más tarde rehusó también obedecer al anciano bailío de Clugni, cuando lo envió el gran maestre para que le informara de la capitulación[168].

El mayor temor francés era que las guarniciones se refugiasen en los fuertes y fortificaciones de las cuatro ciudades y se armase a la población civil, lo que podía dar margen a la llegada de la escuadra británica al mando del contraalmirante Horatio Nelson, que buscaba a Bonaparte por el Mediterráneo, y bloquear a la francesa entre las formidables defensas de la isla, pero eso no sucedió. Se sitió sin problemas el fuerte de Tigne, y se consiguió que el de Notabile, sin comandante, tropas ni víveres, se entregara sin resistencia.

Mientras los franceses ocupaban uno a uno todos los baluartes, solo algunos caballeros presentaron resistencia. El bailío de Loras, mariscal de la Orden, al mando de la defensa de La Valeta, propuso la salida de tres de los buques disponibles para oponerse al desembarco en San Julián y, además, ir a auxiliar los fuertes, pero los malteses, que no entendían por qué tenían que combatir contra hombres que hablaban la misma lengua que sus oficiales, ya apenas obedecieron las órdenes. Uno de los navíos se perdió, otro quedó dañado y el tercero regresó a puerto. Sus tripulaciones se retiraron también rápidamente tras los gruesos muros de la capital.

Para entonces Vaubois ya estaba ante las defensas de Floriana y deshacía con brío el único ataque maltés en toda la jornada. Tommasi, al ver que solo atacaba la muralla una parte de la 19.ª media brigada

---

168 Arrió la enseña familiar y se rindió en el último momento, ante las deserciones que se produjeron en la posición que defendía y el asesinato de varios caballeros por sus propios soldados.

de la infantería francesa, decidió acabar con ellos en campo abierto. Con redoble de tambores y en perfecta formación las tropas iniciaron la salida. Los franceses huyeron, perseguidos por los satisfechos malteses, que cayeron en una emboscada.

Uno tras otro, el resto de los fuertes, sin milicias y con las baterías abandonadas, quedaron en manos de los invasores. Incluso se encontraron por las calles algunos cuerpos de caballeros vilmente asesinados.

A las 02:00 del día 11, una delegación formada por miembros del Tribunal Apostólico de la Rota y varios notables malteses se dirigió al palacio donde el gran maestre continuaba recluido. Von Hompesch les dio audiencia y ellos le solicitaron abandonar la lucha

La guardia voluntaria del gonfalón, dirigida por un caballero, a la espera de trasladar el estandarte de la Orden a la iglesia de San Juan el día del aniversario de la victoria sobre los turcos. Cuando llegaron los franceses, el ejército sanjuanista era poco más que una serie de unidades empleadas para actos ceremoniales.

ante el riesgo de exponer Malta a un fatal bombardeo. El gran maestre, que hasta el momento no había hecho ningún preparativo para la defensa, ni nombrado a un general en jefe para que la dirigiera, se indignó ante su audacia. No le duraría mucho el enfado.

Sobre las 18:00, por mediación del cónsul de Holanda, se acordó entre el general Junot y el comendador Dolomieu un alto el fuego de veinticuatro horas. Ambos se trasladaron a La Valeta y fueron recibidos por el gran maestre y los cuatro bailíos del Consejo de Estado. Ya entrada la noche, Von Hompesch mandó redactar la proclama que comunicaba la rendición.

La inexpugnable Malta, con los fuertes de Santangelo, San Telmo, Santa Margarita y San Miguel, el conjunto de fortificaciones de La Cotonera, el fuerte Ricasoli, la fortificación de la isla Manuel, el moderno fuerte de Tigne —construido entre 1793 y 1795 para proteger la entrada del puerto natural de Marsamxett—, las murallas de Senglea y las torres costeras, había caído en menos de veinticuatro horas. Es de suponer que los restos de los grandes maestres y caballeros que habían resistido crueles asaltos durante meses se agitaron inquietos en sus tumbas ante tal muestra de cobardía.

La mañana siguiente, presentada esta vez por el cónsul español, una comisión de seis personas —el bailío Torino Frisari, Bosredon, el barón Mario Testaferrata, el doctor Nicolás Muscat, el abogado Benedetto Schembri y el consejero Bonnano, los tres últimos miembros de la alta burguesía maltesa—, acompañados por el embajador Amat, requerido por Von Hompesch como mediador, se reunieron con Napoleón en el *Orient*, el buque insignia francés. El propio Bonaparte redactó personalmente los ocho puntos de la capitulación de la forma siguiente:

Artículo 1.º Los caballeros de la Orden de San Juan de Jerusalén entregarán al ejército francés la ciudad y las fortalezas de Malta. Renuncian en favor de la República francesa a los derechos de soberanía y propiedad que tienen, tanto sobre esta isla como sobre las islas de Gozo y Comino.

Artículo 2.º La República empleará su influencia en el Congreso de Rastadt para que el gran maestre tenga, durante toda su vida, un principado equivalente al que ahora pierde. Entre tanto, se compromete a otorgarle una pensión anual de 300 000 francos. Además se le entregará el valor de dos años de dicha pensión en concepto de indemnización por su mobiliario[169]. Conservará durante el tiempo que esté en Malta los mismos honores militares que hasta ahora.

Artículo 3.º Los caballeros franceses de la Orden de San Juan de Jerusalén que están actualmente en Malta, y cuya relación será establecida por el general en jefe, podrán volver a su patria. Su residencia en Malta les será contada como tiempo de residencia en Francia.

Artículo 4.º La República francesa concederá una pensión de 600 francos a los caballeros franceses actualmente en Malta, durante el resto de su vida. Esta pensión será de 1000 francos para los caballeros de sesenta o más años. La República francesa empleará sus buenos oficios ante las Repúblicas Cisalpina, Liguriana, Romana y Helvética para que concedan la misma pensión a los caballeros de las diferentes naciones.

Artículo 5.º La República francesa empleará sus buenos oficios ante las otras potencias de Europa, para que mantengan a los caballeros de su nación en el ejercicio de sus derechos sobre los bienes de la Orden de Malta situados en sus Estados.

Artículo 6.º Los caballeros conservarán las propiedades que poseen en las islas de Malta y Gozo, a título de propiedad privada.

Artículo 7.º Los habitantes de las islas de Malta y Gozo continuarán disfrutando, como en el pasado, del libre ejercicio de la religión católica, apostólica y romana. Conservarán las propiedades y los privilegios que poseen actualmente. No será establecido ningún impuesto extraordinario.

Artículo 8.º Todos los actos jurídicos efectuados bajo el gobierno de la Orden conservarán validez, y se ejecutarán.

Le pareció superfluo, y así se lo hizo ver a la comisión, que el gran maestre sancionara con su firma el documento. Ni siquiera le

---

169 El 4 de mayo de 1803, Talleyrand escribió a Bonaparte, ya primer cónsul, proponiéndole mantener la renta anual que se le había prometido al gran maestre, reducida por entonces a 150 000 francos. Lo apoyaría también de forma exitosa, ante la presunta indigencia de Von Hompesch, el cardenal Fesch, embajador de Francia en Roma y tío de Napoleón.

importó que la isla no fuera de los caballeros, sino del rey de las Dos Sicilias, con base en la cesión de Carlos I de España. Nada más regresar la comisión a la capital, el documento se hizo público al son de los tambores. No hubo ninguna resistencia.

El día 13 Napoleón entró oficialmente en La Valeta. Se reunió con Bosredon de Ransijat y lo nombró presidente de la Comisión de Gobierno del archipiélago, con una renta de 6000 francos anuales, a las órdenes de un general de confianza, Vaubois, que recibió el cargo de gobernador general.

A partir de ese momento la bandera francesa se declaró la única oficial en las islas, se obligó a todos los habitantes a llevar la escarapela tricolor sobre el traje y se destruyeron todos los símbolos, coronas y escudos de armas de la Orden, de los grandes maestres o de los dignatarios y caballeros, tanto en los edificios públicos como en los particulares.

Luego se mandó confiscar todos los bienes, tanto del gran maestre como del resto de caballeros y de los diferentes albergues. Estatuas y tabernáculos de iglesias, coronas, cálices y cubiertos fueron fundidos en lingotes o ensacados directamente. Además, se incautaron dos navíos, una fragata y las cuatro galeras que estaban en el puerto, mil doscientas piezas de artillería, cuarenta mil fusiles, millón y medio de libras de pólvora, trigo para tres años y más de 3 millones de francos en oro y plata[170].

Se incluyó también como botín el tesoro de la iglesia conventual de San Juan y todos los estandartes de la Orden. Estos se embarcaron en la fragata *Sensible*, bajo el mando del capitán Bourdé, para ser entregado al Directorio. Nunca llegaron a su destino. Durante la travesía, la noche del 26 al 27 de junio, la fragata británica *Seahorse* atacó a la *Sensible*, y Bourdé los arrojó al mar antes de ser capturado.

---

170   La suma total del valor de la riqueza saqueada, convertida en libras, la estableció el pagador de la expedición de Bonaparte a Egipto, el general Martin Estève, de la manera siguiente: 135 592 libras, en efectivo o plata vendidos en Malta; 401 492 libras, valor aproximado de 6974 kilos de plata en lingotes para convertir en efectivo; 176 171 libras, valor de varios cubiertos vendidos en Alejandría; 24 681 libras, valor de una copa, un pequeño nicho de oro y una caja que contiene diamantes, joyas y perlas, artículos vendidos en subasta en El Cairo; 2502 libras, valor de tres cucharaditas de oro, convertidas en efectivo en la moneda de El Cairo; 232 402 libras, valor de setenta y siete lingotes de oro, destinados a ser acuñados en El Cairo. En total, 972 840 libras.

Durante una semana, Bonaparte legisló y reorganizó de manera sistemática las estructuras administrativas, judiciales, docentes y religiosas, levantadas minuciosamente durante siglos. Abolió el régimen feudal y la esclavitud, y proclamó la igualdad de derechos para todos.

A los caballeros se les ordenó salir de la isla en el plazo de cuarenta y ocho horas —salvo a Bosredon Ransijat, frey Jean de Fay y frey Rouyer, ambos también franceses— y a los sacerdotes y religiosos de todas las órdenes regulares, que no fuesen malteses de nacimiento, a abandonarla en un plazo de diez días.

Von Hompesch quiso llevar consigo las tres reliquias históricas que se guardaban en la iglesia de San Juan: el cofrecillo con el brazo de san Juan Bautista —restituido por el sultán Bayaceto a Pedro d'Aubusson—, el icono de Nuestra Señora de Filermo y el trozo de la Veracruz. Napoleón accedió solo si se les quitaban las joyas a los objetos sagrados. Incluso la población tuvo que sacrificarse para conservar parte de su riqueza artística: los candelabros de plata y las estatuas de los apóstoles que en la actualidad pueden verse en la iglesia del Naufragio de San Pablo, en La Valeta, se salvaron porque los malteses ofrecieron el mismo peso en plata acuñada.

El día 18, a las 02:00, junto con algunos caballeros, el gran maestre embarcó en un mercante austriaco con rumbo a Trieste. Lo escoltaba la fragata francesa *Artémise* y acababa de recibir de Matthius Poussielgue, el asesor financiero de Napoleón durante toda la campaña, 300 000 de los 600 000 francos estipulados en la convención de capitulación y la liquidación de sus bienes en Malta, que ascendían a 100 000 libras en oro y 200 000 en letras de cambio. Zarpó de La Valeta sin saber que, el 20 de ese mes, el almirante Nelson, a bordo del *Vanguard*, le iba a escribir una carta comunicándole que se dirigía hacia Malta en su ayuda.

Esa misma mañana el almirante Brueys, que dirigía la flota francesa, fue informado en secreto por el capitán de un buque danés de que la escuadra inglesa que les perseguía, compuesta en el momento en el que la había encontrado por catorce buques, los esperaba en el Mediterráneo. Así se lo comunicó a Napoleón, que decidió zarpar de inmediato al día siguiente.

Es norma acusar a Bonaparte de la disolución de la Orden por unirse a las potencias más reaccionarias, gobernadas por monarquías absolutas. En realidad, a ellas también les molestaba su presencia y su poder económico. Como veremos un poco más adelante, cuando Gran Bretaña recuperó la isla, ni siquiera se planteó devolvérsela a los caballeros. Puede que Nelson tampoco tuviera órdenes de llegar a tiempo para socorrerla.

Al mediodía del día 19, de manera escalonada, la flota francesa continuó su camino hacia Egipto. Para mantener el orden y asegurar las islas, Napoleón le dejó a Vaubois un contingente de cuatro mil hombres.

La Orden de San Juan, de costumbres ya desfasadas, llevaba años sentenciada, pero nadie podía imaginar que su manera de abandonar la isla deshonrara de tal forma su heroico pasado.

LA AVENTURA RUSA

La inmensa debacle para la Orden que le supuso verse expulsada de su sede de Malta se agravó con la pérdida de la mayoría de sus propiedades en casi toda Europa, provocada en unos países por la reorganización económica, social y jurídica que Napoleón les había impuesto al conquistarlos, y en otros por el afán recaudatorio de sus Gobiernos, que vieron una inmejorable oportunidad de aumentar su patrimonio a costa de los sanjuanistas.

Pese a la pérdida de la soberanía sobre Malta, Von Hompesch, ya en su exilio italiano, con el fin de continuar la actividad hospitalaria, se apresuró a enviar providencias a los diferentes prioratos indicando cuáles debían ser las normas que seguir. Ordenó que continuaran con los mismos métodos y formalidades que se habían observado hasta aquel momento y «no alterar en la más mínima cosa su Gobierno, no introduciendo novedades que pudieran tener consecuencias fatales». La Orden intentaba así sobrevivir como ente de carácter supranacional, pero sin territorio y ante la indiferencia u hostilidad de los Gobiernos europeos, pero no resultó. Desposeída de soberanía, debilitada por la forzosa dispersión de sus caballeros, sin cabeza visible y menospreciada por los nuevos aires y las nuevas ideas de la Revolución francesa, se encontró errante en una Europa convulsa. Igual que sus barcos, que navegaron sin rumbo durante un tiempo por el Mediterráneo y acabaron por llevar a la mayoría de los caballeros de vuelta a sus países de origen.

Muchos de ellos se dirigieron entonces a Rusia para pedir la protección que estipulaba el convenio que habían firmado, y el zar se apresuró a darles la bienvenida hasta que se resolviera el asunto de la devolución de la isla.

A él le venía muy bien, porque acababa de firmar una alianza con el Imperio otomano para combatir contra Francia en el Mediterráneo, y a los caballeros también, pues una de las cláusulas firmadas en su momento por Rohan saneaba las finanzas de la Orden con 300 000 florines a cuenta de las encomiendas de Polonia, pagaderos por la Tesorería General del Imperio ruso.

La primera reunión del nuevo Gran Priorato se celebró el 26 de agosto de ese año. Concluyó con una protesta oficial contra la capitulación de Malta y un manifiesto por el que se desligaba a Von Hompesch de la Orden, acusándolo, entre otras lindezas, de

Pablo I Petrovich, zar y emperador de Rusia de 1796 a 1801, ataviado con el tabardo de gran maestre, el manto imperial y la corona, cetro y orbe rusos. Obra de Vladimir Borovikovsky realizada en 1800. Museo del Hermitage, San Petersburgo.

negligencia, desidia y cobardía. Desde ese momento los hospitalarios quedaron bajo la voluntad del zar Pablo.

Todo pareció mejorar en octubre. El almirante Fiodor Ushakov fue enviado al Mediterráneo al mando de una escuadra combinada rusa y turca y se le asignó la misión de expulsar a los franceses de las islas Jónicas para así apoyar a las tropas terrestres que mandaba el general Alexander Suvorov.

Citera, Zante, Cefalonia y Lefkada fueron ocupadas sin problemas, y el 4 de noviembre la escuadra comenzó el asedio de la más grande y mejor defendida de las islas, Corfú. Ushakov disponía de tres navíos de línea, tres fragatas y varios navíos auxiliares, a los que se unió poco después una escuadra turca al mando del emir Kadir Bey y otra rusa a las órdenes del capitán Dimitry Senyavin. Los franceses, dirigidos por el gobernador general Louis Chabot, disponían de tres mil soldados y seiscientos cincuenta cañones en Corfú; quinientos soldados y cinco baterías de artillería en la isla de Vido; dos navíos de línea, una corveta, una bombarda, un bergantín y cuatro buques auxiliares.

El día 13, los rusos desembarcaron sin oposición en el pequeño puerto de Gouvia y comenzaron a construir baterías para bombardear las posiciones francesas. A primeros de diciembre llegó otra escuadra a las órdenes del contraalmirante Pavel Pustoshkinth, que reforzó aún más a los asaltantes. Solo era cuestión de tiempo que los franceses se entregaran.

Fue el momento elegido por Von Hompesch para abdicar en Pablo I en un gesto sin precedentes. Casi al mismo tiempo, reunidos los bailíos, comendadores y caballeros del Gran Priorato de Rusia con otros miembros de la Orden en San Petersburgo, formalizaron en su nombre y en el de otras lenguas y prioratos la elección del zar, confirmada por el romano pontífice y aceptada por Pablo I, que se proclamó gran maestre el 13 de noviembre. Un mes después, el 10 de diciembre, rodeado de caballeros sanjuanistas, que se veían de nuevo en Malta, estableció en la capital de su imperio la sede de la Orden y asumió los atributos que correspondían con el cargo desde tiempos ancestrales: el sello de la Orden, el puñal de la fe y la corona[171].

---

171 Se olvida con frecuencia que solo podían formar parte de la Orden y gozar de sus bienes los naturales del Imperio ruso que profesasen la religión católica.

Corfú se rindió más tarde de lo esperado, el 3 de marzo de 1799. Para entonces los ingleses llevaban ya seis meses apoyando a los rebeldes malteses y no estaban dispuestos a que ningún otro aliado, y mucho menos Rusia, participase en el asedio[172].

El zar se indignó al negarle la posibilidad de recuperar lo que consideraba como el hogar de la Orden que representaba, pero esperó a ver cómo transcurrían los acontecimientos.

Vaubois, que no había tenido un momento de respiro desde que le dejara allí Napoleón, se rindió el 3 de septiembre de 1800, cuando sus hombres morían de hambre y enfermedades a un ritmo de cien diarios. Los ingleses no habían podido tomar la fortaleza en los dos años que duraba el asedio, pero la armada francesa tampoco había podido auxiliarla.

A la hora de las negociaciones ya se vio que todo iba a ser muy diferente de lo esperado. El puerto, todas las fortificaciones, sus dependencias y los pertrechos militares quedaron directamente en manos de los británicos, que excluyeron por completo de las negociaciones a los malteses, que habían comenzado la resistencia. Incluso les dejaron sin barcos. Fueran franceses o no, todos se consideraron botín de guerra. Malta devolvía el control del Mediterráneo central a Gran Bretaña y no pensaba soltar la presa.

El odio de Pablo I fue en aumento. Decidió retirarse de la Segunda Coalición y acercar posiciones con Napoleón, al que apoyó cerrando sus puertos al comercio británico en protesta por la apropiación de Malta. No fue su única represalia. El ejército francés aún estaba en Egipto, por lo que preparó un plan para invadir de forma conjunta la India. Se lo mandó a Napoleón en enero de 1801, al tiempo que organizaba una fuerza expedicionaria de cosacos del ejército del Don para que tomara posiciones[173]. La formaban 21 651 hombres[174] a las órdenes del general Vassily Orlov y su objetivo eran las ciudades situadas más al oeste. Las columnas

---

172 Se lo permitió a navíos portugueses, que no suponían ningún peligro.
173 Los historiadores anglosajones se han referido siempre a esta operación como una de las famosas locuras del zar, del que se decía que no estaba en su sano juicio. Los años posteriores demostraron que no iba muy desencaminado, solo que Afganistán era sin duda un mejor teatro de operaciones. Ver nuestro libro *Exilio en Kabul*.
174 Cuarenta regimientos de caballería con dos compañías de artillería a caballo, según la memoria presentada por el propio Orlov.

partieron el 21 de febrero de Orenburg, en la frontera de la Rusia europea, pero no llegarían a pisar la India.

Mientras, los intentos del zar de dar mayores derechos al campesinado y proporcionar un mejor trato a los siervos en las fincas agrícolas, junto con el descubrimiento de la escandalosa corrupción que arrastraba el Tesoro ruso, había soliviantado a buena parte de la nobleza, que organizó una conspiración. La encabezaron —con el supuesto apoyo del embajador británico en San Petersburgo, Charles Whitworth— los condes Peter Ludwig von der Pahlen, Nikita Petróvich Panin y el almirante José de Ribas, caballero de la Orden de Malta, un aventurero que había nacido en Nápoles el 6 de junio de 1749, en el seno de una familia catalana. Cuando todo estaba preparado, el fallecimiento en diciembre de 1800 de Ribas empujó a retrasar su puesta en marcha hasta marzo del año siguiente.

El 9 de marzo, ajeno por completo a la conjura, Pablo I envió una orden para que el cuerpo del ejército enviado al este se detuviera y esperara a otro francés que a las órdenes del general Massena se dirigiría también hacia allí. No llegaría nunca, pero el zar jamás lo sabría. La noche del 23 de marzo, los conspiradores lo asesinaron en el castillo Mijailovsky de San Petersburgo.

Los mismos que habían atentado contra él pusieron inmediatamente en el trono a su hijo Alejandro, que tenía veinticuatro años y unos enormes remordimientos, porque hasta ese momento pensaba que el círculo de conspiradores al que se había incorporado hacía unos meses solo pretendía que su padre abdicara.

Independientemente de las consideraciones sociales comentadas, una de las principales razones del crimen que habían cometido sus asesores más cercanos era sin duda el plan que tenía el zar para volver a llevar a la Iglesia ortodoxa rusa —de la que él era también cabeza visible— a la plena comunión con la Iglesia católica. Otra, la de obligar a los nobles a incorporarse al Priorato Católico, o a un segundo Gran Priorato que había creado, principalmente para la nobleza ortodoxa, al que había invitado a unirse a los europeos no católicos —en su mayoría luteranos— con el fin de preservar la Orden y las monarquías cristianas de la perpetua oposición hacia ellas que había desencadenado la revolución humanista que barría Europa[175].

---

175 La intención del zar de obligar a la nobleza a adoptar un código de caballería hizo que perdiera la confianza de muchos de sus asesores.

Alejandro I, pese a que estaba menos interesado que su padre en los asuntos de los caballeros, intentó también recuperar Malta. En el verano de 1801, franceses e ingleses comenzaron las negociaciones de paz. Los términos del acuerdo preliminar, firmado en Londres el 30 de septiembre, entre otros puntos, obligaba a los británicos a restituir la isla a la Orden, cuya soberanía debía ser garantizada por una o más potencias europeas. Rusia cumplía los requisitos, pero los británicos se negaron a dejarla bajo su influencia.

Las fricciones sobre Malta continuaron entre ingleses y franceses sin consultar a nadie más. Cuando ambos países firmaron el 25 de marzo de 1802 el Tratado de Amiens sin llegar a un acuerdo sobre el desalojo de la isla, una nueva guerra ya se vislumbraba en el horizonte[176].

La escisión

El cisma ruso fue una oportunidad única para la Santa Sede, que siempre había querido controlar la elección de gran maestre. Pablo I, aunque hubiese sido elegido de forma independiente por los caballeros, había roto el linaje de grandes maestres solteros católicos, por lo que al papa le fue fácil poner en duda la legalidad de sus actos.

A su muerte, el Soberano Consejo que regía la Orden, formado por los caballeros de alto rango de Justicia, se aseguró su continuidad legal al nombrar lugarteniente al general Nicolás Soltikoff. Él fue quien ratificó que el Consejo eligiera a partir de entonces a cada zar como gran maestre, al tiempo que se le daba el cargo honorífico de superior de la Cruz Blanca[177] y se ponía bajo su custodia el icono de Nuestra Señora de Filermo y las dos reliquias que poseían los hospitalarios[178].

---

176   En 1814, el Tratado de París transfirió formalmente la soberanía de la isla al Reino Unido, que la mantuvo hasta 1964.

177   La nueva organización dedicada al tradicional cuidado de los enfermos a través del hospital erigido en San Petersburgo.

178   Las tres reliquias de la Orden se mantuvieron en la capilla del priorato, dentro de la residencia imperial en Gatchina, San Petersburgo, o en el Palacio de Invierno, dependiendo del calendario litúrgico, hasta la revolución bolchevique de octubre de 1917. En 1919 las recuperaron los rusos blancos.

Mientras la Orden luchaba por no naufragar, en 1803 el Consejo Soberano en Rusia y Alejandro I le pidieron al sumo pontífice que, por una sola vez, fuera él quien nombrara al siguiente gran maestre de una lista de aspirantes presentados por los distintos conventos, lo que se alejaba mucho de la forma tradicional de elección. Eligió en Messina al candidato del Gran Priorato de la Rusia católica, Giovanni Battista Tommasi, de noble familia siciliana, que trasladó a Catania la capital de la Orden. Pero cuando Tommasi falleció en 1805, el papa trató de nuevo de nombrar a su sucesor y comenzaron las disputas electorales. Desde ese momento, sin votaciones del Capítulo y sin territorio, para algunos juristas la Orden dejó incluso de tener existencia legal.

Ni el Consejo Soberano ni la mayoría de los caballeros de San Juan, que estaban decididos a elegir a su propio líder, según la

Stanisław Jan Bohusz Siestrzeńcewicz, primer arzobispo de Mogilev y representante del Gran Priorato Católico de Rusia en 1798. Leal a las autoridades zaristas, apoyó la subordinación de la Iglesia católica a las autoridades estatales.

tradición y el derecho histórico de la Orden, aceptaron la intervención del papa, máxime cuando detrás de Pío VII volvía a estar la mano de Napoleón, decidido a terminar de una vez por todas con las ansias de nobleza de lo que consideraba un absurdo grupo. Los caballeros volvieron a elegir al zar como cabeza y protector de la Orden, que ya estaba siendo administrada por el Consejo Soberano y, a partir de entonces, Alejandro I se negó a aceptar los nombramientos papales.

El papa a su vez nombró un lugarteniente en la persona del bailío Íñigo María Guevara-Suardo, que interrumpía la sucesión multisecular de los grandes maestres. Luego reorganizó los conventos italianos, que adoptaron el nombre de Orden Soberana y Militar de Malta. Se declaró la continuación legítima de la Orden y se negó a reconocer a la Soberana Orden de San Juan de Jerusalén que estaba en Rusia. Lo mismo que hicieron los caballeros de esta con el grupo escindido en Italia. Ya nunca llegaron a un acuerdo[179].

No obstante, la Orden se convirtió en una institución influyente en la Rusia imperial, profundamente involucrada en la preservación de la dinastía Romanoff. Los jóvenes educados en las escuelas de San Petersburgo de los dos Grandes Prioratos —tanto el católico como el ortodoxo— pasaron a formar el Cuerpo de Pajes, y con estos a su vez se creó la academia de los nuevos caballeros de Malta. Los graduados integraron los cuadros de los cuerpos de oficiales de las exclusivas divisiones de la guardia y, por lo tanto, quedaron destinados a proteger a la familia imperial.

El caso español

En el decisivo siglo xvi la lengua de Aragón aportaría otros dos grandes maestres a la Orden. Pocos, si los comparamos con los cinco[180] que aportaron las lenguas españolas en el conflictivo siglo xvii, especialmente duro para la Orden por la rivalidad entre españoles y

---

179 De hecho, solo en los últimos años la Orden Soberana y Militar de Malta ha aceptado a regañadientes admitir al zar Pablo I como 72.º gran maestre. Aun así, siguen refiriéndose a él como gran maestre *de facto*, pero no «en justicia», porque el zar era un cristiano ortodoxo casado.

180 Uno de ellos fue el primero de la lengua de Castilla, el portugués frey Luis Mendes de Vasconcellos, que ejerció el cargo de 1622 a 1623

franceses. Quizá entre estos fueran los más destacados, por su efectiva labor, los hermanos mallorquines Cotoner, frey Rafael y frey Nicolás, grandes maestres durante la segunda mitad del siglo.

En el siglo XVII, en la península, los dos priores españoles comenzaron a usar el título de «grandes priores»[181], y se incorporaron a la Orden importantes nobles muy vinculados a la Corona, como el hijo natural de Felipe IV, don Juan José de Austria. Eso animó al ingreso de cada vez más caballeros españoles durante el siglo XVIII, lo que los convirtió prácticamente en los más numerosos. Además de que eso supusiera la elección de un gran maestre valenciano, otro mallorquín y un tercero navarro.

Las medidas centralizadoras de los Borbones se dejaron sentir también entre los hospitalarios, si bien Felipe V confirmó en 1705 todos los privilegios sanjuanistas. Así, gracias a un acuerdo entre el gran maestrazgo maltés y la Corona de España, con la anuencia de la Santa Sede, al frente del Gran Priorato del Hospital de San Juan de Jerusalén en los reinos de Castilla y León se puso a un infante miembro de la real familia. De esta manera se aseguraba a la regia persona un futuro digno, acorde con su cuna y posición. El primero fue el infante don Fernando, años más tarde proclamado rey bajo el nombre de Fernando VI. El segundo gran prior fue el infante don Felipe, nacido del matrimonio de Felipe V con Isabel de Farnesio, más tarde duque de Parma. A su muerte, en 1765, su hermano Carlos III dispuso que el puesto lo ocupara su cuarto hijo, el infante don Gabriel. Se lo concedió un breve papal de 2 de septiembre de 1765.

Durante tres siglos la Orden luchó también codo con codo junto a los españoles en los principales combates navales que se produjeron en el Mediterráneo —Túnez, Argel, Trípoli o Lepanto—. O en los que los grandes marinos de nuestra armada eran a su vez caballeros sanjuanistas —el marqués de la Ensenada, Jorge Juan, Santiago de Liniers o Alejandro Malaspina, entre otros—, pues la pertenencia a la Orden era un mérito que tener en cuenta a la hora de ingresar en la escuela de guardiamarinas.

Jorge Juan, por ejemplo, fue admitido como paje del gran maestre Antonio Manuel de Villena en 1725, a los doce años de edad. Las funciones de los pajes y la forma de su educación religiosa, social y militar habían sido institucionalizadas el siglo anterior. Solo

---

181   A finales de siglo, los grandes priores de Castilla eran siempre príncipes de sangre.

se admitían dieciséis muchachos que debían abonar unas 900 libras, una fortuna. 600 eran para la lengua a la que pertenecieran, y el resto para pagar las clases —equitación, dibujo y ejercicios militares— y la ropa. Suponía un fuerte desembolso, del que se pensaba sacar una buena rentabilidad basada en un esperanzador futuro.

Jorge Juan ingreso así en un club elitista costoso y selectivo como lugarteniente del regimiento de Picardía. Por la formación que recibió, debió formar parte de los muzzi, muchachos entre catorce y dieciséis años que estudiaban en la academia naval y que realizaban prácticas en los navíos, convertidos en academia flotante, donde aprendían la pericia de navegar con buques mucho más grandes y difíciles que las galeras. Por ello, el tiempo que se pasaba en los navíos

Jorge Juan con el emblema de la Orden de Malta. En la primera mitad del siglo XVIII las galeras maltesas servían para «correr las caravanas» donde embarcaban los caballeros de la Orden para perseguir a turcos o berberiscos. Esta actividad debían realizarla cuatro veces en su vida. Jorge Juan no realizó ninguna tras su salida de Malta, fue liberado de esta obligación a petición del marque de la Ensenada.

era menor que en las galeras, ya que en los primeros se podía embarcar todo el año, incluso con mal tiempo, y en las segundas su actividad era más costosa e insegura.

Aprobadas sus pruebas de nobleza, se le otorgó el hábito de caballero de justicia. Ya con él ingresó en la Real Compañía Española de Guardiamarinas en 1729. Al año siguiente, la Orden le concedió la encomienda de Aliaga, de la lengua de Aragón.

Cuando Napoleón invadió Malta, la Orden vivía en España un gran momento, en gran medida gracias a la excelente relación que durante el siglo XVIII habían mantenido los caballeros con la dinastía borbónica que gobernaba el país desde principios de siglo. El único punto de cierta fricción en las relaciones diplomáticas lo constituía el deseo de los caballeros de mantener la neutralidad a toda costa en las diversas guerras entre españoles e ingleses. El Gran Puerto era utilizado por el corso español para vender sus presas, e incluso para armar sus barcos, lo que los ingleses consideraban como acto hostil por parte de los anfitriones que lo permitían; por ello se tuvieron que adoptar ciertas medidas restrictivas que no siempre fueron bien comprendidas en Madrid.

Al producirse la crisis «rusa», todos los grandes priores españoles, excepto el de Amposta, eran de sangre real, y entre ellos estaba el futuro rey Fernando VII. Hacía poco más de trece años, en 1784, que Carlos III había conseguido del papa Pío VI convertir el Gran Priorato en un legado hereditario para su familia. Esta situación, que aproximaba aún más la Orden a la Corona, fue una de las razones de su buena supervivencia en España cuando vino la gran crisis.

Los caballeros españoles de Malta, en bloque, se pusieron a disposición de su soberano, al que ofrecieron toda su lealtad. Se le comunicó también al papa Pío VII, y este, en reconocimiento a su actitud y a su vinculación a la Iglesia de Roma, reconoció su derecho a aceptar nuevos caballeros.

Obviamente, lo sucedido en la isla tenía que afectar a España, pues el hermano de Carlos IV era Fernando I, rey de las Dos Sicilias y señor nominal de Malta, quien se negó rotundamente a reconocer la investidura del zar como nuevo gran maestre, máxime cuando ni siquiera pertenecía a la fe católica.

A esta negativa se unió el fracaso de las gestiones rusas para apartar a España de su alianza con Francia y convencerla para que entrara a formar parte de la Segunda Coalición contra los republicanos franceses. A pesar de las promesas de hombres, naves y ventajas comerciales,

Carlos IV y Godoy declinaron la oferta, conscientes de su incapacidad para contener una invasión terrestre francesa, como ya se había demostrado durante las malas experiencias de la guerra del Rosellón.

Ante la negativa española, Rusia le declaró la guerra el 15 de julio de 1799. España, en principio, no hizo mucho caso, pero finalmente respondió con idéntica medida el 9 de septiembre. Sin embargo, la conquista inglesa de Malta y la negativa de los británicos a devolver la isla a la Orden provocó que el zar cambiase de idea[182].

No obstante, Carlos IV, ante la actitud de las potencias europeas y la ausencia de actividad bélica contra los berberiscos, que para la Orden era «el primer elemento de su constitución», siguió el ejemplo de otros príncipes soberanos que tenían en sus territorios encomiendas sanjuanistas; rehusó reconocer las pretensiones del zar como su protector al considerar que la Orden se había convertido en un apéndice de una potencia extranjera y estaba impedida para cumplir sus antiguos servicios a la cristiandad; y decidió tomar bajo su autoridad las dos lenguas españolas, con el argumento «de la necesidad de que sus rentas fueran provechosas a los pueblos que la producían». Esas habían sido las metas del elector de Baviera para hacerse con las posesiones de la Orden, y esas mismas eran las que habían movido la voluntad del monarca español para evitar que más de medio millón de reales salieran del país, lo que hubiera supuesto una «extracción de la riqueza nacional con grave perjuicio de mis vasallos», pudiéndose utilizar estas rentas en la creación de colegios, hospitales, hospicios, casas de expósitos y otros establecimientos piadosos. Por esa «utilidad pública» el rey declaró incorporadas a la Corona, a perpetuidad, las encomiendas, bailiazgos y prioratos de Castilla y León, Navarra y Aragón y Cataluña, como ya había ocurrido a comienzos de la Edad Moderna con las órdenes militares de Santiago, Alcántara, Calatrava y Montesa, y el 17 de abril de 1802 se proclamó a sí mismo gran maestre de la religión sanjuanista «para vigilar sobre su buen gobierno y dirección en la parte externa, y dejando la parte judicial en manos de las asambleas con las apelaciones al Supremo Consejo de las Órdenes; y lo concerniente al régimen religioso, a la autoridad de la Iglesia».

---

182 La llegada al trono de Alejandro I, hombre de carácter liberal, tolerante y bondadoso, con buena disposición para llegar a acuerdos, permitió el restablecimiento de la paz el 4 de octubre de 1801.

Tal y como estaban las cosas fue una de las pocas decisiones razonables que tomó, aunque su conversión en prior de Castilla y de Amposta y la unificación de las lenguas de Castilla y Aragón en la lengua de España no salvaron a la Orden en la península de los problemas y cambios derivados de la Revolución francesa. Es cierto que de 1808 a 1814, durante la guerra de Independencia, las propiedades de la Orden fueron incautadas por Napoleón, pero también lo es que España las recuperó en cuanto se expulsó a sus ejércitos.

Con sede en Menorca

El 7 de abril de 1823, con el fin de restaurar el absolutismo borbónico y sostener el Antiguo Régimen que deseaba imponer Fernando VII, se produjo la entrada en España del ejército francés llamado de los Cien Mil Hijos de San Luis, dirigido por Luis Antonio de Francia, duque de Angulema, hijo del futuro Carlos X, que ayudó a poner fin a la etapa constitucional y al Trienio Liberal.

Tres años después, con las tropas de ocupación todavía en la península y el triunfo absolutista tanto en España como en la vecina Francia, donde se había producido la restauración de los Borbones en el trono, un grupo de caballeros sanjuanistas franceses pertenecientes a la Commission des Langues Françaises trató con la regencia española de la derogación del Real Decreto de 1802 y de la reunión de las dos lenguas hispanas, al tiempo que solicitaba la instauración de la Orden en una de las islas del archipiélago balear. En compensación, los caballeros pagarían a España un beneficio de 200 millones de francos que se reuniría como un empréstito, cuya hipoteca principal serían los bienes que se devolviesen a la Orden en la península. A cambio, los caballeros solo solicitaban en su escrito dos cosas al soberano: la primera, que levantara el secuestro de los bienes que habían sido de las lenguas españolas que, devueltos a la Orden, revertirían a favor de España; la segunda, que cediese por espacio de veinticinco años una de las islas de las Baleares. En contrapartida de esta última solicitud, ofrecían que uno de los infantes de la casa real española fuera nombrado gran maestre, «lo cual podría sin duda verificarse porque las lenguas francesas y españolas solas obtendrían la elección, puesto que suman 15 votos de los 24 que componen toda la Orden». Más explícito en su petición fue meses más tarde el vizconde Alexandre de La Barthe, poco más que un vividor al servicio de España, que escribió a Fernando VII para aclarar que la isla que querían los caballeros franceses para establecer la Orden era Menorca, lo que aseguraría «la tranquilidad y quietud de las costas de España ante las incursiones de Berbería y de los corsarios insurgentes, así como de las conmociones políticas que quisiesen intentar los malévolos de la península»[183].

Abadesa de la Orden de Malta en las primeras décadas del siglo xix. Muchas casas de los hospitalarios albergaban hermanas y hermanos. Antes de la crisis de 1798 las mujeres desempeñaban un papel doméstico vital junto con las actividades militares.

183   Archivo Histórico Nacional. Madrid.

En la petición del aristócrata francés, llena de adulaciones hacia el soberano, se afirma que la Orden quedaría bajo el amparo de la monarquía, y que el gran maestre sería un príncipe de la real familia de Fernando VII o el propio rey. Las condiciones de la cesión se resumían en los siguientes puntos:

- El precio de la isla, si era arrendada, se establecía en 2 millones anuales, y si era vendida, en 20 millones. El contrato de arrendamiento se establecía por un periodo de tiempo de doce años.
- La Orden llevaría a Menorca ocho buques: dos fragatas y seis buques menores.
- El rey podría exigir a los caballeros establecidos en Menorca cualquier contraprestación que considerase oportuna.
- Los gastos para el establecimiento de los caballeros en Menorca correrían a cargo de la Orden.
- La Orden se comprometía a dar al monarca y a sus vasallos españoles «defensa y socorros de toda especie» en caso de peste, guerra o revolución y otros imprevistos.
- Si el soberano, conforme a las exigencias de España, necesitase la isla de Menorca, podría trasladar a los caballeros sanjuanistas a otro lugar de su reino.
- Todas las rentas que antes pertenecían a las lenguas de Castilla seguirían en el estado en que se hallaban, al igual que las de la lengua de Aragón.

La Barthe se ofrecía, tras obtener el beneplácito de Fernando VII, para viajar a Roma y conseguir del papa León XII las bulas necesarias para la unión de las lenguas de España, Francia e Italia.

Otro caballero francés, Tassin de Messilly, que se titulaba como apoderado de las lenguas francesas de la Orden de San Juan, redundó en la misma idea, pero con menos detalle. Pidió que Fernando VII cediese de manera temporal una de las islas Baleares mientras se establecían las relaciones diplomáticas para conseguir una de las islas del archipiélago de Grecia que pertenecieron a la Orden. Él también insistía en que la mayoría de los votos de los caballeros españoles y franceses permitirían nombrar gran maestre a un infante español.

Conocidas a finales de diciembre de 1826 las peticiones de los caballeros por los miembros del gabinete de Fernando VII, se emitió una respuesta en la que se propuso al rey que no accediera a la solicitud de los sanjuanistas franceses:

No siendo posible a día de hoy establecer ninguna clase de fuerza sin destruir el equilibrio de la Europa y sin indagar sobre todo antes en el modo de pensar de las potencias aliadas acerca del particular, como asimismo a cuanto ascenderán los prejuicios que indefectiblemente se ha de originar al Real Patrimonio en sus Rentas[184].

Y pedían al soberano que contribuyera al restablecimiento de la Orden, siempre y cuando «las demás lenguas de que se componía fueren rehabilitadas en sus antiguos derechos y pertenencias», insinuando a Fernando VII la necesidad de que el asunto, debido a su importancia, pasara al Consejo de Estado.

Apenas un mes después, en enero de 1827, el Consejo de Estado emitió su informe. Los consejeros advirtieron al rey de que:

La nueva política de los gabinetes europeos no favorecía el deseado restablecimiento de la Orden de San Juan y que podría empeñarse a España en contestaciones graves con las demás potencias, muy principalmente si S.M. resolviera el establecimiento de dicha Orden en sus dominios, sin otro concurso que la aquiescencia del Santo Padre.

Con el dictamen desfavorable del Consejo de Estado y la opinión contraria del gabinete ministerial, se resolvió el asunto de manera categórica con el siguiente escrito:

Que siendo conveniente restablecer la Orden de San Juan de Jerusalén podría contestarse a los bailíos, comendadores y caballeros de las lenguas francesas que hallaran en S.M. todo apoyo y protección al fin de su restablecimiento siempre que hagan constar que los demás soberanos de las otras lenguas que componen la Orden convienen en cooperar al mismo santo fin, devolviéndoles sus bienes e indemnizándoles de los perdidos o bien fundando nuevas encomiendas o, por fin, señalando rentas que, unidas a las que S.M. tuviese por bien dar a la Orden, puedan estas mantener su soberanía y prestar los servicios a que está obligada por su instituto con las variaciones o adiciones a las que precise la guerra que se hace a nuestra religión y a la soberanía de los reyes.

---

184 *Ibidem.*

Reconstrucción

«El drama no es elegir entre el bien y el
mal, sino entre el bien y el bien».

Friedrich Hegel

REFLEJO DE UN MUNDO DIVIDIDO

El proceso seguido en España fue el mismo que en el resto de Europa desde que el gobierno de la Orden se refugiara en Sicilia. Los prioratos de Alemania, Venecia y Lombardía se disolvieron en 1806; los de Roma, Capua y Barletta en 1808; el propio Gran Priorato de Sicilia desapareció en 1826; y el portugués de Crato fue suprimido en 1834.

A pesar de que ese mismo año, gracias a un breve del papa Gregorio XVI, se designó lugarteniente al bailío Carlo Candida, que consiguió grandes avances y logró que se dieran las primeras encomiendas en varios lugares de Europa, la Orden tuvo que enfrentarse a dos problemas que se convirtieron en obstáculos insalvables a lo largo de toda la primera mitad del siglo: la falta de un territorio y la nacionalización de las lenguas, que quedaron subordinadas a los distintos monarcas europeos. La Orden —y sus posesiones, no lo olvidemos— pasó así a manos de los príncipes soberanos y se organizó de un modo distinto en cada país. Tanto en España como en Rusia, Austria, Dos Sicilias, Módena y otros Estados se crearon o suprimieron prioratos, encomiendas y dignidades según los distintos monarcas creyeron conveniente.

Aun así, hay que reconocer que la voluntad de la Orden de no desaparecer fue algo realmente notable. La época napoleónica había constituido un *shock* para Europa, que tras la Revolución francesa y tres décadas de guerra constante se enfrentaba a un futuro completamente nuevo. A diferencia de otros grandes Estados europeos, como Venecia o Polonia[185], que habían muerto para siempre en esos años de ruptura y zozobra, la Orden de Malta contaba con la ventaja de que entre sus miembros había una parte notable que pertenecía a la nobleza de la Europa católica, y su brillante pasado había atrapado la imaginación de muchas personas influyentes en la Europa protestante.

El hecho de que el canciller austriaco Metternich, caballero de Malta, y uno de los hombres más poderosos de Europa, estuviese de acuerdo en apoyar el renacer de la Orden fue un gran alivio para los caballeros, que vieron con esperanza que era posible volver a encontrar un hogar. De hecho, él propuso que la isla de Elba se convirtiese en la nueva sede[186], el único problema fue que exigió también que los grandes maestres los nombrara siempre el emperador de la Casa de Austria, algo que la mayor parte de los miembros de la Orden consideraron inaceptable.

Pero Austria no fue la única que se preocupó del futuro de la Orden. Otros Gobiernos quisieron también darla cobijo en sus territorios para evitar su definitiva extinción. A lo largo del primer tercio del siglo xix, las propuestas y proyectos para que se asentara en diferentes lugares se sucedieron en los términos más dispares: a la propuesta formulada en los últimos años del siglo xviii por el Gobierno de Estados Unidos, que quiso ceder un territorio en el continente americano, siguió la del rey Gustavo Adolfo IV de Suecia, que ofreció a los caballeros la isla de Gotland. Pero la Orden tenía por entonces grandes esperanzas de regresar a Rodas y había abierto negociaciones con el Gobierno griego que no prosperaron, entre otras cosas porque la adquisición de una nueva sede territorial se podría interpretar como una renuncia a los derechos sobre el archipiélago maltés que habían sido reconocidos por la Paz de Amiens. El núcleo de caballeros que permaneció junto al gran maestre Tommasi, y luego junto a los lugartenientes Guevara-Suardo, Di Giovanni, Antonio Busca y Candida, se embarcó así en un extraño exilio sin tierra y sin

---

185 La Polonia de 1918 tenía muy poco que ver con la de principios del siglo xix.
186 En la versión «rusa» de la Orden, el rey de Suecia Gustavo IV, protestante, pero nombrado caballero por el zar, ofreció como sede en 1806 la isla de Gotlandia.

futuro de Trieste a Corfú hasta 1804, y de allí a Catania, donde permaneció hasta 1827.

Ese año, cuando Sicilia se quedó con el priorato y Busca, su cabeza visible, tuvo que abandonar la isla, consiguió con tesón que el papa León XII, antiguo caballero de la Orden, le entregase un convento en Ferrara que les sirviera de refugio. Desde allí, su sucesor como lugarteniente[187], el noble napolitano Carlo Candida, que de joven había sido almirante de la flota de galeras maltesas, consiguió por fin en 1834 que la Orden comenzara a revivir al reorganizarse los grandes prioratos italianos: Roma primero, luego Lombardía y Venecia y, por fin, Nápoles y Sicilia.

El 2 de junio de ese mismo año, el papa Gregorio XVI invitó a los caballeros a instalarse en Roma, la capital de la cristiandad. Lo hicieron en un palacio que había sido una antigua embajada.

Frey Candida lograría, poco a poco, que el resto de las potencias europeas dueñas de Italia admitieran a la Orden. El 15 de enero de 1839 Fernando I de Austria restauró el Gran Priorato de Lombardía y Venecia, con la iglesia de San Juan Bautista de esta última ciudad como sede del convento. Lo mismo hizo Fernando I de las Dos Sicilias con la bailía de Nápoles, así como los duques de Módena, Parma y Lucca, al reintroducir encomiendas en sus territorios y, en 1844, el rey Carlos Alberto de Cerdeña, que tomó bajo su protección a la Orden en el Piamonte.

A su muerte en Roma en enero de 1845, Candida había conseguido al menos uno de sus objetivos: recuperar el reconocimiento de soberanía, por parte de los Estados Pontificios, el Imperio austriaco y buena parte de la desmembrada Italia.

Fue también durante su mandato cuando se resolvió, de una vez por todas el viejo dilema de volver o no a la lucha armada en aquella convulsa Europa. Consideró que esos tiempos habían acabado para siempre y que los sanjuanistas debían regresar a sus orígenes y dedicarse a misiones de carácter hospitalario y asistencial. Así pues, rechazó la propuesta del rey Fernando II de Nápoles para instalarse en la isla de Ponza y, tras restablecer el noviciado, abrió en 1841 un hospicio en la iglesia de San Francisco, junto al puente Sisto, en

---

187   Entre 1805 y 1879 se suprimió el título de gran maestre y se sustituyó por el de lugarteniente o teniente general.

el Trastévere romano[188]. Los prioratos de Barletta, Capua y Mesina se unificaron en uno, e igual sucedió con los de Lombardía y Venecia, recibiéndose de algunos Estados italianos y de Austria nuevas donaciones de encomiendas. La Orden volvía al servicio de los más necesitados.

Con Filippo di Colloredo-Mels[189], que ocupó el cargo en septiembre de 1845, meses después del fallecimiento de Candida, se suprimieron definitivamente las lenguas. Él tuvo la genial idea de no restaurar los prioratos desaparecidos, sino crear asociaciones nacionales de caballeros de honor —casados— y de devoción. Las primeras aparecieron en Renania-Westfalia en 1859, y después en Silesia y el Reino Unido —en 1867 y 1875, respectivamente—. Coincidían con los nuevos tiempos y el comienzo de la participación, a nivel particular, de grupos de caballeros en acciones humanitarias durante las guerras de emancipación que asolaban Europa. Años en que rivalizaban con la Cruz Roja, creada en 1863 por el suizo Henry Dunant[190].

En 1878, después de años sin que la Orden tuviese un gran maestre, el papa León XIII nombró el primero desde el fallecimiento de Tommasi. El elegido fue el italiano frey Giovanni-Batista Ceschi, que había ocupado el cargo de lugarteniente siete años antes. A partir de ese momento, la Sagrada y Soberana Orden de Caballeros Hospitalarios de San Juan de Jerusalén, Rodas y Malta comenzó a ser considerada por otras naciones europeas como Estado soberano. Este reconocimiento internacional ayudó a que la Orden creciese otra vez y aumentasen de forma extraordinaria sus actividades humanitarias.

La segunda mitad del siglo XIX fue también especial para la Orden en España. En 1833, la lucha por la sucesión al trono llevó a otro conflicto que acabaría por destruir un país asolado durante veinte años por la guerra de Independencia. Don Carlos, el pretendiente al trono como hermano de Fernando VII, era padrastro del gran

---

188   No duró mucho tiempo, en 1844 lo destruyó un incendio.

189   Hijo del marqués Girolamo di Colloredo y de Antonia de Filippo, dueños del castillo de Colloredo di Monte Albano, fue inscrito en la Orden el 28 de noviembre de 1779, el mismo día que cumplía un año.

190   Dunant quedó conmocionado por los más de veinticinco mil heridos austriacos, franceses y piamonteses que yacían sin asistencia en el campo de batalla de Solferino la noche del 24 de junio de 1859. En los años siguientes, además de la Cruz Roja se crearon asociaciones para el cuidado de los soldados heridos en Baviera, Bélgica, Prusia, Dinamarca, Francia y España, entre otros países.

prior de Castilla y León, el infante don Sebastián Gabriel de Borbón y Braganza, general de su ejército, lo que provocó que, por orden de 29 de julio de 1837, el nuevo régimen constitucional procediese a la desamortización de los bienes de San Juan, que fueron vendidos a particulares por 800 millones de reales.

El romanticismo imperante a finales del siglo XIX volvió a poner de moda las hazañas de los caballeros medievales y de las órdenes militares. En especial en Gran Bretaña, que además de tener uno de los grandes prioratos de la Orden de San Juan era dueña y señora de la isla de Malta, de cuya historia comenzaba a apoderarse. En la fotografía, el príncipe de Gales, luego Eduardo VII, disfrazado de gran maestre de la Orden durante el baile de máscaras ofrecido por la reina Victoria el 2 de julio de 1897 con motivo de sus cincuenta años en el trono.

Privada de todas sus posesiones y rentas, la Orden desapareció como tal. La reina Isabel II, por Decreto de 26 de julio de 1847, la convirtió en una simple condecoración, una «orden de mérito», cuyos caballeros de gracia no debían ya probar nobleza. Era, no obstante, la segunda en categoría tras el Toisón de Oro. Sus estatutos regulaban quiénes podían acceder a ella y fijaban en doscientos el número de caballeros.

El infante don Sebastián, último prior de Castilla, hizo hasta su fallecimiento en 1875 notables esfuerzos para restablecer la Orden en España, sin lugar a dudas, una de las naciones más importantes de su historia. La

0053 Retrato de un caballero español de la Orden de Malta a finales del siglo xix. Obra anónima. Colección particular.

restauración por el papa León XIII del maestrazgo de la Orden Soberana, tras tres cuartos de siglo de olvido, fue el primer paso para el cambio, que comenzó poco a poco. Se inició con el reconocimiento de nuevo por parte del Imperio austrohúngaro de la Sagrada y Soberana Orden de San Juan de Jerusalén, Rodas y Malta como Estado soberano.

Algo similar ocurrió en España durante el periodo de la Restauración. Alfonso XII, en su último año de reinado, reconoció por Real Decreto de 4 de septiembre de 1885 la dignidad de gran maestre de la Orden y le devolvió la autoridad sobre los caballeros españoles, que constituyeron la Asamblea Española de la Orden y mantuvieron algunas de sus peculiaridades emblemáticas y tradicionales indumentarias. Así, en 1889 nació la diputación de la Casa de España, y en los años siguientes, más de trescientos caballeros probaron su nobleza y fueron admitidos como caballeros de gracia y devoción[191].

UN SIGLO DE CONFLICTOS

Con el retorno a sus orígenes, la actividad principal de la Orden, la asistencia hospitalaria, se reforzó aún más, gracias a la contribución de las actividades de los grandes prioratos y de las asociaciones nacionales presentes en numerosos países del mundo. Una actividad caritativa que se desarrolló a gran escala durante el terrible siglo xx. De hecho, en cuanto comenzó en 1914 la Primera Guerra Mundial, que provocó durante cuatro largos años una enorme cantidad de soldados heridos y civiles desarraigados, lo que obligó a la Orden a incrementar su acción hospitalaria y benefactora.

De igual modo, las órdenes españolas, entre ellas por supuesto San Juan, se vieron muy afectadas primero por las guerras de Marruecos —de 1909 a 1927— y, más tarde, entre 1931 y 1939, por la llegada de la Segunda República y la Guerra Civil. Como tantos otros, el monasterio del Santísimo Sacramento y el dispensario fueron saqueados y destruidos por los milicianos anarquistas, igual que ocurrió con el convento de monjas de Sijena, el más importante. Para la Orden, la

---

191   Entre ellos estaba don Antonio Cayetano de Valdecañas, nominado caballero de justicia cuando era un niño, en 1796, por el gran maestre frey Emmanuel de Rohan-Polduc.

guerra y la corriente anticlerical fue un desastre —treinta y cinco de sus caballeros y dos monjas fueron ejecutados por los republicanos—, pero se recuperó a partir de los años cuarenta. Incluso en la década de los cincuenta, la Orden hizo gestiones ante el Gobierno del general Franco para que le fuera entregada la isla de Ibiza como sede, al estilo de los intentos realizados veinte años antes con el *duce* italiano, Benito Mussolini, al que solicitaron nada menos que Rodas[192]. No lograron ni lo uno ni lo otro, pero sí que en Malta se les autorizase a usar el fuerte de San Ángel.

La Segunda Guerra Mundial, que estalló en 1939, fue en todos los sentidos aún peor que la Primera. La Orden, dirigida en ese momento por el gran maestre frey Ludovico Chigi Albani della Rovere, se

Buque hospital *Regina Margherita*. Construido en Génova por la Società Italiana dei Trasporti Marittimi, fue botado en 1884. Cedido en 1910 a la Società Nazionale di Servizi Marittimi, el Gobierno italiano se lo entregó el 9 de noviembre de 1911 a la Asociación Italiana de la Orden de Malta para su empleo durante la campaña en Abisinia.

192　El Dodecaneso fue entregado a Italia por Turquía tras su derrota en la guerra de 1911 a 1912. Simbólicamente, en los años del auge del imperialismo, fue muy importante como ejemplo de la superioridad «occidental» sobre el resto de las naciones del mundo.

Arriba, un tren hospital de la Orden de Malta reparte ayuda a las tropas austriacas en 1915, durante la Gran Guerra. Abajo, hospital de campaña de la Orden en la línea de frente entre Austria e Italia. Heeresgeschichtliches Museum, Viena.

El emperador Guillermo II de Prusia con túnica ceremonial de caballero hospitalario. Durante la Reforma protestante, gran parte de la lengua alemana de la Orden de San Juan aceptó la teología luterana mientras continuaba reconociendo la jefatura del gran maestre. Se separaron en 1946. Desde entonces, el Bailiazgo de Brandeburgo de la Orden de Caballería de San Juan del Hospital en Jerusalén es la rama alemana y protestante de la Orden de Malta.

vio muy afectada en las zonas que gobernaba el tercer *Reich* alemán por la política estatalista y neopagana del Partido Nacionalsocialista. Muchas de las encomiendas que incautaron en diversas partes de Europa no se recuperaron hasta sesenta años después.

En España, tras el conflicto, el conde de Barcelona, don Juan de Borbón, fue designado bailío, gran cruz de honor y devoción; y su hijo, Juan Carlos I, bautizado en la gran magistratura de San Juan en Roma por el cardenal Pacelli, prelado de la Orden, y luego papa Pío XII.

En 1954 el papa Pío XII quiso dar un nuevo impulso a la Orden para adecuarla a los tiempos modernos y ordenó su intervención. Duró diez años y no consiguió que se suprimieran las pruebas de nobleza para el ingreso de los caballeros de honor y devoción, pero creó una nueva categoría —los caballeros de gracia y devoción—, para quienes se simplificaban mucho las exigencias de admisión. Logró poco más, salvo que se aprobara en 1961, ya bajo el pontificado de Juan XXIII, la Carta Constitucional de la Orden, que se encuentra en vigor actualmente, y que se estableciera una nueva figura, la del cardenal patrono, encargado de dirigir y tutelar las relaciones con la Santa Sede.

Con el espíritu de esa última reforma se crearon también los caballeros de obediencia, para que se pudiera aumentar el número de miembros y eso permitiera darle un nuevo impulso a la Orden, y a los subprioratos, que debían ocuparse, junto con los prioratos, de las obras espirituales y asistenciales en aquellos lugares del mundo, por muy alejados que estuvieran de la sede central de Roma, donde los hospitalarios ejercieran su actividad. Proyectos ambos que se intensificaron bajo la dirección de los grandes maestres frey Angelo de Mojana di Cologna —de 1962 a 1988— y frey Andrew Bertie —de 1988 a 2008—.

LA ORDEN EN LA ACTUALIDAD

Hoy, la Orden de Malta es una institución sólida y en activo[193]. Es la única que conserva su estatus de Estado soberano con su función religiosa, y para muchos especialistas, gracias a su condición hospitalaria, pudo continuar su camino cuando su función militar desapareció.

---

193   Su Carta Constitucional y Código se reformaron en 1997.

En Europa, sus caballeros siguen siendo una combinación de la vieja clase noble con la élite burguesa forjada a partir del siglo XIX. Así, por ejemplo, en países como Alemania, Austria, Bohemia —Chequia— y Hungría, se exigen dieciséis antecedentes nobiliarios, y en otros, como Inglaterra y Escocia, son aún más estrictos, mientras que en las importantes asociaciones de Estados Unidos o

Isabel II de Inglaterra con hábito de la Orden de San Juan. El Gran Priorato de la Muy Venerable Orden del Hospital de San Juan en Jerusalén, encabezado por la reina, es la parte inglesa de la Orden medieval. Se constituyó como anglicana en el siglo XIX, con la reina Victoria, posteriormente se abrió a varones y mujeres de cualquier confesión.

Australia los miembros son en su práctica totalidad caballeros de gracia magistral, a quienes no se les exigen pruebas de nobleza[194].

En general, la mayoría de los caballeros de Malta no es noble. Los miembros de la Orden pueden definirse como «gentilhombres católicos» nobles de espíritu y con un comportamiento intachable. Todos los caballeros responden a la condición prevista antiguamente para la concesión de títulos de nobleza y destacan por su especial virtud y compromiso para luchar contra enfermedades, miseria, marginación e intolerancia, defendiendo siempre la fe católica. Los trece mil quinientos caballeros y damas que componen la Orden han de llevar una conducta cristiana y ejemplar en su vida privada y pública.

Los caballeros de justicia profesos siguen siendo el corazón de la Orden. De ellos sale el gran maestre, que es elegido de por vida por el pleno del Consejo de Estado. De acuerdo con sus principios, como superior religioso y soberano, debe dedicarse «al desarrollo de las obras de la Orden y a dar a todos los miembros ejemplo de respeto a los principios cristianos».

Según su última Constitución, los sanjuanistas se dividen en tres clases. La primera la forman los caballeros de justicia, o profesos, y los capellanes conventuales profesos, religiosos según las normas del derecho canónico, que no están obligados a la vida en común, y que deben profesar los votos de pobreza, castidad y obediencia, con el fin de perseguir la perfección evangélica.

Los miembros pertenecientes a la segunda clase, en virtud de la promesa de obediencia que han profesado, se obligan a vivir según los principios cristianos y aquellos otros relativos al espíritu de la Orden. Se subdividen en tres categorías: caballeros y damas de honor y devoción en obediencia; caballeros y damas de gracia y devoción en obediencia; y caballeros y damas de gracia magistral en obediencia.

La tercera clase está constituida por miembros laicos que no profesan votos religiosos, ni la promesa de obediencia, pero viven según los principios de la Iglesia y de la Orden. Se subdividen en seis categorías: caballeros y damas de honor y devoción; capellanes conventuales ad honorem; caballeros y damas de gracia y devoción; capellanes magistrales; caballeros y damas de gracia magistral; y donados y donadas de devoción.

---

194   La mayor parte son de descendencia irlandesa y suelen ser brillantes hombres de negocios.

El gran maestre es la suprema autoridad de la Orden, preside el Soberano Consejo, formado por cuatro altos cargos —gran comendador, gran canciller, gran hospitalario y recibidor del común tesoro— más seis miembros, todos elegidos por un mandato de cinco años por el Capítulo General y, junto con el Consejo, impulsa disposiciones legislativas en materias no reguladas por la Carta Constitucional; promulga los actos de gobierno; administra los bienes del Común Tesoro; y ratifica los acuerdos internacionales y las convocatorias al Capítulo General.

El Consejo de Gobierno y el Tribunal de Cuentas, cuya composición refleja la estructura internacional de la Orden, asisten al gran maestre y al Soberano Consejo. Los miembros de estos dos organismos son elegidos, igualmente, cada cinco años por el Capítulo General. El ordenamiento jurídico de la Orden se refleja en la habitual división de los tres poderes: Legislativo, Ejecutivo y Judicial.

Cuando un Estado reconoce como soberano a la Orden de Malta, el gran maestre es considerado un jefe de Estado más. Formalmente

Celebración eucarística de la Orden de Malta durante la peregrinación a Lourdes en 2019.

es alteza eminentísima, y la Iglesia católica le atribuye el rango de cardenal. Reside en la sede de la Orden, en Roma.

La Soberana Orden de Malta es un sujeto activo de derecho internacional, tiene su propio Gobierno, una magistratura independiente, relaciones diplomáticas bilaterales y es «observador permanente» ante numerosas organizaciones internacionales relevantes, como la ONU. La Orden expide pasaportes, emite sellos, acuña monedas y crea entidades públicas melitenses dotadas de personalidad jurídica propia. La vida de la Orden y sus actividades están organizadas en una moderna estructura que se divide de la siguiente manera:

Grandes prioratos:

- Gran Priorato de Roma.
- Gran Priorato de Lombardía y Venecia (con sede en Venecia).
- Gran Priorato de Nápoles y Sicilia (Nápoles).
- Gran Priorato de Bohemia (Praga).
- Gran Priorato de Austria.
- Gran Priorato de Inglaterra.

Subprioratos:

Subpriorato Alemán de San Miguel (Colonia).
- Subpriorato Irlandés de San Oliver Plunkett (Dublín).
- Subpriorato Español de San Jorge y Santiago (Madrid).
- Subpriorato de Nuestra Señora de Filermo (San Francisco).
- Subpriorato de Nuestra Señora de Lourdes (Nueva York).
- Subpriorato de la Inmaculada Concepción (Melbourne).

En la mayor parte de las restantes naciones que reconocen a la Orden como Estado soberano existe una asociación de carácter nacional.

La Asamblea Española de la Orden de Malta, aunque desprovista de sus antiguas rentas, procura ejercer sus funciones benéficas y asistenciales mediante las aportaciones de sus miembros y amigos benefactores, liderando la recuperación del grandioso patrimonio de San Juan en España. Es un ente territorial de la Orden principal, religiosa seglar, tradicionalmente militar, de caballería y nobiliaria. Persona jurídica internacional solemnemente reconocida y aprobada por la Santa Sede. Es también el nombre que tradicionalmente recibe la agrupación de todos los miembros de la Orden en España.

Hay una presidencia, que ostenta la más alta representación de la Orden en todas sus relaciones oficiales con los órganos constitucionales de la Soberana Orden de Malta, con los representantes de la jerarquía de la Iglesia católica en España, autoridades civiles y militares españolas, y toda persona de derecho público o privado.

La Diputación de la Asamblea es la denominación que recibe tradicionalmente en España el Consejo Directivo mencionado en el artículo 34 de la Carta Constitucional, que asiste al presidente en el cumplimiento de los fines de la Asamblea Española y en el impulso, la dirección y la ejecución de sus actividades religiosas, asistenciales y hospitalarias. Está formada por el presidente de la Asamblea Española, que la preside, y por los consejeros.

La Fundación Hospitalaria de la Orden de Malta en España (FHOME) es una organización privada de naturaleza fundacional, de nacionalidad española, sin ánimo de lucro. Tiene por objeto la atención y el sostenimiento de todas las obras asistenciales de la Asamblea Española de la Orden de Malta, así como programar y desarrollar en colaboración con dicha Asamblea y con cuantas personas o instituciones estime oportuno proyectos de ayuda y cooperación social y sanitaria y actividades encaminadas a la movilización de la solidaridad con los más desfavorecidos y a la promoción y formación del voluntariado. Como complemento desarrolla actividades formativas y de estudio y difusión del acervo cultural, histórico y artístico de la Soberana Orden de Malta.

LAS MISIONES ACTUALES

Además de en su misión histórica de asistencia a los enfermos, los necesitados y los más desfavorecidos, la Orden de Malta trabaja en prácticamente todo el mundo ayudando a las víctimas de catástrofes internacionales o a los refugiados y prestando apoyo a ancianos, niños y discapacitados sin distinguir en razón del origen, raza o religión. Para ello dispone de trece mil quinientos miembros, una plantilla de veinticinco mil trabajadores y la ayuda de ochenta mil voluntarios —en ambos casos personal médico en su mayoría—, lo que en la práctica la convierten también en una multinacional.

Las organizaciones de la Orden son las responsables del desarrollo de sus actividades tanto en las instituciones permanentes, como sería el caso de los hospitales, centros ambulatorios y centros de la tercera edad, como en los programas médicos, sociales y humanitarios.

Europa sigue teniendo el mayor número de centros sanitarios de la Orden — especialmente en Alemania, Francia, Gran Bretaña e Italia—, principalmente hospitales generales. El de Roma, por ejemplo, es un centro especializado en tratamientos neurológicos y rehabilitación, y los de Gran Bretaña, así como algunos hospitales en Alemania y otros países, tienen unidades especializadas en el tratamiento de enfermos terminales y cuentan con especialistas en cuidados paliativos. En todo el mundo, desde Palestina a Madagascar,

Labor asistencial ejercida por voluntarios de la Orden
de Malta en las calles de Sevilla en 2021.

pasando por Argentina o Sudáfrica, hay centros de la Orden que ofrecen centenares de servicios de todo tipo. El buque *Saint Michel*, una barcaza en el parisino Sena que se inauguró el 30 de junio de 2008 para dar vivienda a treinta hombres sin hogar entre dieciocho y cincuenta y cinco años, es buena muestra de esta diversidad de actividades.

La asistencia a los enfermos terminales en los hospitales y los hospicios, así como a domicilio, se ha convertido en años recientes en uno de los proyectos clave de las actividades hospitalarias de San Juan. La combinación de cuidados constantes y de voluntarios especialmente formados que actúan en un entorno conforme con los principios éticos católicos es una parte importante del compromiso médico de los sanjuanistas.

Finalmente, se mantiene la asistencia humanitaria a las víctimas de desastres naturales o conflictos armados, que desde mediados del siglo XIX es una de las funciones esenciales de una Orden que se mantiene fuerte y vigente.

CHOQUES INTERNOS

En 2014, el Capítulo de la Orden decidió no escoger a Jean-Pierre Mazery como gran canciller de la Orden. Se nombró para el cargo a Albrecht von Boeselager, hasta entonces gran hospitalario —el gran hospitalario es quien supervisa los trabajos de las diferentes asociaciones—. No fue la única sorpresa, también hubo un cambio significativo en el resto de puestos, ya que ninguno de los miembros italianos que ocupaban los más importantes fue reelegido.

La decisión tuvo notables consecuencias, la más destacable, que las tensiones dentro de la Orden estallaron en una crisis pública. El 6 de diciembre de 2016, el gran maestre Matthew Festing, miembro de una de las familias nobles que se negaron a abrazar el anglicanismo en el siglo XVI en el norte de Inglaterra[195], le pidió a Von Boeselager que renunciara al puesto en presencia del cardenal estadounidense Raymond Leo Burke, patrono de la Orden —representante del papa—,

---

195 Entre sus antepasados directos destaca el beato *sir* Adrian Fortescue, caballero de Malta, martirizado en 1539 por su fidelidad a la fe católica.

y del gran comendador, frey Ludwig Hoffmann von Rumerstein. La solicitud estaba vinculada a informes sobre la supuesta distribución de anticonceptivos en diferentes zonas del mundo, especialmente entre prostitutas de Birmania, por parte de Malteser International, la organización de ayuda humanitaria de la Orden.

Von Boesaleger acabó por ser cesado y John Edward Critien fue nombrado gran canciller interino. Pero varios caballeros se opusieron a esa decisión, argumentando que la situación en Birmania se había resuelto y que Von Boeselager ni siquiera era gran hospitalario en ese momento.

El noble alemán apeló al papa Francisco, que le dio la razón. Le repuso en sus funciones y, sobre todo, sustituyó a Burke —aunque sin cesarle formalmente— por otro purpurado, el italiano Angelo Becciù. Finalmente, dado el cariz de lucha por el poder que comenzaba a alcanzar el asunto, Francisco decidió intervenir de manera drástica y nombrar una dirección temporal para aclarar la situación.

La formaron el propio Becciu, por entonces arzobispo, que llevaba tiempo como *sostituto* de la Secretaría de Estado del Vaticano; Marwan Sehnaoui, presidente de la asociación libanesa de la Orden, designado por el lugarteniente del gran maestre; el sacerdote jesuita Gianfranco Ghirlanda, experto en derecho canónico; el ex gran canciller Jacques de Liedekerke; y Marc Odendall, un banquero suizo-alemán que en ese momento también se sentaba en la Junta de la Autoridad de Inteligencia Financiera del Vaticano.

Aunque los caballeros juran lealtad al sumo pontífice, la dirección de la Orden se opuso rotundamente a ser investigada por una comisión externa y a colaborar con ella, un desafío sin precedentes a la autoridad del papa que obligó al Vaticano a reaccionar. Tras un duro tira y afloja, el informe de la comisión llegó a la conclusión de que, para evitar una crisis diplomática, el gran maestre Festing debía reunirse con el papa no como jefe de Estado, pues en ese caso el pontífice no debía intervenir, sino como cabeza de los religiosos, ya que le había pedido a Von Boeselager renunciar amparado en su promesa de obediencia y lo había cesado al negarse, sin reunir ni informar al Consejo Soberano, donde no habría tenido mayoría. La tarde del 24 de enero de 2017, tras una tensa audiencia con el papa Francisco, Festing se vio obligado a ceder ante la apremiante presión del santo padre por incumplir sus obligaciones religiosas.

Festing renunció el 28 de enero de 2017. El papa no sancionó una decisión política tomada por quien ejercía como cabeza visible de una orden soberana, pero decidió aprovechar el episodio para asumir con firmeza la reforma religiosa de la Orden de Malta.

Tras un conato de rebeldía, en que Festing cuestionó la legitimidad del equipo designado por Francisco, se negó a cooperar con él y llegó incluso, ya cesado, a nombrar otro en paralelo; el freire inglés decidió no seguir los consejos de Burke, que le animaba a agudizar su enfrentamiento con el papa, y abandonó sus pretensiones. Con todo, obtuvo una victoria *a posteriori* al poder participar en la elección de su sucesor, en contra de los deseos del Vaticano, que le había instado a permanecer fuera de Roma mientras durase el proceso.

En sustitución de Festing, el pleno del Consejo de Estado eligió el 29 de abril como nuevo lugarteniente del gran maestre a Giacomo Dalla Torre del Tempio di Sanguinetto, diplomático, religioso e historiador italiano. La lugartenencia dura un año, y luego debe haber una nueva elección que puede confirmarla o elegir al gran maestre. Dalla Torre, más próximo a las ideas del pontífice, promovió una consulta exhaustiva entre los caballeros para recopilar propuestas

El papa Francisco recibe a los representantes de la Orden de Malta, como marca la tradición, el 24 de junio de 2013, Día de San Juan Bautista. En el centro, junto al pontífice, el gran maestre Matthew Festing, antes de que comenzara la crisis de poder entre los sanjuanistas y la Santa Sede.

destinadas a reformar la Constitución de la Orden, pero en febrero de 2020 anunció que padecía una enfermedad incurable y falleció el 29 de abril de ese mismo año a la edad de setenta y cinco años. La Orden estuvo dirigida brevemente por un jefe interino, el portugués Ruy Gonçalo do Valle Peixoto de Villas Boas, antes de que el médico italiano Marco Luzzago, miembro de una familia noble de Brescia que se remonta en la línea masculina al año 1360, fuera elegido lugarteniente del gran maestre el 8 de noviembre de 2020.

Mientras se producían esos cambios cayó el cardenal Becciu, acusado por la fiscalía de la Santa Sede de corrupción, estafa, blanqueo de capitales, malversación de fondos y de haber realizado una gestión paralela de las finanzas del Vaticano durante una década. El papa lo reemplazó por el arzobispo Silvano Maria Tomasi como su delegado especial ante la Orden. En una carta enviada al delegado en octubre de 2020, el propio papa confirmó a Luzzago como lugarteniente hasta la elección de un gran maestre y, en noviembre, encargó a Tomasi reformar por completo la Constitución de la Orden, no solo en lo referente a la parte religiosa, sino también en lo que afectase a su soberanía y gobierno. En particular, el papa dio a su delegado amplios poderes para convocar un Capítulo General Extraordinario y copresidirlo, esbozar un reglamento *ad hoc* para su composición y procedimientos, aprobar una nueva carta constitucional y un nuevo código para la Orden, llevar a cabo una profunda renovación del Consejo Soberano de acuerdo con los nuevos reglamentos y convocar al pleno del Consejo de Estado para elegir al gran maestre.

El grupo de trabajo para supervisar la drástica reforma lo integraron entre otras personas Tomasi y monseñor Brian Ferme, secretario del Consejo de Economía del Vaticano. El 25 de enero de 2021 se incorporaron a él algunos miembros de alto rango de la Orden y al menos un caballero profeso.

¿Por qué era necesaria la reforma de la Orden de Malta? El Vaticano sugirió dos razones principales. La primera: la vida religiosa de los profesos necesitaba ser reformada, pues la mayoría de ellos tenían dispensa para no cumplir el voto de pobreza. La segunda: si era necesario que el gran maestre fuese religioso, algo que ya se consideraba indiscutible, la Santa Sede quería poder elegir entre cualquiera de los cincuenta y cinco profesos que podían acceder al puesto y quitar los requisitos de nobleza, ya que de lo contrario solo un número muy pequeño de ellos podían acceder al puesto.

Pero otra de las discusiones dentro del grupo de trabajo trataba también sobre la naturaleza del cargo de gran maestre. Para el Vaticano debía ser un jefe de Estado no gobernante, elegido por un periodo fijo y no un monarca absoluto vitalicio. Debía dedicarse por completo al papel religioso de la Orden para fomentar que los catorce mil miembros católicos, de las tres clases, continuaran juntos desarrollando la Orden espiritual y profesionalmente al servicio de los pobres y los enfermos y no dedicarse plenamente a la gestión de la facturación de 2000 millones de euros anuales de la Orden y a los problemas logísticos de cuarenta y cinco mil empleados y cien mil voluntarios repartidos por el mundo.

En la actualidad se puede decir que el caso de los anticonceptivos —Von Boeselager lo admitió públicamente— fue solo un pretexto. En realidad Festing fue el chivo expiatorio de la lucha soterrada entre Francisco y Burke, uno de sus críticos más tenaces. Mientras el pontífice pretendía colocar a la Orden en la senda de los nuevos vientos eclesiales, el cardenal se empeñaba en mantenerla como baluarte de una perspectiva tradicionalista, tanto en cuestiones doctrinales como en las relativas a su sistema de gobierno que algunos, desde las alturas de la Iglesia, estiman obsoleto.

Los nuevos estatutos de la Orden de Malta podrían diluir su soberanía para siempre. Es más que probable que en un futuro muy próximo la reforma promovida por el Vaticano convierta a la Orden

Relación de los diversos Estados con la Orden de Malta.

en un instituto laico, sujeto a la Santa Sede, regido por el derecho canónico, lo que significa que el organismo perdería su independencia y por lo tanto su estatus diplomático como entidad soberana en el derecho internacional.

También le permitiría al Vaticano intervenir en los trabajos de las asociaciones más allá de lo previsto en la carta constitucional y el código, pues las asociaciones nacionales se consideraban distintas de los prioratos, no se regían por el derecho canónico y la Santa Sede no desempeñaba ningún papel en ellas.

Para el Vaticano, sin embargo, el poder dentro de las asociaciones debe residir en los profesos y miembros en la obediencia. Además, busca que los altos cargos solo sean elegidos por periodos de seis años. Una disposición similar a la introducida por el papa Francisco en la reforma de la Curia Romana, que obliga a que los altos cargos no se mantengan por más de dos mandatos consecutivos de cinco años.

Otro cambio notable que se busca es que el enfoque de la Orden sea cada vez más ofrecer ayuda en medio de conflictos y desastres, lo que podría implicar que Malteser International fuera transferida con todas sus consecuencias económicas y organizativas al Gran Magisterio en Roma. El Gran Magisterio podría de esa manera estipular unilateralmente las contribuciones financieras que recibe de las asociaciones —actualmente esto se aplica solo a los prioratos—, y también podría dar reglas para la conducción de los asuntos diarios de las asociaciones. Así están las cosas.

Grandes maestres

«Tuitio Fidei et obsequium pauperum».
(Defensa de la fe y ayuda a los pobres).

Lema hospitalario.

En Tierra Santa (1099-1291)

Jerusalén (1099-1187)

1. Hermano Gerardo (1099-1120)
2. Raimundo du Puy (1120-1160)
3. Auger de Balben (1158 o 1160-1162 o 1163)
4. Arnaud de Comps (1162 o 1163-1163)
5. Gilbert d'Aissailly (1163-1170)
6. Gastone de Murols (1170-1172)
7. Joubert de Siria (1172-1177)
8. Roger de Moulins (1177-1187)[196]

Margat (1188-1206)

9. Ermangard d'Asp (1188-1190)
10. Garnier de Naplous (1190-1192)
11. Geoffroy de Dungeon (1193-1202)
12. Alfonso de Portugal (1202-1206)

---

196   Entre 1187 y 1188 actuó como gran maestre en funciones el comandante militar de la Orden, William Borrell.

San Juan de Acre (1206-1291)

13. Geoffrey le Rat (1206-1207)
14. Guerin de Montaigu (1207-1227 o 1228)
15. Bertrand de Thessy (1228-1231)
16. Guerin Leburn (1231-1236)
17. Bertrand de Comps (1236-1239 o 1240)
18. Pierre de Vielle-Bride (1240-1242)
19. Guillaume de Chateauneuf (1242-1258)[197]
20. Hugues de Revel (1258-1277)
21. Nicolas de Lorgne (1277 o 1278-1284)

San Juan de Acre y Chipre (1291-1294)

22. Jean de Villiers (1284 o 1285-1293 o 1294)

Chipre (1294-1309)

23. Odón de Pins (1294-1296)
24. Guillaume de Villaret (1296 o 1300-1305)

Chipre y Rodas (1305-1309)

25. Foulques de Villaret (1305-1321)

Rodas (1309-1383)

26. Helion de Villeneuve (1321-1346)
27. Dieudonné de Gozon (1346-1353)
28. Pierre de Corneillan (1353-1355)
29. Roger de Pins (1355-1365)
30. Raymond Berenger (1365-1374)
31. Robert de Juilly o Juliac (1374-1376)
32. Juan Fernández de Heredia (1377-1396)

Italia (1383-1395)

33. Ricardo Caracciolo (1383-1395)[198]

---

197 En funciones, durante su cautiverio, Jean de Ronay (1244-1250).
198 Nunca estuvo en Rodas. Se proclamó gran maestre en Roma, en contra de las decisiones que tomaba el Capítulo de la isla. Le sucedieron en las mismas condiciones Bartolomeo della Spina Carafa (1395-1405) y Nicolás Orsini di Campodifiore (1405-1409).

Rodas (1395-1522)

34. Philibert de Naillac (1396-1421)
35. Antonio Fluvian de la Riviere (1421-1437)
36. Jean de Lastic (1437-1454)
37. Jacques de Milly (1454-1461)
38. Piero Raimondo Zacosta (1461-1467)
39. Giovanni Battista Orsini (1467-1476)
40. Pierre d'Aubusson (1476-1503)
41. Emery d'Amboise (1503-1512)
42. Guy de Blanchefort (1512-1513)
43. Fabrizio del Carretto (1513-1521)

Rodas y Malta (1522-1530)

44. Philippe de Villiers de l'Isle-Adam (1521-1534)[199]

Malta (1530-1799)

45. Pierino del Ponte (1534-1535)
46. Didier de Saint-Jaille (1535-1536)
47. Juan de Homedes (1536-1553)
48. Claude de la Sengle (1553-1557)
49. Jean Parisot de la Valette (1557-1568)
50. Pierre de Monte (1568-1572)
51. Jean l'Evesque de La Cassière[200] (1572-1581)
52. Hugues Loubenx Verdalle (1581-1595)
53. Martin Garzez (1595-1601)
54. Alof de Wignacourt (1601-1622)
55. Luis Mendes de Vasconcelos (1622-1623)
56. Antoine de Paule (1623-1636)
57. Jean-Paul de Lascaris Castellar (1636-1657)
58. Martin de Redin (1657-1660)

---

199   En 1530 con motivo de la Reforma Protestante se separan los prioratos de Suecia, la bailía de Utrecht y la comandancia de Haarlem, estos dos últimos en Holanda. Los primeros darán lugar en 1946 a la actual *Johanniterorden*, Orden de San Juan en Suecia. Los otros dos a la Orden de San Juan en Holanda, independiente desde 1958.

200   En 1581 se separa la bailia de Brandeburgo y da lugar a la *Balley Brandenburg des Ritterlichen Ordens Sankt Johannis vom Spital zu Jerusalén*, o simplemente, la Orden de San Juan en su rama protestante alemana.

59. Annet de Clermont Gessan (1660)
60. Rafael Cottoner y Oleza (1660-1663)
61. Nicolas Cottoner y Oleza (1663-1680)
62. Gregorio Carafa (1680-1690)
63. Adrien de Wignacourt (1690-1697)
64. Raimond Perellos y Roccafull (1697-1720)
65. Marc'Antonio Zondadari (1720-1722)
66. Antonio Manoel de Vilhena (1722-1736)
67. Raimond Despuig (1736-1741)
68. Manoel Pinto de Fonseca (1741-1773)
69. Francisco Ximenes Texada (1773-1775)
70. Emmanuel de Rohan-Polduc (1775-1797)
71. Ferdinand von Hompesch zu Bolheim (1797-1799)

Rusia (1798-1803)

72. Pablo I de Rusia (1798-1801) *de facto*
- Conde Nicholas Soltykoff (1801-1803), teniente general *de facto*

Sicilia (1803-1826)

73. Giovanni Battista Tommasi (1803-1805)
Lugartenientes del gran maestre de la Orden (1805-1826)
- Innico Suardo-Maria Guevara (1805-1814)
- Andre Di Giovanni (1814-1821)
- Antoine Busca (1821-1834)

Roma (1826-2013)[201]

Lugartenientes del gran maestre de la Orden (1826-1879)
- Candida Carlo (1834-1845)
- Philippe di Colloredo-Mansfeld[202] (1845-1864)
- Alessandro Borgia (1865-1871)
- Giovanni Battista Ceschi a Santa Croce (1871-1879)

---

201 En 1864 desaparecieron las lenguas. En 1879 el papa León XIII restableció la dignidad de gran maestre.
202 En 1845 Colloredo-Mansfeld se negó a reconocer a la rama de la Orden que se había reorganizado en Inglaterra en 1830 y que actuaba por su cuenta. A partir de entonces se independizó y se denominó Orden Soberana e Ilustre de San Juan de Jerusalén.

74. Giovanni Battista Ceschi a Santa Croce (1879-1905)

75. Galeazzo von Thun und Hohenstein (1905-1931)

- Pio Franchi Cavalieri (1929-1931) Lugarteniente *ad interim*

76. Ludovico Chigi Albani della Rovere (1931-1951)

Lugartenientes de la Orden (1951-1962)[203]

- Hercolani Antonio Fava Simonetti
- Ernesto Paterno Castello di Carcaci (1955-1962)

Grandes maestres (1962-2022)

77. Angelo Mojana di Cologna (1962-1988)

- Giancarlo Pallavicini (1988), lugarteniente *ad interim*

78. Andrew Bertie (1988-2008)

- Giacomo Dalla Torre del Tempio di Sanguinetto (2008), lugarteniente *ad interim*

79. Matthew Festing (2008-2017)

- Ludwig Hoffmann von Rumerstein (2017), lugarteniente *ad interim*
- Giacomo dalla Torre del Tempio di Sanguinetto (2017), lugarteniente

80. Giacomo dalla Torre del Tempio di Sanguinetto (2018-2020)

- Ruy Gonçalo do Valle Peixoto de Villas Boas (2020), lugarteniente *ad interim*
- Marco Luzzago (2020), lugarteniente *ad interim*

81. Marco Luzzago (2020-…)

---

203 En 1951, el cardenal Nicola Canali, gran maestre de la Orden Ecuestre del Santo Sepulcro y gran prior de la Orden de Malta en Roma, trató en vano de ser elegido gran maestre. Al fracasar sus planes se produjo una profunda crisis de diez años en la Orden en los que no se eligió a ningún gran maestre.

Nueve siglos de historia

1096 El papa Urbano II predica las cruzadas.

1099 Los cruzados toman Jerusalén.

1108 Los primeros hospitalarios se instalan en el reino de Aragón.

1113 El papa Pascual II aprueba los estatutos del Hospital, una comunidad dedicada a ayudar a los cristianos que hacen su peregrinación a los Santos Lugares. Se convierten así en la Orden de Caballería de los Hospitalarios de San Juan de Jerusalén, bajo la supervisión del hermano Gerardo.

1120 El sucesor del hermano Gerardo, Raymond du Puy, amplía el papel de la Orden y la convierte también en militar. Los diferentes hospitales se reúnen en un feudo, agrupados por regiones o bailías. Las encomiendas que administran los bienes de la Orden se agrupan en prioratos y grandes prioratos.

1212 Los caballeros de la Orden participan en la batalla de las Navas de Tolosa, Jaén.

1291 Caída de San Juan de Acre, último enclave cristiano en Palestina. La Orden decide trasladarse a Chipre.

1301 Para evitar las fricciones causadas por los caballeros pertenecientes a diferentes lugares de origen se organizan en grupos vinculados a su nacionalidad. Los denominan lenguas.

1310 La Orden conquista la isla de Rodas, en el Mediterráneo, que se convertirá en su sede hasta 1523. Allí construirá iglesias y hospicios para continuar con su labor humanitaria.

1312 El papa Clemente V transfiere a la Orden la gran mayoría de los bienes de los templarios. Se convierte en la más importante de Francia y compite con las órdenes nacionales en España y Brandeburgo.

1332 La bailía de Brandeburgo es la primera que se opone a algunas de las decisiones de los grandes maestres elegidos hasta entonces, principalmente franceses, españoles o portugueses. En 1382 el Colegio reconoce por esa razón la situación especial que mantiene la Orden con dicha bailía.

1523 El sultán Solimán toma Rodas y expulsa a la Orden de la isla.

1530 El emperador Carlos I de España concede a la Orden la isla de Malta, que se convertirá en su sede hasta 1798.

1538 El príncipe de Brandeburgo, Joachim II, adoptó la reforma luterana. La bailía de Brandeburgo se convirtió en protestante, y con ella todas las de su entorno.

1539 Enrique VIII disuelve la Orden en Inglaterra.

1571 Las galeras de la Orden, dedicadas principalmente a combatir a los turcos en el Mediterráneo, participan en el combate de Lepanto.

1688 Tras la guerra de los Treinta Años los caballeros de San Juan en la bailía de Brandeburgo se independizan de la Orden y toman el nombre de Johanniterorden u Orden Evangélica de San Juan.

1798 Napoleón ocupa Malta y expulsa a la Orden de la isla, que se traslada a Rusia.

1803 Los prioratos italianos organizan una nueva Orden protegida por el papa: la Orden Soberana y Militar de Malta. Los prioratos rusos continuarán de forma independiente hasta 1811, cuando son confiscados por el zar. A partir de ese momento la Orden en Rusia continuará su camino, sin ser reconocida. En 1919 la Revolución de Octubre terminará con sus restos.

1810 Napoleón confisca también los bienes de la Orden Evangélica de San Juan. A partir de entonces se mantendrá solo como una orden de mérito.

1831 Se funda en Gran Bretaña la Venerable Orden del Hospital de San Juan de Jerusalén. En ella se integrarán los países de la Commonwealth, Hong Kong, Irlanda y Estados Unidos. Su camino se mantendrá independiente del de la Orden de Malta.

1834 La Orden Soberana y Militar de Malta se traslada a Roma después de un breve paso por Sicilia.

1837 Los bienes de la Orden de San Juan en España son desamortizados por el Estado y vendidos a particulares. Diez años después desaparece.

1852 Federico Guillermo IV de Prusia organiza una nueva Orden de Caballeros de San Juan de acuerdo con la antigua tradición. La denomina Evangelischer Johanniterorden. El hermano del rey es elegido *herrenmeister* y funcionará en paralelo con la Orden de Roma.

1885 Alfonso XII reconoce al gran maestre de la Orden y le devuelve su autoridad sobre los caballeros españoles.

1914-1918 La Orden recupera su prestigio al volver a ejercer su labor hospitalaria durante la Primera Guerra Mundial.

1939-1945 La Orden desempeña una importante labor humanitaria durante la Segunda Guerra Mundial. Aunque amenazada por el régimen nazi, se mantiene también la Evangelischer Johanniterorden. Es a esa Orden a la que pertenecerán varios altos oficiales y miembros del Partido Nacionalsocialista.

1961 Se crea la Alianza de las Órdenes protestantes. Esta alianza y la católica Orden Soberana y Militar de Malta formarán las Ordenes mutuamente reconocidas de San Juan, encargadas de la defensa de su patrimonio común.

Bibliografía

ABAD DE VERTOT: *Histoire des Chevaliers de Malte*. 4 volúmenes. París, 1726.

ABELA, Giovanni: *Malta illustrata*. 2 volúmenes. Malta, 1772-1780.

ANÓNIMO: *Memoire de' Gran Maestri del sacro militare ordine Gierosolimitano*. Parma, 1780.

BEDFORD, Rev. W. K. R.: *Malta and the Knights Hospitallers*. Londres, 1894.

BLONDY, Alain: *L'Ordre de Malte au XVIIIe siècle: Des dernières splendeurs à la ruine*. Editorial Bouchene. París, 2002.

BOSIO, Giacomo: *Dell' Istoria della sacra religione et ill'ma Militia di San Giovanni Gierosolimitano*. 2 volúmenes. Roma, 1594.

BRADFORD, Ernle: *The Shield and the Sword*. E. P. Dutton. Nueva York, 1973.

BROCKMAN, Eric: *The Two Sieges of Rhodes. The Knights of St John at War, 1480-1522*. Barnes & Noble. Nueva York, 1995.

BROGINI, A.: *Malte, frontière de la chrétienté (1530-1670)*. École Française de Rome. Roma, 2006.

BUTTINI, Rodolfo T.: *Soberana y Militar Orden de Malta. Breve reseña histórica*. Buenos Aires, 2002.

CARON, Maurice: *Chronologie de l'histoire des Hospitaliers Ordre de Saint-Jean-de-Jérusalem, de Rhodes et de Malte. Du schisme des Eglises, aux chemins des Croisades. De Jérusalem à Saint-Jean d'Acre, Rhodes et Malte*. Editorial Atlántica. París, 2006.

—*Carta y verdadera relacion escrita por il eminentissimo Senor Gran Maestre al Commendador Fr. Don Joseph Vidal*. 1669.

CAVALIERO, Roderick: *The Last of the Crusaders*. Hollis and Carter. Londres, 1960.

CEBALLOS-ESCALERA, A., SÁNCHEZ DE LEÓN, A. y PALMERO PÉREZ, D.: *La Orden de Malta en España (1802-2002)*. Madrid, 2002.

CHEVALIER DE BOISGELIN: *Malta Ancient and Modern*. 2 volúmenes. Edición inglesa. Londres, 1804.

COHEN, Reuben: *Knights of Malta 1523-1798*. Society for Promoting Christian Knowledge. Londres, 1920.

DAL POZZO, B.: *Historia della sacra Religione militare di S. Giovanni Gerosolimitano detta di Malta, del signor commendator fr. Bartolameo dal Pozzo veronese, cavalier della medesima, Parte prima, che proseguisce quella di Giacomo Bosio dall'anno 1571 fin'al 1636, per Giovanni Berno*. Verona, 1703.

DE GOUSSANCOURT: *Le Martyrologe des Chevaliers de S. Jean de Hierusalem*. París, 1643.

DE LA GRAVIERE, Jurien: *Les Chevaliers de Malte et la Marine de Philippe II*. París, 1887.

—*Les Corsaires barbaresques et la Marine de Solyman le Grand*. París, 1884.

DESMOND, Gregory: *Malta, Britain and the European Powers 1793-1815*. Fairleigh Dickinson University Press. Madison, Nueva Jersey, 1996.

DOUBLET, P. J. O.: *L'Invasion et l'Occupation de Malte*. París, 1883.

FRELLER, Thomas: *Malta. The Order of St John*. Midsea Books. La Valeta, 2010.

GALIMARD FLAVIGNY, Bertrand: *Histoire de l'Ordre de Malte*. Editorial Perrin, Collection Tempus, n.º 328. París, 2010.

GODECHOT, Jacques: *Histoire de Malte*. Presses Universitaires de France, col. «Que sais-je?», n.º 509. París, 1970.

GUILMARTIN, John Francis: *Gunpowder and Galleys: Changing Technology and Mediterranean Warfare at Sea in the Sixteenth Century*. Instituto Naval de Estados Unidos. Washington, 2003.

HERITTE, L.: *Essai sur l'Ordre des Hospitaliers de S. Jean de Jerusalem*. París, 1912.

HEROLD, J. Christopher: *The Age of Napoleon*. American Heritage Publishing Co. Nueva York, 1963.

HOLBECHE, R. y BEDFORD, Rev. W. K. R.: *Order of the Hospital of St. John of Jerusalem*. Londres, 1902.

HORSLER Val: *The Order of Malta. A Portrait*. Editorial Third Millennium. Londres, 2011.

KOSTAM, Angus: *Renaissance War Galley*. Osprey Publishing. Londres, 2002.

—«16th Century Naval Tactics and Gunnery». En *The International Journal of Nautical Archaeology and Underwater Exploration*. Vol. 7. 1. Londres, 1988.

Les Archives de Saint Jean de Jerusalem a Malte. Editado por Delaville Le Roulx. París, 1883.

LUTTRELL, Anthony: *The Hospitallers in Cyprus, Rhodes, Greece, and the West 1291-1440*. Collected Studies. Editorial Variorum. Londres, 2001.

MOUREAU, François: «Lumière méditerranéennes, Diderot dans les bibliothèques des chevaliers de Malte», *Recherches sur Diderot et sur l'Encyclopédie*, n.º 27. París, 1999.

MULA, Charles: *The Princes of Malta: The Grand Masters of the Order of St. John in Malta, 1530-1798*. Publishers Enterprises Group. San Gwann, Malta, 2000.

NICHOLSON, Helen: *The Knights Hospitaller*. The Boydell Press. Londres, 2001.

PARDO Y MANUEL DE VILLENA, A., SUÁREZ DE TANGIL Y DE ANGULO, F.: Índice de pruebas de los caballeros que han vestido el hábito de San Juan de Jerusalén (Orden de Malta) en el gran priorato de Castilla y León d*esde el año 1514 hasta la fecha*. Librería de F. Beltrán. Madrid, 1911.

PAU ARRIAGA, A.: *La Soberana Orden de Malta. Un milenio de fidelidad*. Prensa y Ediciones Iberoamericanas. Madrid, 1996.

PAULI, Fr. Sebastiano: *Codice Diplomatico del sacro militare ordine Gierosolimitano oggi di Malta*. Lucca, 1737.

RILEY-SMITH, J.: *The Knights of St. John in Jerusalem and Chipre, ca. 1050-1310*. Editorial MacMillan. Londres, 1967.

RODRÍGUEZ-PICAVEA, Enrique: *Los monjes guerreros en los reinos hispánicos. Las órdenes militares en la península ibérica durante la Edad Media*. La Esfera de los Libros. Madrid, 2008.

RYAN, Frederick W.: *The House of the Temple*. Burns Oates and Washbourne Limited. Londres, 1930.

SAMMUT, Frans: *Bonaparte à Malte*. Editorial Argo. La Valeta, Malta, 2008.

SEWARD, Desmond: *Les moines soldats: les ordres religieux militaires*. Editorial Perrin. París, 2008.

SIRE, H. J. A.: *The Knights of Malta*. Yale University Press. New Haven, 1994.

Statuta Hospitalis Hierusalem. Roma, 1588.

Statuta Ordinis Domus Hospitalis Hierusalem. Editado por Fr. Didacus Rodriguez. Roma, 1556.

Statuti della religione de Cavalieri Gierosolimitani. Florencia, 1567.

TAAFE, J.: *History of the Order of S. John*. 4 volúmenes. Londres, 1852.

TOUMANOFF, Cyrille: *L'Ordre de Malte et l'Empire de Russie*. Palazzo Malta. Roma, 1979.

VELLA, Andrew P.: *Malta and the Czars*. Royal University of Malta. La Valeta, 1972.

WHITFIELD, Porter: *A History of the Knights of Malta*. Longmans, Green, & Co. Londres, 1883.

WHITWORTH PORTER, M.: *History of the Knights of Malta or the Order of the Hospital of St. John of Jerusalem*, 2 vols., Longman, Brown, Green, Longmans & Roberts. Londres, 1858.

Este libro, por encomienda de la editorial Almuzara, se terminó de imprimir el 20 de mayo de 2022. Tal día, del año 325, se llevaba a cabo el primer concilio ecuménico de las iglesias cristianas, conocido como El Concilio de Nicea.